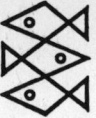 

Über dieses Buch Der Autor entwickelt im ersten Teil des Buches systematische Elemente einer Religionssoziologie. Dabei wendet er die zusammen mit Thomas Luckmann erarbeitete Wissenssoziologie an. Religion erscheint in diesem Rahmen als ein großartiges Beispiel für das quasi-instinktive, in seiner biologischen Verfassung begründete Streben des Menschen, die Welt mit Sinnstrukturen zu erfüllen, um vor allem die mit der Endlichkeit des Menschenlebens verbundenen anomischen Gefahren zu bannen. Die »Dialektik von Religion und Gesellschaft« besteht darin, daß die ursprünglich von Menschen hypostasierte transzendente Wirklichkeit sich objektiviert, entfremdet und als autonome, für Denken und Handeln absolut verbindliche Faktizität auf die Gesellschaft zurückwirkt. Im zweiten – historischen – Teil befaßt sich der Autor mit der gegenwärtigen religiösen Krise. Der epochale Vorgang der Säkularisierung steht im Mittelpunkt der scharfsinnigen und hochaktuellen Analyse. Aus Bergers theoretischer Perspektive gesehen, wird einsichtig, warum das allmähliche Verschwinden religiöser Inhalte aus vielen Lebensbereichen die Situation des modernen Menschen tatsächlich an der Basis verändert und erschüttert hat.

Der Autor Peter L. Berger, geboren 1929 in Wien, lebt seit 1946 in den Vereinigten Staaten. Er hat dort sein philosophisches und soziologisches Studium absolviert. Er hat eine Reihe von Büchern zu soziologischen Themen veröffentlicht. – Weitere Bücher des Autors im Fischer Taschenbuch Verlag: (zusammen mit Hansfried Kellner) ›Für eine neue Soziologie‹ (7336); (zusammen mit Thomas Luckmann) ›Die gesellschaftliche Konstruktion der Wirklichkeit‹ (6623); ›Auf den Spuren der Engel‹ (6625).

Peter L. Berger

Zur Dialektik von Religion und Gesellschaft

Elemente einer soziologischen Theorie

Aus dem Amerikanischen von
Monika Plessner

Fischer Taschenbuch Verlag

Dieser Band erschien ursprünglich im Rahmen der S. Fischer Reihe
›Conditio Humana; Ergebnisse aus den Wissenschaften vom Menschen‹
(Herausgeber: Thure von Uexküll und Ilse Grubrich-Simitis.
Berater: Johannes Cremerius, Hans J. Eggers, Thomas Luckmann)
Der vorliegende Abdruck
übernimmt unverändert den Text der 1. Auflage von 1973

Ungekürzte Ausgabe
Veröffentlicht im Fischer Taschenbuch Verlag GmbH,
Frankfurt am Main, Februar 1988

Lizenzausgabe mit freundlicher Genehmigung
der S. Fischer Verlag GmbH, Frankfurt am Main
Die amerikanische Originalausgabe mit dem Titel
›The Sacred Canopy. Elements of a Sociological Theory of Religion‹
erschien bei Doubleday, Inc., Garden City, New York
© 1967 Peter L. Berger
Für die deutsche Ausgabe:
© 1973 S. Fischer Verlag GmbH, Frankfurt am Main
Umschlaggestaltung: Jan Buchholz / Reni Hinsch
Druck und Bindung: Clausen & Bosse, Leck
Printed in Germany
ISBN-3-596-26565-7

Zur Dialektik von Religion und Gesellschaft

Inhalt

Vorwort zur deutschen Ausgabe

Die amerikanische Ausgabe dieses Buches wurde 1967 veröffentlicht, die Arbeit dafür 1966 abgeschlossen. Seit damals ist allerhand sowohl auf religiösem wie gesellschaftlichem Gebiet geschehen, und die Frage, ob ich heute die Dinge noch so formulieren würde, ist naheliegend. Die Antwort (abgesehen von Nuancen, die sich nach einigen Jahren wohl immer ergeben) ist bejahend. Ich glaube weiter, daß die hier formulierten Einsichten die Grundelemente einer adäquaten soziologischen Theorie der Religion liefern können.

Das bezieht sich natürlich vor allem auf den ersten Teil des Buches. Den würde ich heute (abgesehen, wie gesagt, von Nuancen) ungefähr gleich so schreiben. Vielleicht wäre ich etwas vorsichtiger mit der Verwendung des Entfremdungsbegriffs, nicht aus theoretischen Gründen, sondern weil die Entfremdung so in Mode gekommen ist, daß man sich des Begriffs schon aus Gründen des guten Geschmacks enthalten möchte.

Was den zweiten Teil des Buches betrifft, wäre ich vor allem etwas differenzierter in meiner Beschreibung der heutigen säkularisierten Situation. Ich glaube weiter, daß der hier gezeichnete geschichtliche Ablauf der Säkularisierung richtig ist wie auch die Beschreibung seiner gesellschaftlichen und sozialpsychologischen Dynamik. In den vergangenen sechs Jahren aber haben sich einige Dinge ereignet, vor allem in Amerika, die mich fragen lassen, ob ich (wie auch viele andere Beobachter der Situation) nicht die Kraft und (wichtiger) die Irreversibilität der Säkularisierung überschätzt habe. Es scheint mir, daß die Phänomene religiöser Erneuerung in den letzten Jahren mehr bedeuten als eine vorübergehende Affektation (obwohl sie das sicherlich in manchen Kreisen sind). Es zeichnet sich die Möglichkeit einer *Gegensäkularisierung* ab. Selbst wenn das zur Zeit nur eine Möglichkeit ist, indiziert es Vorsicht in der Formulierung des Säkularisierungsbegriffs.

Durch Zufall erscheint diese deutsche Ausgabe *nach* der deutschen Ausgabe meines anderen Buches *Auf den Spuren der Engel*.* In der amerikanischen Originalausgabe erschien das erstere Buch zwei Jahre *vor* dem letzteren. Die ursprüngliche Reihenfolge ist wichtig: *Zur Dialektik von Religion und Gesellschaft* ist *nicht* eine Weiterführung in Richtung Atheismus von *Auf den Spuren der Engel*. Ganz im Gegenteil, *Auf den Spuren der Engel* ist eine Überlegung über die theologischen Implikationen der im vorhergehenden Buch dargestellten soziologischen Theorie, deren »Atheismus« notwendiger Ausdruck ihrer Methode und keineswegs Ausdruck der persönlichen Überzeugung des Autors ist. Anders gesagt, *Auf den Spuren der Engel* ist eine Fortsetzung von Anhang II des vorliegenden Buches. Zum Teil aufgrund dieser Reihenfolge der Publikationen, müßte ich mich heute übrigens *nicht* mehr über ein mangelndes Gespräch mit Theologen beklagen.

Wieder einmal muß ich meinen Dank an Monika Plessner aussprechen. Wieder einmal ist ihre Übersetzung ein Werk, das nur als meisterhaft beschrieben werden kann. Jede Übersetzung vermittelt dem Autor der Originalfassung ein Erlebnis der Verfremdung. Eine Übersetzung wie diese beweist, daß Verfremdung und Entfremdung entgegengesetzte Erfahrungen sein können.

* S. Fischer Verlag, Frankfurt am Main 1969. [D. Red.]

Vorwort

Die folgenden Überlegungen sind eine Denkübung in theoretischer Soziologie. Insbesondere geht es mir um die Anwendung einer aus der Wissenssoziologie hergeleiteten allgemeinen Gesellschaftstheorie auf das Phänomen der Religion. Stellenweise komme ich zwar nicht ohne ein erhebliches Maß an Abstraktion aus, verlasse aber (zumindest nicht absichtlich) nie den Rahmen der Soziologie als empirischer Wissenschaft. Alle Fragen nach dem Wahrheits- oder Illusionscharakter von Religion bleiben dementsprechend ausgespart. Theologie ist weder ausgesprochen noch unausgesprochen mit im Spiel. Die kurzen Bemerkungen im zweiten Anhang über mögliche Nutzanwendungen meiner Theorie für Theologen sind für den Gedankengang selbst überflüssig und nicht einmal logische Folgerungen. Anlaß zu dieser Abschweifung war meine persönliche Neigung für Theologen und ihr schwieriges Handwerk. Theologisch uninteressierte Leser brauchen sich dadurch nicht stören zu lassen. Was allerdings manche Soziologen, besonders in Amerika, stören dürfte, ist meine gelegentliche Nähe zur Philosophie, die einschlägige Kreise zweifellos als soziologiefremd empfinden. Dagegen kann man vermutlich nichts machen. Dieses Buch ist jedenfalls nicht der Ort, die Beziehungen zwischen theoretischer Soziologie und Philosophie zu behandeln. So bleibt mir denn, was meine soziologischen Kollegen angeht, nur ein Appell: an den Geist der ökumenischen Toleranz (und was den betrifft, so geht man mit Nutz und Frommen bei der neueren Theologie in die Schule).

Ich möchte auch betonen, daß ich mit diesem Buch keine »Religionssoziologie« vorlegen will. Ein Unterfangen, das dieses Titels würdig wäre, müßte eine Menge Stoff berücksichtigen, der hier nicht einmal berührt wird – etwa das Verhältnis der Religion zu anderen gesellschaftlichen Institutionen oder die Formen religiöser Institutionalisierung und natürlich auch die typischen Unterschiede geistlicher Führungskräfte usf. Was ich hier als Denkübung in theoretischer Soziologie vorlege, hat ein ungleich bescheideneres Ziel.

Im wesentlichen geht es mir darum, meine Auffassung von Religion als Produkt der Geschichte bis zu ihren entscheidenden soziologischen Konsequenzen voranzutreiben. Was ich den klassischen Lehren von Marx, Weber und Durkheim verdanke, aber auch worin ich abweiche, will ich an je geeigneter Stelle vermerken. Ich habe es für überflüssig gehalten, eine ausgesprochen soziologische Definition für Religion vorzuschlagen, sondern habe mit der herkömmlichen gearbeitet, die in Religionsgeschichte und *Religionswissenschaft* eingeführt ist. Meine Gründe habe ich kurz im ersten Anhang erläutert.

Der Gedankengang besteht aus zwei Teilen, einem systematischen und einem historischen. Strenggenommen, ist nur der erste eine Denkübung in theoretischer Soziologie. Im zweiten Teil habe ich an Hand einer Betrachtung der modernen Säkularisierung versucht, den »Ausverkauf« des theoretischen Verständnisses soziohistorischer Situationen sichtbar zu machen. In den Anmerkungen verweise ich auf meine theoretischen Quellen, zeige aber auch, was ich an historischem und empirischem Material herangezogen habe. Ich war redlich bemüht, meine »Schulden« zu bezahlen. Daß ich jedoch keine Bibliographie der Religionswissenschaft aus den Anmerkungen machen wollte, dürfte schon deshalb verständlich sein, weil es dem Sinn meines Gedankenganges nicht entspräche.

Dieses Buch steht einem anderen besonders nahe, das ich zusammen mit Thomas Luckmann geschrieben habe: *The Social Construction of Reality – A Treatise in the Sociology of Knowledge* (1966)*. Besonders das 1. und 2. Kapitel sind eine direkte Anwendung der dort entwickelten Theorie des Wissens auf das Phänomen der Religion. Kreuz- und Querverweisungen von einem Buch zum anderen wären etwas ermüdend gewesen. So beschränke ich mich auf diesen allgemeinen Hinweis. Daß man Luckmann für dieses Buch nicht verantwortlich machen darf, ist überflüssig zu sagen. Zwar haben wir Wissenssoziologen unseren Ehrenkodex wie die Diebe. Aber darum begehen wir unsere Missetaten doch manchmal zusammen und manchmal getrennt.

Wann immer ich in den letzten Jahren persönliche Dankesschulden abtragen mußte, habe ich immer wieder dieselben Namen erwähnt. Das mag langweilig sein, ist aber ein gutes Mittel gegen schweifende Gefühle.

---

* dt. Ausg.: *Die gesellschaftliche Konstruktion der Wirklichkeit. Eine Theorie der Wissenssoziologie*, Reihe ›Conditio humana‹, S. Fischer, Frankfurt am Main 1970.

Für alles, was in diesem Buch mit Religionssoziologie zu tun hat, bin ich meinem Lehrer Carl Mayer dankbar. Thomas Luckmann bin ich weit über alles hinaus, was unter unser beider Namen erschienen ist, verpflichtet. Gespräche mit Brigitte Berger und Hansfried Kellner haben nachhaltig gewirkt. Begegnungen mit frommen und gelehrten Pilgern auf den Straßen der Theologie sind, sehr zu meinem Bedauern, in den letzten Jahren seltener geworden. Ich möchte jedoch zwei Theologen nennen, bei denen ich immer ein besonders offenes Ohr gefunden habe: James Gustafsohn und Siegfried von Kortzfleisch. Auch ihnen bin ich dankbar.

New York, im Herbst 1966   P. L. B.

I. TEIL

Systematische Elemente

I. KAPITEL

Religion und Welterrichtung

Jede menschliche Gesellschaft baut eine Welt. Religion spielt dabei eine besondere Rolle. Im folgenden geht es hauptsächlich um einiges Grundsätzliche zum Verhältnis von Religion und Welterrichtung. Aus Verständlichkeitsgründen müssen wir jedoch zuvor etwas näher erläutern, wie Gesellschaft Welt errichtet. Dazu muß man Gesellschaft zunächst einmal dialektisch sehen.[1]

Gesellschaft ist ein dialektisches Phänomen, weil sie zwar ein Produkt des Menschen und nichts als das ist, ein Produkt jedoch, welches fortwährend auf seinen Produzenten zurückwirkt. Gesellschaft ist eine Hervorbringung des Menschen. Sie hat kein anderes Wesen als jenes, welches ihr menschliches Handeln und Bewußtsein verliehen haben. Losgelöst vom Menschen kann es gesellschaftliche Wirklichkeit nicht geben. Aber man kann auch umgekehrt sagen, daß der Mensch ein Produkt der Gesellschaft ist. Jedes einzelne Menschenleben ist eine Episode in der Geschichte seiner Gesellschaft, die vor ihm angetreten ist und nach ihm besteht. Die Gesellschaft war, bevor der einzelne geboren wurde, und wird sein, wenn er längst gestorben ist. Mehr noch, inmitten der Gesellschaft und als Ergebnis gesellschaftlicher Prozesse erst wird das Individuum Person, erlangt und behält es eine Identität und führt die verschiedenen Entwürfe aus, die sein Leben darstellen. Der Mensch kann nicht außerhalb der Gesellschaft existieren. Die beiden Thesen, daß die Gesellschaft Produkt des Menschen und der Mensch Produkt der Gesellschaft sei, sind kein Widerspruch. Sie spiegeln vielmehr den dem

[1] Der Begriff »Welt« ist hier phänomenologisch zu verstehen, d. h. die Frage ihres letzten ontologischen Status bleibt unberücksichtigt. Für seine Anwendung in der Anthropologie vgl. Scheler (1947). Für die Bedeutung in der Wissenssoziologie vgl. Scheler (1960), Schütz (1960) und seine *Collected Papers* (1962–1964). Der Begriff »Dialektik« in Anwendung auf die Gesellschaft ist hier im Marxschen Sinne zu verstehen, wie er vor allem in *Ökonomisch-philosophische Manuskripte von 1844* entwickelt wurde.

Phänomen Gesellschaft innewohnenden dialektischen Charakter. Nur wenn man diesen erkennt, kann man Gesellschaft so verstehen, wie es ihrer empirischen Wirklichkeit entspricht.[2] Der Gesellschaft stiftende dialektische Prozeß besteht aus drei Schritten: Externalisierung, Objektivierung und Internalisierung. Nur wenn die drei zusammen gesehen werden, läßt sich eine der Empirie adäquate Auffassung von Gesellschaft aufrechthalten. Externalisierung ist das ständige Strömen menschlichen Wesens in die Welt, des materiellen und immateriellen Handelns von Menschen. Objektivierung ist die Gewinnung einer Wirklichkeit (durch die Produkte wiederum sowohl materiellen wie immateriellen Handelns), einer Wirklichkeit, die ihren Hervorbringern dann als Faktizität, außen und anders als sie selbst, gegenübersteht. Internalisierung ist die Wiederaneignung eben dieser Wirklichkeit seitens der Menschen, die sie noch einmal aus Strukturen der objektiven Welt in solche des subjektiven Bewußtseins umwandeln. Aufgrund von Externalisierung ist die Gesellschaft Produkt des Menschen. Aufgrund von Objektivierung wird sie Wirklichkeit *sui generis*. Aufgrund von Internalisierung ist der Mensch Produkt der Gesellschaft.[3]

[2] Wir halten diese dialektische Auffassung vom Menschen und der Gesellschaft als wechselseitige Produkte für eine mögliche Synthese der soziologischen Ansätze von Max Weber und Durkheim, wobei keine der beiden Grundintentionen preisgegeben zu werden braucht (bei Parsons' Synthese liegt nach unserer Meinung eine solche Preisgabe vor). Max Webers Auffassung, gesellschaftliche Wirklichkeit konstituiere sich durch fortwährendes menschliches Verstehen, und Durkheims Auffassung, sie habe im Unterschied zu individueller Wirklichkeit Sachcharakter, sind *beide* richtig. Beide intendieren sowohl die subjektiven Grundlagen als auch die objektive Faktizität des Phänomens Gesellschaft und *ipso facto* die dialektischen Beziehungen zwischen der Subjektivität und den Objekten. In diesem Sinne sind die beiden Auffassungen nur *zusammen* richtig. Eine quasi-Webersche Überbetonung der Subjektivität würde *nur* zu einer idealistischen Verzerrung des Phänomens der Vergesellschaftung führen. Eine quasi-Durkheimsche Überbetonung der Objektivität führt – und das ist die viel schlimmere Verzerrung – *nur* zu soziologischer Verdinglichung, der ein Großteil der heutigen amerikanischen Soziologie anheimgefallen ist. Wir betonen, daß wir uns nicht einbilden, eine solche dialektische Synthese hätte den Beifall der beiden großen Soziologen gehabt. Uns geht es jedoch mehr um Systematik als um Exegese, so daß wir uns eine eklektische Einstellung erlauben dürfen. Wenn wir also sagen, die beiden Theorien »intendieren« eine solche Synthese, so meinen wir das im Sinne ihrer inneren Logik, ohne auf die persönlichen Absichten der beiden Autoren eingehen zu wollen.

[3] Die Termini »Externalisierung« und »Objektivierung« sind von Hegel abgeleitet (*Entäußerung* und *Vergegenständlichung*); sie haben sich auch in der deutschen Soziologie eingebürgert. Hier werden sie im wesentlichen so gebraucht, wie Marx sie für kollektive Erscheinungen verwendet. Der Terminus »Internalisierung« stammt aus der amerikanischen Sozialpsychologie. Seine theoretische Fundierung findet sich vor allem bei George Herbert Mead. Vgl. Mead (1934) und Strauss (1956). Der Begriff »Realität *sui generis*«, wie er auf die Gesellschaft angewendet wird, ist von Durkheim (1894) entwickelt worden.

Externalisierung ist anthropologisch notwendig. So wie der Mensch empirisch erfahrbar ist, kann er nicht ohne die ständige Verausgabung seiner selbst an die Welt, in der er sich befindet, verstanden werden. Menschliches Wesen ruht nicht in sich, in irgendeiner hermetischen Sphäre der Innerlichkeit, um sich *dann* aufzumachen und in der Welt auszudrücken. Der Mensch externalisiert seinem Wesen nach und von Anbeginn.[4] Dieses anthropologische Grundphänomen beruht wohl auf der biologischen Verfassung des Menschen.[5] *Homo sapiens* nimmt einen ganz besonderen Platz ein im Tierreich. Diese seine Besonderheit manifestiert sich sowohl in seinem Verhältnis zum eigenen Körper als auch zur Umwelt. Ungleich den anderen höheren Säugern, die mit im wesentlichen fertigem Organismus geboren werden, ist der Mensch bei der Geburt merkwürdig »unfertig«.[6] Wesentliche Stufen im Prozeß der »Fertigstellung« der menschlichen Entwicklung, die bei den höheren Tieren schon im Mutterleib erreicht werden, kommen im Falle des Menschen erst im ersten Jahr nach der Geburt zustande. Das heißt, daß der biologische Vorgang der »Menschwerdung« zu einer Zeit stattfindet, in der das Menschenjunge schon in Interaktion mit einer außerorganismischen Umgebung steht, einer Umwelt, die sowohl die dingliche wie die menschliche Welt des Kindes einschließt. Es gibt also eine biologische Grundlage des Prozesses der »Menschwerdung«, und zwar als Personwerdung und als Aneignung von Kultur. Diese beiden Entwicklungen sind der biologischen nicht als ihr fremde Mutationen aufgepfropft. Sie sind vielmehr in ihr und auf ihr gegründet.

Der »unfertige« Charakter des menschlichen Organismus bei der Geburt hängt eng mit dem relativ unspezialisierten Charakter seines Instinktapparates zusammen. Das nicht-menschliche Lebewesen tritt in die Welt mit hochspezialisierten und sicher gerichteten Trieben. Daher lebt es auch in einer Welt, die mehr oder weniger vollständig durch seinen Instinktapparat determiniert ist. Diese Welt ist eingeschlossen in die Grenzen seiner Möglichkeiten und sozusagen programmiert durch die dem betreffenden Lebewesen eigene Verfassung. Dementsprechend lebt

[4] Die anthropologische Notwendigkeit der Externalisierung haben schon Hegel und Marx erkannt. Modernere Einsichten dazu, s., außer bei Scheler, bei Plessner (1928) und Gehlen (1940).
[5] Zu den biologischen Grundlagen dieses Gedankenganges vgl. Buytendijk (1958) und Portmann (1956). Auswertungen dieser biologischen Erkenntnisse für die Soziologie hat Gehlen vorgenommen.
[6] Der erste Satz einer neueren anthropologischen Arbeit, die wesentlich vom Marxismus inspiriert ist, gibt dem bündig Ausdruck: »L'homme naît inachevé« (Lapassade, 1963, S. 17).

jedes Tier in einer seiner Art spezifischen Welt. Es gibt eine Mäuse-
welt, eine Hundewelt, eine Pferdewelt usw. Im Gegensatz dazu ist der
menschliche Instinktapparat bei der Geburt sowohl unspezialisiert als
auch auf keine artspezifische Umwelt gerichtet. In diesem Sinne gibt es
also keine Menschenwelt. Durch seine eigene biologische Verfassung
ist die Welt des Menschen unvollkommen programmiert. Sie ist offen,
d. h. sie muß erst durch sein eigenes Handeln gebildet werden. Verglichen mit den anderen höheren Säugern, hat der Mensch also eine
doppelte Weltbeziehung. Wie sie ist er *in* einer Welt, die seinem Auftritt vorgegeben ist. Aber ungleich den anderen höheren Säugern ist ihm
diese Welt nicht einfach gegeben, auf den Leib geschnitten und vor-
fabriziert. Der Mensch muß sich seine Welt *machen*. Sein Handeln als
Welterrichtung ist daher kein außerbiologisches Phänomen, sondern
die direkte Folge der biologischen Verfassung des Menschen.
Die Verfassung des menschlichen Organismus in der Welt ist also durch
eine eingebaute Instabilität charakterisiert. Der Mensch hat kein vor-
gegebenes Welt-Verhältnis. Er muß fortwährend ein Verhältnis zur
Welt herstellen. Dieselbe Instabilität ist kennzeichnend für die Beziehung des Menschen zu seinem Körper.[7] In einer eigenartigen Weise
ist der Mensch nicht »im Gleichschritt« mit sich. Er kann nicht in sich
und auf sich ruhen, sondern muß sich andauernd dadurch in Übereinstimmung mit sich bringen, daß er sich handelnd zum Ausdruck bringt.
Das menschliche Dasein ist ein ständiger »Balanceakt« des Menschen
mit seinem Körper und mit seiner Welt. Man kann das auch so sagen,
daß der Mensch ständig »Fangen mit sich selbst« spielt. Und dieser
Vorgang ist es, bei dem er seine Welt errichtet. Nur in einer solchen von
ihm selbst geschaffenen Welt vermag er sich zu orten und sein Leben
zu verwirklichen. Aber derselbe Prozeß, der seine Welt errichtet, »ver-
fertigt« auch sein eigenes Wesen. Mit anderen Worten, der Mensch
produziert nicht nur seine Welt, er produziert auch sich selbst. Genauer:
er bringt sich selbst in seiner Welt hervor.
Im Verlauf der Errichtung seiner Welt spezialisiert der Mensch durch
sein eigenes Handeln seine Triebe und sorgt selbst für seine Stabilität.
Von der Natur um eine Menschenwelt gebracht, bringt er eine menschliche Welt zustande. Diese seine menschliche Welt ist natürlich seine
Kultur. Die fundamentale Aufgabe der Kultur ist die Sorge für feste
Strukturen des menschlichen Lebens, eben solche, wie sie ihm biologisch

[7] Plessner hat für die eingeborene Instabilität der Beziehung des Menschen zu seinem
Körper den Ausdruck »exzentrische Position« geprägt. Vgl. op. cit.

fehlen. Diese vom Menschen produzierten Strukturen können folgerichtig niemals die Stabilität gewinnen, die für die Strukturen der tierischen Welten charakteristisch ist. Kultur, obwohl sie eine »zweite Natur« des Menschen ist, bleibt gänzlich verschieden von Natur, eben deshalb, weil sie das Ergebnis menschlichen Handelns ist. Kultur muß vom Menschen ständig produziert und reproduziert werden. Deshalb sind ihre Strukturen dem Wesen nach ungesichert und dem Wandel ausgesetzt. Der Anspruch auf Stabilität an die Kultur und die ihr als solcher innewohnende Instabilität bilden zusammen die Grundproblematik für das Handeln des Menschen als Errichter seiner Welt. Die weittragenden Folgen dieser Problematik werden uns noch ausführlich beschäftigen. Für den Augenblick wollen wir uns mit der Feststellung begnügen, daß es zwar notwendig ist, Welten zu bauen, aber recht schwierig, sie auch in Gang zu halten.

Kultur ist die Totalität der Produkte des Menschen.[8] Viele Produkte sind materiell, andere nicht. Der Mensch produziert Werkzeuge jeder erdenklichen Art, mittels derer er den ihn umgebenden physikalischen Raum gestaltet und die Natur unter seinen Willen beugt. Aber er produziert auch Sprache und, auf ihr als Fundament und mit ihr als Werkzeug, türmt er einen Bau von Symbolen auf, die jeden Winkel seines Lebens durchdringen. Die Annahme, daß die Produktion immaterieller Kulturgüter immer Hand in Hand mit der materiellen Gestaltung des Raumes durch den Menschen gegangen ist, hat vieles für sich.[9] Wie dem auch sei, Gesellschaft ist natürlich nur ein Ausschnitt, ein Bestandteil der immateriellen Kultur. Gesellschaft ist jener Aspekt der Kultur, welcher den immer in Gang befindlichen Beziehungen des Menschen zu seinen Mitmenschen Struktur verleiht.[10] Zwar ist Gesellschaft nur ein Element der Kultur, aber sie teilt doch deren Charakter als menschliches Produkt in vollem Maße. Handelnde Menschen stiften und be-

---

[8] Der Ausdruck »Kultur« als Bezeichnung für die Totalität menschlicher Hervorbringungen ist in der amerikanischen Kulturanthropologie üblich. Soziologen haben »Kultur« enger zu fassen versucht, d. h. nur auf die sogenannte »Symbolsphäre« bezogen (vgl. z. B. Parsons' »kulturelles System«). Wenngleich für die engere Bedeutung in anderem Zusammenhang gute Gründe bestehen, haben wir die weitere für unsere Darlegungen als geeigneter empfunden.
[9] Eine Verklammerung von materieller und nicht-materieller Produktion hat Marx in seinem Begriff der »Arbeit« vorgenommen (die nicht als rein ökonomische Kategorie verstanden werden kann).
[10] Es gibt natürlich in der Soziologie verschiedene Definitionen von Gesellschaft, auf die hier einzugehen wenig Sinn hat. Wir begnügen uns deshalb mit einer sehr einfachen Definition und beziehen sie auf den oben erläuterten Kulturbegriff.

wahren Gesellschaft. Losgelöst von diesem Handeln, hat Gesellschaft kein Wesen, keine Wirklichkeit. Ihre Modelle, immer relativ in Zeit und Raum, sind in der Natur nicht vorgegeben und auch nicht in irgendeiner spezifischen Weise von einer »Natur des Menschen« abgeleitet. Will man mit diesem Wort mehr als gewisse biologische Konstanten treffen, so kann man nur sagen, die »Natur des Menschen« ist es, eine – seine – Welt zu erbauen. Was in irgendeinem historischen Augenblick als »menschliche Natur« in Erscheinung tritt, ist nichts anderes als eben dieses Produkt welterrichtenden Handelns des Menschen.[11]

Wenngleich die Gesellschaft also nur als ein Aspekt der Kultur erscheint, nimmt sie unter den kulturellen Gebilden des Menschen doch einen bevorzugten Platz ein. Das liegt an einer weiteren grundlegenden anthropologischen Tatsache, nämlich der zu seinem Wesen gehörenden Sozialität des Menschen.[12] *Homo sapiens* ist das gesellschaftliche Tier. Das bedeutet sehr viel mehr als die Oberflächentatsache, daß der Mensch immer in Kollektiven lebt und seiner Menschenhaftigkeit tatsächlich verlustig geht, sobald er in totale Isolierung geworfen wird. Viel wichtiger ist, daß das welterrichtende Handeln des Menschen immer und unausweichlich ein gemeinschaftliches Unternehmen ist. Wenngleich man, zu heuristischen Zwecken etwa, das Verhältnis des Menschen zu seiner Welt auch auf individueller Ebene angehen kann, ist die empirische Wirklichkeit des Welterrichtens durch den Menschen doch gesellschaftlicher Natur. Menschen *gemeinsam* formen Werkzeuge, erfinden Sprachen, setzen und halten sich an Werte, schaffen Institutionen usw. Nicht allein, daß die Teilhabe des Individuums an einer Kultur abhängig von einem Prozeß ist (dem der Sozialisation), auch seine kulturelle Existenz als Dauer hängt von der Aufrechterhaltung spezifischer gesellschaftlicher Einrichtungen und Übereinkünfte ab. Deshalb ist Gesellschaft nicht nur eine Folge der Kultur, sondern für diese umgekehrt unerläßliche Bedingung. Gesellschaft strukturiert, distribuiert und koordiniert das welterrichtende Handeln des Menschen. Und nur in Gesellschaft kön-

---

[11] Der Gedanke, die »menschliche Natur« sei selbst ein menschliches Produkt, findet sich schon bei Marx. Er bezeichnet den fundamentalen Bruch zwischen dialektischer und nicht-dialektischer Anthropologie. In der Soziologie repräsentieren Marx und Pareto diese beiden Pole am klarsten. Übrigens ist auch die Anthropologie Freuds im Grunde undialektisch, was gewöhnlich bei heutigen Versuchen einer Synthese zwischen Marx und Freud übersehen wird.
[12] Auch die eingeborene Sozialität des Menschen hat schon Marx klar erkannt. Auf diese Tatsache stützt sich jedoch die ganze Soziologie. Eine unerläßliche sozialpsychologische Ergänzung für das Verständnis der anthropologischen Einsichten von Marx sind die von Mead.

nen die Produkte dieses Handelns in der Zeit sein und die Zeiten überdauern.

Das Verständnis von Gesellschaft als bestehend auf der Grundlage der Externalisierung, d. h. als Produkt menschlichen Handelns, ist deshalb so entscheidend, weil Gesellschaft gemeinhin ganz anders gesehen wird, als verschieden nämlich und unabhängig von menschlichem Handeln, als Teil unabänderlicher Naturgegebenheiten. Wir werden uns gleich dem Prozeß der Objektivierung zuwenden, der diesen Anschein aufkommen ließ. Einstweilen wollen wir jedoch festhalten, daß es einer der größten Vorteile der soziologischen Perspektive ist, jene Hypostasen des Mannes auf der Straße für Gesellschaft auf menschliches Handeln zurückführen zu können, dessen Produkte sie sind und ohne das sie keinen Status in der Wirklichkeit hätten. Der »Stoff«, aus dem Gesellschaft und alle ihre Gebilde bestehen, ist menschlicher Sinn, der handelnd externalisiert wird. Die großen gesellschaftlichen Hypostasen (»die Familie«, »die Wirtschaft«, »der Staat« usw.) werden durch soziologische Analyse wieder auf menschliches Handeln zurückgeführt, welches die einzige Substanz ist, die ihnen allen zugrunde liegt. Deshalb hilft es wenig, wenn Soziologen – es sei denn zu heuristischen Zwecken – solche gesellschaftlichen Phänomene angehen, als wären sie Substanzen eigenen Rechts, losgelöst von jenem Unternehmen des Menschen, aus dem sie hervorgegangen sind und immer weiter hervorgehen. Es ist natürlich nichts dagegen einzuwenden, daß der Soziologe von Institutionen, Strukturen, Funktionen, Modellen usw. spricht. Peinlich wird die Sache nur, wenn er solche Faktizitäten wie der Mann auf der Straße auffaßt, nämlich als etwas, das als solches und von sich aus da ist, abgelöst und unabhängig vom Handeln und Produzieren des Menschen. Der Begriff der Externalisierung, wie ihn die Soziologie kennt, hat unter anderem den Vorteil, solch hypostasierendes statisches Denken zu verhüten. Etwas anders ausgedrückt: Soziologisches Denken muß immer humanisierend wirken, nämlich zurückverweisen auf lebendige Menschen, die die imposanten Gebilde der gesellschaftlichen Strukturen für lebendige Menschen geschaffen haben.[13]

13 Max Weber hat in seiner Methodenlehre wiederholt auf die Notwendigkeit hingewiesen, daß die Soziologie der verdinglichten Auffassung gesellschaftlicher Objektivationen entgegenwirke. Es ist zwar wahrscheinlich falsch, wenn man Durkheim eine hypostasierte Gesellschaftsauffassung vorwirft (was eine Anzahl marxistischer Kritiker getan hat). Seine Methode als solche kann jedoch eine derartige Hypostasierung fördern, was sich besonders in ihrer Weiterentwicklung durch die struktural-funktionalistische Schule gezeigt hat.

Gesellschaft ist also ein Produkt des Menschen, gründend im Phänomen der Externalisierung, welches seinerseits in der biologischen Verfassung des Menschen gründet. Sobald man jedoch von externalisierten Produkten spricht, impliziert man, daß diese ihrem Erzeuger, dem Menschen gegenüber eine Art von Eigenwesen gewinnen. Diese Übertragung der Produkte des Menschen in eine Welt, die nicht nur sein Werk ist, sondern sich ihm auch als Faktizität außerhalb seiner selbst gegenüberstellt, soll mit dem Ausdruck Objektivierung getroffen werden. Die vom Menschen hervorgebrachte Welt wird für ihn etwas »da draußen«. Sie besteht aus Objekten, materiellen und immateriellen, die fähig sind, sich dem Begehren ihres Erzeugers zu widersetzen. Einmal produziert, läßt sich diese Welt nicht einfach wieder wegwünschen. Obgleich alle Kultur Ursprung und Wurzel im subjektiven Bewußtsein der Menschen hat, kann sie, wenn sie einmal Gestalt angenommen hat, nicht willkürlich wieder in das subjektive Bewußtsein zurückgeholt werden. Sie steht da, außerhalb der Subjektivität des Individuums, und ist »wirklich« eine Welt. Mit anderen Worten: Diese von Menschen hervorgebrachte Welt hat den Charakter objektiver Wirklichkeit gewonnen.

Diese einmal gewonnene Objektivität kultureller Produkte des Menschen ist ihnen eigen, einerlei ob sie materiell oder immateriell sind. Im Falle der materiellen Produkte ist sie nicht schwer zu erkennen. Der Mensch fertigt Werkzeuge an und bereichert durch dieses sein Handeln die Totalität der in der Welt befindlichen materiellen Objekte. Einmal hergestellt, hat das Werkzeug sein Eigenwesen, das sich nicht einfach verändern läßt durch die, welche es handhaben. Ein Werkzeug (etwa ein landwirtschaftliches Gerät) kann sogar seinen Benutzern seine eigene Logik aufzwingen, und zwar gelegentlich in einer Weise, die ihnen gar nicht angenehm ist. Ein Pflug z. B., obzwar ganz offensichtlich ein menschliches Erzeugnis, ist ein Ding »da draußen«, über das man stolpern und sich verletzen kann, nicht anders, als wenn es ein Stein, ein Baumstumpf oder irgendein anderes Naturding wäre. Noch interessanter ist jedoch, daß der Pflug den Pflüger zwingen kann, seine Tätigkeit nach ihm zu richten, und nicht einmal nur diese, sondern auch ganz andere Aspekte seines Lebens. Der Mensch muß sich in einer Weise nach dem Pflug richten, die *dessen* Logik entspricht und von den Menschen, die ihn ursprünglich geschaffen haben, weder beabsichtigt noch vorausgesehen worden sein mag. Die gleiche Objektivität charakterisiert auch die immateriellen Elemente der Kultur. Der Mensch ersinnt eine Sprache und entdeckt dann, daß sie sein Sprechen und sein Denken mit ihrer Grammatik beherrscht. Er setzt Werte und muß erleben, daß er Schuldgefühle hat, wenn er zu ihnen in Widerspruch gerät. Der Mensch errichtet Institutionen, die ihm auf einmal als mächtige, ja dräuende Kontrollinstanzen der Außenwelt gegenübertreten. Das Verhältnis zwischen Mensch und Kultur wird in der Geschichte vom Zauberlehrling anschaulich dargestellt. Die gewaltigen Schöpfeimer, durch das »Es werde« des Menschen magisch aus dem Nichts geholt, setzen sich in Bewegung. Von nun an schöpfen sie Wasser, gemäß der ihrem Wesen immanenten Logik. Aber dieses ihr Wesen entzieht sich alsbald der Kontrolle ihres Schöpfers. Zwar hat er die Möglichkeit – wie in der Geschichte –, sich einen neuen Zauber einfallen zu lassen, der die wilden, in die Wirklichkeit entlassenen Kräfte wieder unter seine Zucht bringt. Diese neue Macht ist jedoch nicht dieselbe wie die erste. Und so kann es denn auch vorkommen, daß der Mensch in den Fluten ertrinkt, die er selbst entfesselt hat.

Wenn man Kultur so auffaßt, wie oben dargelegt, hat der ihr verliehene Objektivitätsstatus zweifache Bedeutung. Kultur ist objektiv, insofern sie dem Menschen als Ensemble von Objekten gegenübersteht, die in der Welt als Wirklichkeit, außerhalb seines Bewußtseins, vorhanden sind. Kultur ist *da*. Aber sie ist auch insofern objektiv, als sie erfahren und erfaßt werden kann, und zwar *gemeinschaftlich*. Kultur ist *da für jedermann*. An den Objekten der Kultur (materiellen wie immateriellen) partizipieren wir mit anderen. Das unterscheidet sie streng von allen übrigen Inhalten des isolierten subjektiven Bewußtseins. Das wird deutlich, wenn man ein technisches Werkzeug, das zur Ausstattung irgendeiner Kultur gehört, mit einem geträumten Gerät vergleicht. Gerade bei den immateriellen Bestandteilen einer Kultur ist es besonders wichtig, ihren Objektivitätscharakter als teil- und mitteilbare Faktizität zu erkennen. Man mag sich beliebig viele und verschiedene Institutionen und Institutionskombinationen vorstellen, die sogar interessanter und effektiver sein mögen als die der Kultur, zu der man gehört. Solange man solchen soziologischen Träumereien im eigenen isolierten Bewußtsein nachhängt, ohne daß andere sie wenigstens als praktisch möglich anerkennen, sind sie schattenhaft und unwirklich. Im Gegensatz dazu sind die Institutionen der Gesellschaft des Träumers, wie immer es auch um sie bestellt sein mag, *wirklich*. Mit anderen Worten, die Welt der Kultur ist nicht nur ein gemeinschaftliches Produkt, sie bleibt vielmehr auch nur wirklich aufgrund gemeinschaftlicher Anerkennung. Einer Kultur anzugehören heißt, eine bestimmte Welt der Faktizitäten mit anderen zu teilen.[14]

Dasselbe gilt natürlich auch für jenen Ausschnitt von Kultur bzw. Kulturen, den wir Gesellschaft nennen. Deshalb genügt es noch nicht zu erkennen, daß Gesellschaft in menschlichem Handeln gründet. Die notwendige Ergänzung ist, daß Gesellschaft *objektiviertes* menschliches Handeln repräsentiert, d. h. Gesellschaft ist ein Produkt menschlichen Handelns mit dem Status objektiver Wirklichkeit. Der Mensch erfährt die gesellschaftlichen Gebilde als Elemente einer objektiven Welt. Die Gesellschaft steht ihm als ein Außen gegenüber, subjektiv undurchsichtig, eine zwingende Faktizität.[15] Er empfindet ihre objektive Präsenz normalerweise genauso wie die der physikalischen Welt, d. h. tatsächlich wie eine »zweite Natur«. Er erlebt sie als »da draußen«, der Kontrolle seines subjektiven Bewußtseins entrückt. Die Gebilde der einsamen Phantasie bieten seinem subjektiven Wollen verhältnismäßig wenig Widerstand. Die Gebilde der Gesellschaft sind erheblich resistenter. Der einzelne kann sich nach Belieben andere Gesellschaften ausdenken und sich in der Phantasie in sie hineinversetzen. Lebt er jedoch nicht in solipsistischer Verblendung, so kennt er den Unterschied zwischen seinen Träumereien und der konkreten Realität seines Lebens in seiner Gesellschaft, die ihm einen allgemein anerkannten Kontext vorsetzt, ohne Rücksicht auf seine persönlichen Wünsche. Da das Individuum die Gesellschaft als eine Wirklichkeit außerhalb seiner selbst antrifft, kommt es häufig vor, daß ihm ihr Wirken undurchsichtig ist. Der Sinn eines gesellschaftlichen Phänomens läßt sich nicht durch Selbstbetrachtung erschließen. Man muß zu diesem Zweck aus sich heraustreten und sich auf *au fond* dieselbe Art empirischer Untersuchung einlassen, die für das Verständnis aller Dinge benötigt wird, die außerhalb des eigenen Ichs vorhanden sind. Die Gesellschaft manifestiert sich vor allem durch ihre zwingende Kraft. Der schlüssige Beweis für ihre objektive Wirklichkeit liegt in der Fähigkeit, sich gegen den Widerstand des einzelnen durchzusetzen. Die Gesellschaft dirigiert, sanktioniert, kontrolliert und straft individuelles Verhalten. In ihren gewaltigsten Apotheosen (das Wort ist, wie wir noch sehen werden, nicht zu hoch gegriffen) kann die Gesellschaft das Individuum sogar zerstören.

[14] Für die Vorstellung der Teilhabe an einer objektiven Welt vgl. die oben genannten Arbeiten von Schütz.
[15] Unsere Gedanken über den objektiven Charakter der Gesellschaft stützen sich hier wesentlich auf Durkheim, besonders auf die oben zitierten *Règles de la méthode sociologique* (1894).

Die zwingende Objektivität der Gesellschaft gibt sich am ehesten in den Maßnahmen der sozialen Kontrolle zu erkennen, d. h. in jenen Verfahren, die speziell dazu bestimmt sind, widerspenstige Individuen oder Gruppen »zurück ins Glied« zu holen. Politische und legislative Institutionen sind dafür die besten Beispiele. Man darf dabei aber nicht übersehen, daß eben diese zwingende Objektivität auch für die Gesellschaft als *Ganzes* charakteristisch ist und sich in *allen* gesellschaftlichen Institutionen widerspiegelt, einschließlich jener, die auf Übereinkunft beruhen. Dies, ich betone, bedeutet *nicht*, daß alle Gesellschaften verkappte Spielarten von Tyrannei sind. Es bedeutet allerdings, daß keine menschliche Konstruktion ein gesellschaftliches Phänomen genannt werden kann, wenn sie nicht bis zu einem Objektivitätsgrad gediehen ist, der den einzelnen zwingt, sie als real anzuerkennen. Mit anderen Worten, der fundamentale Zwangscharakter der Gesellschaft manifestiert sich nicht in ihren Kontrollapparaten, sondern in ihrer Macht, sich als Wirklichkeit zu setzen und einzusetzen. Das Paradigma dafür ist die Sprache. Kaum jemand, so fern ihm auch soziologisches Denken sein mag, wird leugnen, daß Sprache ein menschliches Produkt ist. Jede beliebige Sprache ist ein Ergebnis der langen Geschichte menschlicher Einbildungskraft und auch der Launen. Zwar setzen die Vokalisierungsorgane des Menschen seinem linguistischen Erfindertalent gewisse physiologische Grenzen. Aber es gibt kein Naturgesetz, auf das er sich berufen könnte, um die Entwicklung z. B. der englischen Sprache zu erklären. In der Natur der Dinge hat sie nur einen Status: als Hervorbringung durch Menschen. Am Anfang der englischen Sprache hat ein Zusammentreffen von Umständen unter Menschen gestanden. Im Laufe ihrer Geschichte ist sie von Menschen und ihrem Handeln entwickelt worden. Und sie existiert nur, insofern und solange Menschen nicht aufhören, sie zu sprechen und zu verstehen. Nichtsdestoweniger präsentiert sie sich dem einzelnen als eine objektive Wirklichkeit, die er als solche respektieren muß, wenn er nicht die Konsequenzen tragen will. Die Regeln der Sprache sind objektiv vorhanden. Man muß Sprache lernen, ob als Muttersprache oder als Fremdsprache, und kann sie nicht beliebig verändern. Es gibt objektive Maßstäbe für korrektes und inkorrektes Englisch; wenngleich kleinere Details Auffassungssache sein mögen, so sind die Maßstäbe als solche doch die eigentliche Vorbedingung für den Umgang mit Sprache. Und natürlich zahlt man seinen Preis, wenn man gegen sie verstößt, vom Sitzenbleiben in der Schule bis zu gesellschaftlichen Unannehmlichkeiten im späteren Leben, wobei die objektive

Wirklichkeit der englischen Sprache natürlich nicht erst dadurch entsteht. Die englische Sprache ist objektiv wirklich kraft der einfachen Tatsache, daß sie *da* ist, eine vorfabrizierte und kollektiv anerkannte Sinnwelt des Gesprächs, in der Individuen sich und einander verständigen können.[16] Gesellschaft als objektive Wirklichkeit bereitet dem Menschen eine Welt, die er bewohnen kann. Diese Welt umschließt den Lebenslauf des einzelnen, der sich als eine Kette von Ereignissen *in* dieser Welt entfaltet. Der Lebenslauf des einzelnen ist objektiv wirklich nur, wenn er von ihm selbst und anderen in den signifikanten Strukturen der sozialen Welt gesehen wird. Freilich, der einzelne mag eine Reihe höchst subjektiver Selbstinterpretationen besitzen, die auf andere sonderbar, befremdlich oder gar sinnlos wirken. Was und wie immer diese Selbstinterpretationen sein mögen, die objektive Interpretation des individuellen Lebenslaufes besteht und bleibt bestehen, eines Lebenslaufes, der die Person in einen kollektiv anerkannten Bezugsrahmen gesetzt hat. Die objektiven Daten eines Lebenslaufes lassen sich an Hand von Dokumenten ermitteln. Name, Abstammung, Staatsbürgerschaft, Familienstand, Beruf – das sind nur einige der »offiziellen« Interpretationen des individuellen Lebens. Objektiv gültig sind sie jedoch nicht nur durch Gesetzeskraft, sondern durch die ihr zugrunde liegende, Wirklichkeit setzende Kraft der Gesellschaft. Sogar der einzelne selbst – außer er hat sich in eine solipsistische Welt der Absage an die allgemeine Wirklichkeit eingeschlossen – strebt danach, seiner Selbstinterpretation Gültigkeit zu verleihen, indem er sie den objektiven Koordinaten seines Lebens anpaßt. Mit anderen Worten, das Leben des Individuums erscheint ihm selbst nur dann objektiv wirklich, wenn es seinen Ort in einer sozialen Welt hat, deren Eigenwesen objektive Wirklichkeit ist.[17] Die Objektivität der Gesellschaft erstreckt sich auf alle ihre konstitutiven Elemente. Institutionen, Rollen, Identitäten sind objektiv wirkliche Phänomene in der sozialen Welt, obgleich sie alle genau wie die soziale Welt selbst nichts als menschliche Hervorbringungen sind. Die Familie als Institutionalisierung der menschlichen Sexualität wird z. B. in manchen Gesellschaften als objektive Wirklichkeit erlebt und verstanden. Diese Institution ist *da*, ein Außen und zwingend, und sie

---

[16] Auch die Auffassung von Sprache als paradigmatisch für den objektiven Charakter gesellschaftlicher Phänomene stammt von Durkheim. Zur Betrachtung von Sprache im Sinne von Durkheim vgl. Meillet (1958).
[17] Zum Wirklichkeitscharakter des individuellen Selbstverständnisses im Rahmen einer objektiv wirklichen sozialen Welt vgl. Halbwachs (1952).

unterwirft das Individuum in diesem bestimmten Lebensbereich ihren vordefinierten Modellen.

Auch die Rollen, die der einzelne im institutionellen Rahmen spielen muß, haben denselben Objektivitätscharakter, auch dann, wenn ihm das ganze Schauspiel keinen Spaß machen sollte. Die Rolle des Gatten, des Vaters oder Onkels z. B. ist objektiv festgelegt, ein Modell für das Individuum und sein Verhalten. Durch sein Rollenspiel repräsentiert es die objektiven Institutionen, und zwar in einer Weise, die es selbst und andere als losgelöst von den »bloßen« Zufälligkeiten individuellen Daseins empfinden.[18] Man kann seine Rolle »anlegen«, als ein Kulturding, ähnlich einem materiellen Gegenstand, einem Kleid oder Schmuckstück. Dabei kann der Spieler sich ein Bewußtsein seiner selbst als unterschieden von seiner Rolle bewahren. Diese Rolle und was er für sein »wahres Selbst« hält, verhalten sich zueinander wie Schauspieler und Maske. Der Rollenspieler kann sogar erklären, diese oder jene Einzelheit seiner Rolle passe ihm gar nicht, aber er müsse halt gegen seinen Willen gute Miene zum bösen Spiel machen, weil der Rollentext das nun einmal vorschreibe. Weiterhin hält die Gesellschaft für den einzelnen nicht nur einen objektiven Vorrat von Institutionen und Rollen, sondern auch ein Repertoire von Identitäten bereit, die ebenfalls den Status objektiver Wirklichkeit haben. Sie weist dem Individuum nicht nur eine Kombination von Rollen, sondern auch seine eigene Identität zu. Es soll, mit anderen Worten, also nicht nur Gatte, Vater, Onkel spielen, sondern Gatte, Vater, Onkel *sein*. Das heißt letztlich, es muß Mann *sein*, so wie die betreffende Gesellschaft sich einen Mann vorstellt. Die Objektivierung menschlichen Handelns bedeutet damit schließlich, daß der Mensch die Fähigkeit gewinnt, einen Teil seiner selbst im eigenen Bewußtsein zu objektivieren. Er steht sich selbst in Figurationen gegenüber, die ihrerseits objektive Elemente der sozialen Welt sind. Man kann sich z. B. als »wirkliches Selbst« in stummer Zwiesprache mit sich als Erzbischof unterhalten. Diese inneren Konversationen mit den Objektivationen unser selbst sind tatsächlich die erste Bedingung der Möglichkeit von Sozialisation.[19]

Die Welt der gesellschaftlichen Objektivierungen, vom externalisierenden Bewußtsein hervorgebracht, steht diesem als äußere Faktizität gegen-

[18] Zur Auffassung von Rollen als objektive Repräsentanzen sind wir durch eine Kombination der Theorien Meads und Durkheims gekommen. Vgl. dazu besonders Durkheim (1924).
[19] Der Begriff der inneren Konversation stammt von Mead (1934, S. 135 ff.).

über, und es begreift sie als solche. Dieses Begreifen ist jedoch noch keine Internalisierung, so wenig wie man die Natur internalisiert, indem man sie begreift. Internalisierung ist vielmehr das Zurückholen der objektivierten Welt ins Bewußtsein, so daß ihre Strukturen schließlich bestimmend werden für die subjektiven Strukturen des Bewußtseins, d. h. nun wirkt die Gesellschaft als »Bildungsanstalt« auf das individuelle Bewußtsein. Wenn es zur Internalisierung gekommen ist, sieht das Individuum Elemente der objektivierten Welt als interne Bewußtseinsphänomene und externe Wirklichkeit in einem.

Jede Gesellschaft von Dauer muß sich mit dem Problem befassen, ihre objektivierten Sinnzusammenhänge von Generation zu Generation weiterzugeben. Dieser Aufgabe begegnet sie mit den Vorgängen der Sozialisation. Sozialisation ist jener Prozeß, der einer neuen Generation die institutionellen Programme der Gesellschaft beibringt, in die sie hineingeboren wird. Man kann das natürlich als psychologische Kategorie, als Lernprozeß auffassen. Die neue Generation wird mit den Sinnzusammenhängen der jeweiligen Kultur vertraut gemacht. Sie wird initiiert. Sie lernt, sich an der Erfüllung etablierter Aufgaben zu beteiligen, und akzeptiert schließlich Rollen und Identitäten, die den kulturellen Gesamtapparat in Gang halten. Eine entscheidende Dimension der Sozialisation wird jedoch nicht richtig getroffen, wenn man sie nur als Lernprozeß versteht. Das Individuum erlernt nämlich die objektivierten Sinnzusammenhänge nicht nur, sondern es identifiziert sich vielmehr mit ihnen und wird durch sie geprägt. Es holt sie in sich hinein und macht sie zu *seinen* Auffassungen. Durch die Sozialisation wird das Individuum nicht nur jemand, der Auffassungen hat, sondern es repräsentiert sie und bringt sie zum Ausdruck.

Der Erfolg der Sozialisation hängt davon ab, ob eine Symmetrie zwischen der objektiven Welt der Gesellschaft und der subjektiven des Individuums zustande kommt. Ein total sozialisiertes Individuum müßte also zu jeder objektiv in der Gesellschaft bestehenden Auffassung eine analoge subjektive haben. Eine so totale Sozialisation läßt sich empirisch nicht nachweisen und ist auch theoretisch nicht möglich. Es gibt nur Erfolgsgrade der Sozialisation. Besonders gelungene Sozialisation stellt ein hohes Maß an objektiv-subjektiver Symmetrie her, während mangelhafte Sozialisation zu verschiedenen Graden der Asymmetrie führt. Wenn Sozialisation nicht wenigstens die Internalisierung der wichtigsten Sinnzusammenhänge der Gesellschaft erreicht, ist dieser keine lange Dauer beschieden. Sie wäre nämlich – und das ist entscheidend – nicht in der Lage, Traditionen zu bilden, die ihre Dauer sichern.

Das welterrichtende Handeln des Menschen ist immer ein Kollektivunternehmen. So muß denn auch das Hineinholen der Welt des Menschen in sein Inneres kollektiv stattfinden. Heutzutage bewegt man sich schon auf dem Niveau soziologischer Banalität, wenn man sagt, menschliche Entwicklung und Existenz in irgendeiner empirisch faßbaren, über biologische Beobachtungen hinausgehenden Form sei nur in der Gesellschaft möglich. Nicht ganz so banal ist allerdings der Zusatz, daß auch die Internalisierung einer vorhandenen Welt von der Gesellschaft abhängt. Damit erklärt man nämlich den Menschen allein für unfähig, seinen Erfahrungen Sinn abzugewinnen und sie zu verarbeiten. Er bedarf dazu eines Konzepts, das ihm durch gesellschaftliche Prozesse vermittelt wird. Das Individuum internalisiert die gesellschaftlich objektivierte Welt und seine ihm sozial zugewiesene Identität im *selben* Prozeß. Es wird sozialisiert, eine bestimmte Person zu *sein* und eine bestimmte Welt zu *bewohnen*. Subjektive Identität und subjektive Wirklichkeit werden durch dieselbe Dialektik (das Wort beim Worte genommen) zwischen dem Individuum und signifikanten anderen hervorgebracht, die mit seiner Sozialisation betraut sind.[20] Man kann das dialektische Zustandekommen der Identität so kennzeichnen, daß das Individuum das wird, als das andere es ansprechen. Dazu gehört, daß es sich die Welt im Gespräch mit anderen zu eigen macht und daß ihm Identität und Welt nur so lange wirklich bleiben, wie das Gespräch mit anderen aufrechterhalten wird.

Letzteres ist deshalb so wichtig, weil es besagt, daß Sozialisation niemals zu Ende geht, daß sie ein lebenslanger Prozeß sein und bleiben muß. Das ist die subjektive Seite der schon erwähnten Ungesichertheit aller von Menschen errichteten Welten. Die Schwierigkeit, eine Welt in Gang zu halten, drückt sich psychologisch in der Schwierigkeit aus, dieser Welt ihre subjektive Plausibilität zu erhalten. Die Welt wird im Gespräch mit signifikanten anderen (Eltern, Lehrer, Altersgenossen) im subjektiven Bewußtsein aufgebaut. Sie wird durch dieselbe Art des Gesprächs als subjektive Wirklichkeit bewahrt, wobei dieselben oder neue signifikante andere (Gatten, Freunde, andere Gefährten) beteiligt sind. Wenn das Gespräch abbricht (der Gatte stirbt, die Freunde verschwinden, man selbst die gewohnte soziale Umwelt verlassen muß),

---

[20] Auch der Ausdruck »signifikante andere« stammt von Mead und hat sich seither in der Sozialpsychologie eingebürgert.

beginnt die Welt zu wanken und verliert ihre bisherige subjektive Plausibilität. Die subjektive Wirklichkeit der Welt hängt mit anderen Worten am dünnen Faden des Gesprächs. Daß die meisten von uns diese Ungesichertheit nicht wahrnehmen, liegt an der Kontinuität unseres Gesprächs mit signifikanten anderen. Diese Kontinuität zu erhalten ist eine der wichtigsten Aufgaben jeder Gesellschaftsordnung.

Internalisierung impliziert also, daß die objektive Faktizität der sozialen Welt zugleich eine subjektive wird. Das Individuum begegnet den Institutionen als *Gegebenheiten* der objektiven Welt »da draußen«, doch sie sind nun auch *Gegebenheiten* seines eigenen Bewußtseins. Die institutionellen Programme der Gesellschaft werden subjektiv wirklich als Einstellungen, Begründungen und Lebensentwürfe. Das Individuum macht sich die Wirklichkeit der Institutionen zusammen mit seinen Rollen und seiner Identität zu eigen. Es eignet sich z. B. die typischen Verwandtschaftsregelungen seiner Gesellschaft an. Es spielt also nicht nur Onkel, es *ist* Onkel. Wenn seine Sozialisation einigermaßen gelungen ist, möchte es gar nichts anderes sein. Seine Einstellungen zu anderen und seine Gründe für bestimmte Handlungen sind dann »eingeboren« onkelhaft. Wenn es nämlich in einer Gesellschaft, die das Onkel-Sein als zentrale und signifikante Institution etabliert hat (sicherlich nicht unsere Gesellschaft, aber die meisten matriarchalischen), muß es sein ganzes Leben (Vergangenheit, Gegenwart *und* Zukunft) als Onkelleben sehen. Unter Umständen gibt es als Onkel sogar sein Leben hin für seine Neffen und tröstet sich damit, daß es in ihnen fortlebt. Dabei wird die gesellschaftlich objektivierte Welt gewiß noch immer als Außen-Faktizität akzeptiert. Onkel, Schwestern, Neffen sind objektiv wirklich vorhanden, eine Faktizität wie Tiere oder Steine. Aber diese objektive Welt wird zugleich als subjektiv sinnvoll erfaßt. Ihre anfängliche Undurchsichtigkeit (»Onkelkunde« muß man als Kind lernen) hat sich in innere Durchsichtigkeit verwandelt. Das Individuum kann in sich hineinsehen, um sich in den Tiefen seines subjektiven Seins als Onkel vorzufinden. Wenn die Sozialisation so weit gediehen ist, schlägt Selbstbetrachtung um in Erkenntnis.[21]

Der Internalisierungsprozeß ist jedoch immer nur ein Element des dialektischen Gesamtprozesses, zu dem auch die Elemente Externalisie-

---

[21] Wir glauben, daß diese Auffassung von Selbstbetrachtung als dauerhafter Methode zum Verständnis der sozialen Realität *nach* gelungener Sozialisation als Brücke dienen kann zwischen den offensichtlich widersprüchlichen Aussagen Durkheims über die subjektive Undurchsichtigkeit der sozialen Phänomene und Max Webers über die Möglichkeit des Verstehens.

rung und Objektivierung gehören. Ohne sie ergäbe sich das Bild eines mechanistischen Determinismus, innerhalb dessen die Gesellschaft das Individuum hervorbrächte wie in der Natur die Ursache die entsprechende Wirkung. Eine solche Auffassung würde dem Phänomen Gesellschaft in seiner Dynamik nicht gerecht. Nicht nur Internalisierung ist ein Teil der gesellschaftlichen Dialektik als solcher, sondern auch die Sozialisation des Individuums ist ein ständiger dialektischer Prozeß.[22] Das Individuum ist kein passives Ding. Es wird vielmehr im Verlauf langwieriger Konversation geprägt (eine Dia-lektik im wörtlichen Sinne), an der es teilhat; d. h. es absorbiert die soziale Welt, ihre Institutionen, Rollen und Identitäten nicht passiv, sondern *eignet* sie sich aktiv *an*. Mehr noch, ist es erst einmal auf diese Weise Person geworden, Person mit objektiv-subjektiv erkennbarer Identität, muß es weiter an jener Konversation teilnehmen, die es in seinem ganzen Leben als Person trägt und erhält. Das bedeutet, das Individuum bleibt weiter *Koproduzent* der sozialen Welt und damit auch seiner selbst. Wie gering auch seine Möglichkeiten sein mögen, die gesellschaftlichen Definitionen der Wirklichkeit zu verändern: es muß zumindest weiterhin diejenigen billigen, die an seiner Personwerdung mitwirken. Selbst wenn es den Gedanken der Koproduktion ablehnen sollte (als positivistischer Soziologe oder Psychologe etwa), bleibt es Koproduzent seiner eigenen Welt, und noch die Ablehnung fällt unter die Dialektik als ein bildender Faktor sowohl seiner Welt wie seiner selbst. Einmal mehr mag das Verhältnis zur Sprache als Paradigma für die Dialektik der Sozialisation dienen. Sprache ist objektive Faktizität für jeden einzelnen. Subjektiv eignet man sie sich an durch vokalisierte und artikulierte Interaktion mit anderen. Im Verlauf dieser Interaktion modifiziert man sie jedoch unvermeidlich, selbst dann, wenn man (als strammer Grammatiker etwa) die Gültigkeit solcher Modifizierungen der Sprache bestreitet. Die ständige Teilhabe des Sprechenden an einer Sprache gehört zu jenem menschlichen Handeln, welches für diese Sprache die einzige ontologische Grundlage ist. Die Sprache ist *da*, weil der einzelne Sprecher sie in Gemeinschaft mit anderen fortwährend benutzt. Für die Sprache wie für die gesellschaftlich objektivierte Welt überhaupt kann gesagt werden, daß das Individuum der Welt, die es geprägt hat, ständig antwortet und dadurch Sprache und Welt als während Wirklichkeit wahrt.

[22] Der dialektische Charakter der Sozialisation kommt in Meads Gegenüberstellung von »I« und »me« zum Ausdruck. Vgl. op. cit., S. 173 ff.

Die These, daß die gesellschaftlich konstruierte Welt vor allem eine Ordnung von Erfahrungen ist, erscheint damit als begründet. Über den verstreuten Erlebnissen und Meinungen der Individuen waltet eine Sinnordnung, ein *Nomos*.[23] Die Gesellschaft als Welt-Erbauerin zu bezeichnen bedeutet also, daß man sie als ordnendes Handeln erkennt. Voraussetzung dafür ist, wie oben gesagt, die biologische Verfassung des *Homo sapiens*. Der Mensch, dem die Ordnungsmechanismen der anderen Tiere versagt sind, ist gezwungen, der Erfahrung seine eigene Ordnung aufzuerlegen. Die »Sozialität« des Menschen begründet den kollektiven Charakter seines ordnenden Handelns. Jeder Art gesellschaftlicher Interaktion ist das Ordnen von Erfahrungen inhärent. Gesellschaftliches Handeln impliziert, daß subjektiv gemeinter Sinn sich an und auf andere richtet, und ständige gesellschaftliche Interaktion impliziert, daß die verschiedenen Meinungen der Handelnden in einen allgemeinen Sinnzusammenhang integriert sind.[24] Falsch wäre allerdings die Annahme, dieses zu allgemeinverbindlicher Gesetzhaftigkeit tendierende Sinngefüge müsse selbsttätig oder *ab origine* einen Nomos des Sinns produzieren, der dann alle Sondererfahrungen und Meinungen der beteiligten Individuen umfasse. Wenn man sich hypothetisch in die Uranfänge irgendeiner Gesellschaft hineindenkt – empirisch kann man das natürlich nicht –, so liegt nahe, daß ein entstehendes Sinngefüge, ein Nomos des Sinns im Werden, sich allmählich ausweitet, allgemein verbindlich wird und schließlich jeden Sinnbereich umschließt. Die Totalität individuellen Meinens wird jedoch kein Nomos je erfassen. Wenn es schon kein total sozialisiertes Individuum gibt, so gibt es auch immer individuelles Meinen, das außerhalb oder an den Grenzen eines gemeinsamen Nomos verharrt. Wir werden später in der Tat sehen, daß gerade Grenzsituationen des Individuums dem Verständnis gesellschaftlichen Seins nicht unerheblich zugute kommen. Dennoch drängt die innere Logik jedes Nomos nach Ausweitung seines Geltungsbereiches. Auch wenn das ordnende Handeln der Gesellschaft nie bis zur Totalisierung bzw. Verabsolutierung reicht, so hat es doch offenbar eine totalisierende Tendenz.[25]

---

[23] Der Begriff »Nomos«, wie er hier, nicht ganz deckungsgleich mit der üblichen Übersetzung »Gesetz«, verwendet wird, ist indirekt, nämlich durch Umkehrung, abgeleitet von Durkheims Begriff der *Anomie*. Vgl. Durkheim (1897).
[24] Die Definition gesellschaftlichen Handelns als sinnhafte Beziehung stammt von Max Weber. Die Folgerungen aus dieser Definition für die soziale »Welt« hat vor allem Schütz gezogen.
[25] Der Terminus »Totalisation« stammt von Sartre (1960).

Die gesellschaftliche Welt konstituiert sowohl subjektiv als auch objektiv einen Nomos. Der objektive ist im Prozeß der Objektivierung als solcher gegeben. Das Faktum der Sprache ist, für sich genommen, eine Form der Einsetzung von Ordnung über Erfahrung. Die Sprache vergesetzlicht, sie nomisiert, indem sie Differenzierung und Struktur in den ständigen Strom der Erfahrung bringt. Sobald ein Erfahrungsinhalt benannt ist, wird er *eo ipso* aus dem Strom der Erfahrung herausgeholt und gewinnt als das so Benannte Stabilität. Indem Sprache dem Wortschatz Syntax und Grammatik zufügt, stiftet sie eine fundamentale Bezugsordnung. Wer mit ihr umgeht, kann nicht anders, als ihre Ordnung zu übernehmen. Sprache läßt sich als Nomos im Werden bezeichnen oder – mit gleicher Gültigkeit – als historische Folge nomisierenden Handelns von Menschen in Generationen. Der erste nomisierende Akt besteht darin, daß man sagt, etwas sei *dieses* und also *nicht jenes*. Dieser ersten Einverleibung eines Etwas in eine Ordnung, die schon anderes enthält, folgen dann genauere sprachliche Bestimmungen (das Etwas ist männlich, nicht weiblich, Singular, nicht Plural, Substantiv, nicht Verbum usw.). Somit zielt schon der Akt der Benennung auf eine umfassende Ordnung all dessen, was sprachlich objektiviert werden kann, d. h. er intendiert, ohne sie selbst erreichen zu können, eine nomische Totalität.

Auf Sprache als Fundament und Medium ruht das kognitive und normative Gebäude des »Wissens« in der Gesellschaft. Durch das, was sie »weiß«, überlagert jede Gesellschaft die Erfahrung mit einer interpretativen Ordnung. Auf dem Weg über den Objektivierungsprozeß wird interpretativ geordnete Erfahrung »objektives Wissen«. Nur ein relativ kleiner Teil dieses Wissensgebäudes sind Theorien dieser oder jener Art. Dennoch ist theoretisches »Wissen« besonders wichtig, weil normalerweise in ihm der Schatz »offizieller« Interpretationen aufbewahrt ist. Das gesellschaftlich objektivierte »Wissen« ist jedoch zur Hauptsache vortheoretisch. Es besteht aus schematischen Interpretationen, moralischen Maximen und Ansammlungen überkommener »Weisheiten«. Das alles teilt der Mann auf der Straße häufig mit dem Theoretiker. Verschiedene Gesellschaften haben verschiedene »Wissensvorräte«. Wie immer die Unterschiede auch sein mögen, jede Gesellschaft versorgt ihre Angehörigen mit einem objektiv zugänglichen Wissensvorrat. Zu einer Gesellschaft gehören heißt, Teilhaber an ihrem »Wissen« zu sein und in diesem Sinne unter dem Dach ihres Nomos zu wohnen.

Der objektive Nomos wird im Verlauf der Sozialisation internalisiert. Das Individuum macht ihn sich zu eigen, so daß er auch zu seiner subjektiven Erfahrungsordnung wird. Dank dieser kann es seinen eigenen Lebensablauf als »sinnvoll« empfinden. Scheinbare Widersprüchlichkeiten der Vergangenheit fügen sich im Hinblick darauf, was man »objektiv weiß«, zu einer Ordnung. Neue Erfahrungen werden ständig integriert. Deshalb erfährt die Ordnung gelegentlich kleine Modifikationen. Durch ihre Projektion auf die Zukunft nimmt sich auch diese »sinnvoll« aus. In der sozialen Welt leben heißt, mit anderen Worten, geordnet und sinnvoll leben. Die Gesellschaft ist Hüterin von Ordnung und Sinn nicht nur objektiv, kraft ihrer institutionellen Strukturen, sondern auch subjektiv, insofern sie das individuelle Bewußtsein strukturiert.

Aus diesem Grunde ist die radikale Absonderung von der sozialen Welt, die »Anomie«, für das Individuum so gefährlich.[26] Nicht nur, daß dadurch Bande, die dem Gefühlsleben Halt geben, zerreißen, es kommt auch zu einem Orientierungsverlust im Alltagsleben. In extremen Fällen verliert das Individuum den Sinn für Wirklichkeit und Identität. Es wird anomisch, d. h. es erleidet einen »Weltverlust«. Der isolierte einzelne, der sich früher wie jeder andere im Gespräch mit anderen seinen Nomos gebildet und bewahrt hatte, stürzt in die Anomie, sobald das Gespräch gänzlich abbricht. Die Ursachen für einen Nomoszerfall können natürlich verschiedenartige sein: große Veränderungen in der Gesamtgesellschaft, Statusverlust der Gruppe, zu der das Individuum gehört. Biographische Ursachen im engeren Sinne wären der Verlust signifikanter anderer durch Tod, Scheidung oder räumliche Trennung. Man kann also zwar durchaus von kollektiver und individueller Anomie sprechen. Aber beide Male ist die fundamentale Ordnung, dank derer der einzelne sein Leben und seine Identität als sinnvoll betrachten kann, in Auflösung begriffen. Der einzelne verliert dadurch allmählich nicht nur seinen moralischen Halt, sondern gerät auch in einen Zustand kognitiver Verunsicherung. Seine Welt beginnt in dem Augenblick zu wanken, in dem die sie stützende Konversation ins Stocken gerät.

Der wichtigste Aspekt des gesellschaftlich etablierten Nomos ist also wohl der Schutz vor dem Terror. Anders ausgedrückt: die wichtigste Funktion der Gesellschaft ist Nomisierung, das Setzen verbindlichen Sinns. Die anthropologische Voraussetzung dafür ist das Verlangen des

[26] Verschiedene amerikanische Soziologen bevorzugen die englische Schreibweise »anomy« für Durkheims »Anomie«; nicht so allerdings Robert Merton, der den Begriff in seine struktural-funktionalistische Theorie zu integrieren suchte und die französische Schreibweise beibehielt.

Menschen nach Sinnhaftigkeit, das offenbar die Kraft eines Instinktes besitzt. Der Mensch wird mit dem zwanghaften Drang geboren, der Wirklichkeit sinnhafte Ordnung zu geben. Das Zustandekommen seiner Ordnung setzt jedoch voraus, daß sie ein gemeinschaftliches Unternehmen ist. Abgesondert von der Gesellschaft, drohen dem einzelnen viele Gefahren, denen allein zu begegnen er unfähig ist. In extremen Fällen der Isolierung droht Vernichtung. Die totale Absonderung von der Gesellschaft führt auch zu unerträglichen seelischen Spannungen, die ihren Grund in der anthropologischen Konstante der Sozialität haben. Die äußerste Gefahr der Isolierung von der Gesellschaft aber ist der totale Sinnverlust, jener Nachtmahr einer Welt der Unordnung, Sinnlosigkeit und des Wahnwitzes, in der man versinken könnte. Wirklichkeit und Identität verwandeln sich in krankhafte Ausgeburten des Schreckens. In der Gesellschaft sein heißt, »gesund« sein, geschützt also vor der absoluten »Ungesundheit« der Anomie. Anomie kann so unerträglich sein, daß man ihr den Tod vorzieht. Umgekehrt bezahlt mancher sein Bleiben in einer nomischen Welt mit Leiden und Opfern und, wenn er glaubt, dem Nomos diesen äußersten Preis schuldig zu sein, sogar mit dem Leben.[27]

Der Schutzcharakter gesellschaftlicher Ordnung wird besonders deutlich an Grenzsituationen im Leben des einzelnen, Situationen also, in denen er bis an die festgelegten Grenzen der Ordnung seines Alltagslebens und dessen Routinen oder sogar darüber hinaus getrieben wird.[28] Solche Situationen kommen nicht selten in Schlaf- und Wachträumen vor. Sie tauchen am Horizont des Bewußtseins auf als der schemenhafte Verdacht, die Welt habe vielleicht doch noch andere Gesichter als ihr »normales«, der Verdacht also, die bislang akzeptierten Definitionen der Wirklichkeit könnten zerbrechen oder gar trügen.[29] Der Verdacht richtet sich gegen die eigene und die Identität anderer und kann erschütternde Metamorphosen nach sich ziehen. Wenn sie sich im Zentrum des Bewußtseins ansiedeln, entsprechen sie genau den Zuständen, welche die Psychiatrie neurotisch oder psychotisch nennt. Was immer der erkenntnis-

---

[27] Dies läßt darauf schließen, daß es nomische und anomische Selbstmorde gibt, ein Punkt, auf den Durkheim (op. cit., S. 217 ff.) anspielt, den er aber nicht weiter verfolgt.
[28] Der Begriff »Grenzsituationen« stammt von Karl Jaspers (1932).
[29] Die Vorstellung von einem »anderen Aspekt« der Wirklichkeit hat Robert Musil in seinem großen unvollendeten Roman *Der Mann ohne Eigenschaften* zu einem seiner Hauptthemen gemacht. Siehe besonders ›Die Insel der Gesundheit‹, ›Die Unsicherheit‹, 117. Kapitel des zweiten Buches (1952), S. 1157 ff. Eine kritische Erörterung findet sich bei Kaiser und Wilkins (1962).

theoretische Status dieser Zustände sein mag (Psychiater sind erkenntnistheoretisch gelegentlich ein wenig zu sorglos; man hält sich eben nicht umsonst für ganz besonders fest verwurzelt in der alltäglichen, »offiziellen« Definition von Wirklichkeit), ihr tiefes Grauen für das Individuum liegt in der Bedrohung seines Nomos.[30] Wenn man den Tod eines anderen miterlebt (vor allem eines signifikanten anderen) oder sich den eigenen Tod ausmalt, verspürt man oft den unbezwinglichen Drang, seine kognitiven und normativen ad hoc-Vorhaben in der Gesellschaft in Frage zu stellen. Der Tod ist ein ungeheures Problem für die Gesellschaft, nicht nur weil er die Kontinuität menschlicher Beziehungen unmittelbar, sondern mittelbar auch die Grundvorstellungen von Ordnung bedroht, auf denen die Gesellschaft beruht.

Die Grenzsituationen enthüllen also die eingeborene Ungesichertheit aller sozialen Welten. Jede Gesellschaft ist von lauernden »Unwirklichkeiten« bedroht. Jeder gesellschaftlich errichtete Nomos muß seinem möglichen Zerfall ins Auge sehen. Gesellschaftlich gesehen, ist Nomos ein den ungeheuren Weiten der Sinnlosigkeit abgerungener Bezirk der Sinnhaftigkeit, die kleine Lichtung im finsteren, unheilschwangeren Dschungel. Individuell gesehen, ist er die »Tagseite« des Lebens, auf der man sich, gefährdet genug, den düsteren Schatten der »Nacht« entgegenstellt. In beiden Perspektiven ist Nomos ein Bau, den Menschen für Menschen angesichts der Übermacht und Undurchschaubarkeit des Chaos errichtet haben. Das Chaos muß um jeden Preis in Schach gehalten werden. Dazu entwickelt jede Gesellschaft Methoden und Verfahren, die ihren Angehörigen helfen, »wirklichkeitsorientiert« (orientiert an der »offiziell« definierten Wirklichkeit) zu bleiben und (aus den Grenzsituationen der »Unwirklichkeit«) »zurückkehren« zu können zum gesellschaftlich etablierten Nomos. Darauf werden wir später noch genauer eingehen. Vorläufig wollen wir nur festhalten, daß die Gesellschaft dem Individuum die Möglichkeit gibt, sich des Nachtmahrs der Anomie zu erwehren und in den sicheren Grenzen ihres Nomos zu bleiben.

Die soziale Welt stellt den Anspruch, als Gewißheit zu gelten.[31] Sozialisation gelingt in dem Maße, in dem der Gewißheitscharakter internalisiert wird. Es reicht nicht aus, daß das Individuum die Grundkonzep-

---

[30] Daß der Tod die entscheidende Grenzsituation ist, hat Martin Heidegger in *Sein und Zeit* (1929) besonders betont.

[31] Den Ausdruck »Gewißheit« hat Schütz in die Analyse der sozialen Welt eingeführt. Vgl. vor allem seine *Collected Papers*, op. cit.

tionen der Gesellschaft als nützlich, wünschenswert oder richtig betrachtet. Für die Stabilität der Gesellschaft ist es viel besser, daß es sie für »naturnotwendig«, für zur »Natur der Dinge« gehörig hält. Erst dann nämlich läßt sich ein Individuum, das ernstlich von den gesellschaftlich bestimmten Programmen abweicht, nicht nur als Einzelgänger oder Missetäter, sondern als Geisteskranker hinstellen. Subjektiv kann eine ernstliche Abweichung nicht nur Schuldgefühle, sondern das Grauen vor dem Wahnsinn hervorrufen. Das sexuelle Programm der Gesellschaft beansprucht z. B. nicht nur Gewißheitscharakter als zweckentsprechende oder moralisch richtige Einrichtung. Es gibt sich auch als unweigerlicher Ausdruck einer »menschlichen Natur«. Die sogenannte »homosexuelle Panik« ist ein Beispiel für den Terror, den eine Abweichung vom verbindlichen Sexualprogramm entfesseln kann. Damit soll nicht etwa geleugnet werden, daß auch konkrete Befürchtungen oder Gewissensbisse des Betroffenen mitsprechen. Aber sein eigentliches Grauen gilt doch dem Sturz in eine äußerste Finsternis, in der er von der »normalen« Ordnung der Menschen abgeschnitten wäre. Institutionelle Programme besitzen also auch einen ontologischen Status, dessen Macht so groß ist, daß, wer sich ihr nicht fügt, das Sein als solches, das Sein in seiner universalen Ordnung und folglich auch sein eigenes Sein leugnen kann.

Wann immer der gesellschaftlich etablierte Nomos die Qualität der Gewißheit gewonnen hat, entsteht eine Vermischung seiner Sinngehalte mit dem, was für die fundamentale, dem Universum innewohnende Sinnhaftigkeit gehalten wird. Nomos und Kosmos scheinen gleich weit zu reichen, ihre Sinnhaftigkeit scheint austauschbar zu sein. In archaischen Gesellschaften ist der Nomos eine mikrokosmische Spiegelung, die Menschenwelt ein Ausdruck von Sinninhalten des Universums. In der modernen Gesellschaft tritt diese archaische »Kosmisierung«[32] der sozialen Welt eher in Form von »wissenschaftlichen« Thesen über »das Wesen des Menschen« als über »das Wesen des Universums« auf. Wie historisch variabel dergleichen auch sein mag, die Tendenz, Sinnsetzungen der menschlich konstruierten Welt in das ganze Universum hinein- oder aus ihm herauszulesen, besteht und bestand immer.[33] Sicherlich fördern solche Projektionen die Stabilität fragiler, nomischer Konstruktionen.

---

[32] Der Terminus »Kosmisierung« stammt von Eliade (1959).
[33] Der Begriff der Projektion stammt von Feuerbach. Sowohl Marx wie Nietzsche haben ihn übernommen. Der indirekte Einfluß Feuerbachs auf Marx geht über Nietzsche. In der von Nietzsche verwandten Weise wurde der Begriff dann für Freud wichtig.

Wie das zustande kommt, muß jedoch näher untersucht werden. Sobald Nomos jedenfalls als zur »Natur der Dinge« gehörige, sei es kosmologisch *oder* anthropologisch begründete Gewißheit erfahren wird, hat er eine Stabilität, die sich aus tieferen und reicheren Quellen speist als aus den ephemeren Anstrengungen der Geschichte. Hier endlich kommen wir zur Bedeutung der Religion.

Religion ist das Unterfangen des Menschen, einen heiligen Kosmos zu errichten.[34] Anders ausgedrückt: Religion ist Kosmisierung auf heilige Weise. Als heilig bezeichnen wir hier eine numinose, furchterregende Mächtigkeit, die der Mensch anders als sich selbst und doch mit ihm verbunden erlebt und von der er glaubt, sie hause in bestimmten Objekten der Erfahrung.[35] Als Qualität kann er sie Naturdingen und Artefakten, Tieren, Menschen oder Kulturprodukten zuschreiben. Es gibt heilige Felsen, Werkzeuge, Kühe. Der Häuptling kann heilig sein, aber auch ein bestimmter Brauch oder eine Institution. Raum und Zeit etwa im Sinne bestimmter Örtlichkeiten und Jahreszeiten können heilig sein, schließlich kann die Qualität in Verkörperung umschlagen, von ortsgebundenen Geistern bis hin zu den hohen kosmischen Gottheiten. Diese wiederum lassen sich in absolute Mächte oder Prinzipien transformieren, die den Kosmos regieren. Sie werden dann nicht mehr als Verkörperungen empfunden, haben aber weiter den Status der Heiligkeit. Die historischen Manifestationen des Heiligen sind sehr unterschiedlich, wenngleich sich gewisse transkulturelle Gemeinsamkeiten feststellen lassen (wobei hier dahingestellt bleiben soll, ob das auf der Streuung von Kulturen oder einer inneren Logik der religiösen Einbildungskraft des Menschen beruht). Der Mensch erlebt das Heilige als etwas, das von den Routinen des Alltagslebens »absticht«, als etwas Außerordentliches und potentiell Gefährliches, wenngleich Mächtigkeit und Gefährlichkeit für die Bedürfnisse der Alltagswelt nutzbar gemacht werden können. Obwohl das Heilige in der Vorstellung anders ist als der Mensch, bezieht es sich doch auf den Menschen, und zwar in einer Weise wie kein anderes Nicht-Menschliches, ganz gewiß kein nicht-heiliges

---

[34] Diese These gründet sich auf Rudolf Otto und Mircea Eliade. Zur Erörterung des Problems, Religion im soziologischen Kontext zu definieren, siehe den 1. Anhang. Religion wird hier als menschliche Unternehmung definiert, weil sie sich nur als solche empirisch manifestiert. Die Frage, ob sie mehr als ein empirisches Phänomen ist, bleibt hier offen, wie bei jedem Versuch, der Religion wissenschaftlich beizukommen.
[35] Zur Begriffsklärung des Heiligen vgl. Otto (1963), van der Leeuw (1939) und Eliade (1957). Mit der Dichotomie des Heiligen und des Profanen arbeitet schon Durkheim (1912).

Naturphänomen. Der von der Religion gesetzte Kosmos übergreift und umschließt den Menschen, der ihn sich gegenüber sieht als übermächtige Wirklichkeit, die anders ist als er selbst. Diese Wirklichkeit aber wendet sich ihm zu und gibt ihm seinen Platz in einer absolut sinnvollen Ordnung.

Auf einer bestimmten Sinnebene ist das Profane der Gegensatz des Heiligen. Es läßt sich schlicht als Nichtvorhandensein des Status der Heiligkeit bezeichnen. Alle Phänomene, die von anderen nicht als heilig »abstechen«, sind profan. Das Alltagsleben ist profan, es sei denn, es erweise sich sozusagen als anders, nämlich in irgendeiner Weise von der Macht des Heiligen durchdrungen (die »Heiligkeit« der Arbeit z. B.). Aber selbst in diesem wie in anderen Fällen behält die Qualität der Heiligkeit, die den gewöhnlichen Ereignissen des Lebens selbst zugeschrieben wird, ihren außergewöhnlichen Charakter, meistens durch eine Art Rückversicherung in der Form von Riten. Das Aufgeben von Riten ist gleichbedeutend mit einer Säkularisierung der betreffenden Lebensvorgänge, d. h. mit dem Übergang zu einer Vorstellung, in der sie profan und nichts als profan sind. Die Dichotomisierung, die Zweiteilung der Wirklichkeit in heilige und profane Sphären, wie benachbart sie auch sein mögen, gehört zum Wesen aller Religion und muß bei jeder Analyse des Phänomens Religion berücksichtigt werden.

Auf einer tieferen Sinnebene ist die Gegenkategorie des Heiligen das Chaos.[36] Der heilige Kosmos taucht aus dem Chaos auf und steht ihm als seinem furchtbaren Widerpart nun entgegen. Die Gegenüberstellung von Kosmos und Chaos kommt in einer Fülle von Weltentstehungsmythen zum Ausdruck. Der heilige Kosmos, der den Menschen übergreift und in seine Wirklichkeitsordnung einschließt, bietet ihm so den Schutz des Absoluten vor dem Grauen der Anomie. Wer in der »richtigen« Beziehung zum heiligen Kosmos lebt, weiß sich geschützt vor dem Nachtmahr des Chaos. Wer aus der »richtigen« Beziehung zum heiligen Kosmos herausfällt, verbannt sich an den Rand des Abgrunds der Sinnlosigkeit. Bezeichnenderweise hat das griechische Wort »chaos« die Bedeutung von »Gähnen« oder »Klaffen«; das lateinische »religio« bedeutet auch »vorsichtig sein«. Bedachtsam und vorsichtig ist der religiöse Mensch gewiß zunächst der gefährlichen Macht selbst gegenüber, die den Manifestationen des Heiligen innewohnt. Aber hinter dieser Gefährlichkeit steht eine Gefährdung, die schrecklicher ist – daß nämlich

[36] Vgl. Eliade (1959).

der Mensch die Verbindung zum Heiligen verlieren und vom Chaos verschlungen werden könnte. Alle nomischen Konstruktionen sind, wie wir gesehen haben, dazu bestimmt, dieses Grauen in Schach zu halten. Aber erst der heilige Kosmos ist der absolute Höhepunkt dieser menschlichen Konstruktionen. Er ist im wortwörtlichen Sinne deren Apotheose.

Menschliches Dasein ist essentiell und unweigerlich externalisierendes Handeln. Im Verlauf der Externalisierung verströmen Menschen Sinn in die Wirklichkeit. Jede menschliche Gesellschaft ist ein Gebäude externalisierter und objektivierter Sinnhaftigkeit und zielt immer auf ein sinnvolles Ganzes. Jede Gesellschaft ist mit dem nie vollendeten Werk beschäftigt, eine menschlich sinnvolle Welt zu errichten. Kosmisierung impliziert die Gleichsetzung der als sinnvoll gewollten Welt mit der Welt überhaupt, wobei die Menschenwelt in der kosmischen gründet, sie widerspiegelt oder in ihren fundamentalen Strukturen entstanden ist. Dieser Kosmos als Grund und Rechtfertigung jedes menschlichen Nomos muß nicht unbedingt heilig sein. Vor allem in der Moderne ist so mancher entgötterte Kosmos entstanden. Der bei weitem wichtigste ist der der modernen Naturwissenschaft. Ursprünglich war jedoch sicher *jede* Kosmisierung eine Heiligung. Das gilt für den größten Teil der Menschheitsgeschichte, nicht nur für die Jahrtausende menschlichen Wirkens auf Erden, die dem, was wir heute Zivilisation nennen, vorausgegangen sind. Historisch gesehen, sind die meisten Welten des Menschen heilig gewesen. So scheint es denn wahrscheinlich, daß es ihm überhaupt nur auf dem Wege des Heiligen möglich war, so etwas wie einen Kosmos zu begreifen.[37]

Religion hat demnach eine strategische Rolle bei der Welterrichtung des Menschen gespielt. In ihr greift die Externalisierung, d. h. die Selbstentäußerung des Menschen, so weit über ihn hinaus, daß er der Wirklichkeit seine eigenen Sinnsetzungen auferlegt. Religion impliziert die Projektion menschlicher Ordnung in die Totalität des Seienden. Anders ausgedrückt: Religion ist der kühne Versuch, das gesamte Universum auf den Menschen zu beziehen und für ihn zu beanspruchen.

---

[37] Vgl. Eliade (1957), S. 38: »Die Welt läßt sich als ›Welt‹, als ›Kosmos‹ insofern fassen, als sie sich als heilige Welt offenbart.«

2. KAPITEL

Religion und Welterhaltung

Alle gesellschaftlich errichteten Welten sind ihrem Wesen nach instabil. Getragen von menschlichem Handeln, sind sie ständig bedroht von dessen Begleiterscheinungen des Eigennutzes und der Dummheit. Einzelinteressen im Widerstreit sabotieren die institutionellen Programme. Oft geraten diese in Vergessenheit oder werden erst gar nicht erkannt. Prozesse, denen jeder unterworfen ist, Sozialisation und soziale Kontrolle, soweit sie gelingen, sollen diese Gefahren verringern. Sozialisation soll einen ständigen Konsens über die wichtigsten Merkmale der sozialen Welt sichern. Soziale Kontrolle soll individuellen oder Gruppenwiderstand in erträglichen Grenzen halten. Es gibt aber noch einen Vorgang von zentraler Bedeutung für die Stabilität des schwankenden Gebäudes der Gesellschaftsordnung: die Legitimierung.[1]

Legitimieren nennen wir das Erklären und Rechtfertigen einer Gesellschaftsordnung mittels des in ihr gesellschaftlich objektivierten »Wissens«. Anders ausgedrückt: Legitimationen sind Antworten auf Fragen nach dem »Warum« institutioneller Gebilde. Wir wollen diese Begriffsbestimmung etwas näher erläutern. Legitimationen gehören in den Bereich der gesellschaftlichen Objektivationen, d. h. zu dem, was in einem Kollektiv als »Wissen« gilt. Das impliziert, daß sie einen ganz anderen Objektivitätsstatus haben als bloße persönliche Meinungen hinsichtlich des »Warum« und »Wozu« gesellschaftlicher Vorgänge. Außerdem können sie nicht nur normativ, sondern auch kognitiv sein. Sie sagen den Leuten also nicht nur, was sein *soll*, sondern stellen oft lediglich fest, was *ist*. Eine Forderung der Verwandtschaftsmoral wie: »Du sollst nicht mit X, deiner Schwester, schlafen«, ist deutlich legitimatorisch. Kognitive Verwandtschaftsfeststellungen wie: »Du bist der Bruder von X, und sie ist deine Schwester«, sind in einem noch funda-

[1] Die Ausdrücke »Legitimierung« und »Legitimation« stammen von Max Weber; sie werden allerdings hier in einem weiteren Sinne verwandt.

mentaleren Sinne legitimatorisch. Um etwas kraß zu formulieren: Legitimieren fängt mit Behauptungen an wie: »Das ist das.« Erst auf dieser kognitiven Grundlage können normative Forderungen überhaupt sinnvoll erscheinen. Und noch etwas: Es wäre ein arger Fehler, Legitimierung und theoretische »Ideation« – im Sinne der Phänomenologie – gleichzusetzen.[2] »Ideen« mögen für Legitimierungszwecke wichtig sein. Aber was als »Wissen« in einer Gesellschaft umgeht, deckt sich nicht mit ihrem Bestand an »Ideen«. Einige Leute mit Sinn für »Ideen« gibt es zwar immer, aber sie haben nie mehr als eine kleine Minderheit gebildet. Wenn Legitimationen immer aus theoretisch schlüssigen Sätzen bestehen müßten, könnten sie die gesellschaftliche Ordnung nur in den Augen von einigen Theoretikern wahren – gewiß kein praktikables Programm. Deshalb sind auch die meisten Legitimationen vortheoretisch.

Aus dem bisher Gesagten dürfte deutlich geworden sein, daß in gewissem Sinne *alles* gesellschaftlich objektivierte »Wissen« legitimatorisch ist. Der Nomos einer Gesellschaft legitimiert zuallererst sich selbst, durch sein bloßes Vorhandensein. Institutionen strukturieren das menschliche Handeln. Weil ihre Sinngehalte im Nomos integriert sind, sind sie *ipso facto* legitimiert, und zwar so weit, daß das institutionalisierte Handeln den Handelnden »selbstverständlich« erscheint. Dieser Grad der Legitimität wird bereits vorausgesetzt, wenn man von der Objektivität der Gesellschaftsordnung spricht. Mit anderen Worten: die gesellschaftlich errichtete Welt legitimiert sich selbst kraft ihrer objektiven Faktizität. Jede Gesellschaft benötigt ohne Unterschied jedoch noch zusätzliche Legitimationen. Sie sind notwendig aufgrund der Probleme, die Sozialisation und soziale Kontrolle aufwerfen. Wenn der Nomos einer Gesellschaft von einer Generation an die andere weitergegeben werden soll, auf daß die neue Generation dieselbe soziale Welt »bewohne«, müssen Legitimationsformeln vorhanden sein, damit man die bei der neuen Generation unweigerlich aufkommenden Fragen beantworten kann. Kinder wollen nun einmal das »Warum« wissen. Ihre Lehrer müssen überzeugende Antworten bereithalten. Zudem geht die Sozialisation, wie wir gesehen haben, nie zu Ende. Nicht nur Kinder, auch Erwachsene »vergessen« die legitimierenden Antworten. Sie müssen immer wieder »er-innert« werden, d. h. die legitimierenden Formeln

---

[2] Die Beschränkung auf theoretische Ideation war eine der Hauptschwächen der bisherigen Wissenssoziologie. Die Arbeiten des Verfassers auf dem Gebiet der Wissenssoziologie sind in starkem Maße durch Schütz beeinflußt, der die Ansicht vertritt, das soziologisch relevanteste Wissen sei das des Mannes auf der Straße, d. h. das »Jedermannswissen«, und nicht die theoretischen Konstruktionen der Intellektuellen.

müssen immer wiederholt werden. Besonders wichtig ist dies natürlich bei individuellen oder kollektiven Krisen. Dann nämlich ist die Gefahr des »Vergessens« besonders akut. Auch jede Anwendung sozialer Kontrollmaßnahmen bedarf der zusätzlichen Legitimation. Die sich selbst legitimierende Faktizität der institutionellen Gebilde reicht schon deshalb nicht aus, weil sie durch Abweichler, die unter Kontrolle gebracht werden müssen, in Frage gestellt wird. Je härter ihr Widerstand und je schärfer die Mittel, die ihn brechen sollen, desto wichtiger ist ergänzende Legitimierung. Sie dient sowohl dazu, deutlich zu machen, warum der Widerstand nicht geduldet werden kann, als auch zur Rechtfertigung der Mittel, die ihn bezwingen sollen. Man kann also sagen, daß die Faktizität der sozialen Welt oder irgendeines ihrer Teilbereiche als Selbstlegitimation ausreicht, solange keine besondere Herausforderung vorliegt. Wenn eine solche, in welcher Form auch immer, auftaucht, verliert die Faktizität ihren Gewißheitscharakter. Dann muß die Gültigkeit der Gesellschaftsordnung bewiesen werden, und zwar sowohl der Herausforderer wegen als auch um derer willen, die ihnen zu begegnen haben. Kinder müssen überzeugt werden, aber ihre Lehrer auch. Missetäter müssen mit Überzeugung verurteilt werden, und das Urteil wiederum muß ihre Richter rechtfertigen. Der Grad der Herausforderung bestimmt den Differenzierungsgrad der zusätzlichen Legitimationen.

Legitimierung findet also auf mehreren Stufen statt. Zunächst ist zwischen selbstlegitimierender Faktizität und Sekundär-Legitimationen, die durch Herausforderung dieser Faktizität notwendig werden, zu unterscheiden. Den sekundären Typus kann man dann weiter durchdifferenzieren. Im vortheoretischen Bereich besteht er aus schlichten traditionellen Versicherungen wie: »So macht man das eben.« Dann folgt ein weiterer Schritt zur Theorie hin (freilich noch nicht im Sinne von »Ideen«): Die Legitimationen nehmen die Form von Sprichwörtern, Maximen und Volksweisheiten an. Legitimations-»Kunde« solcher Art kann sich vervollkommnen und als Mythos, Legende oder Volksmärchen weiterleben. Explizit theoretische Legitimationen, die mittels spezieller Wissensbestände bestimmte Ausschnitte der Gesellschaftsordnung erklären und rechtfertigen, sind die nächsthöhere Abstraktionsstufe. Schließlich kommen hochtheoretische Gebilde, die den Nomos einer Gesellschaft *in toto* legitimieren und alle Sonder- und Teillegitimationen zu einer umfassenden *Weltanschauung* integrieren. Diese allerhöchste Form kann man als den zum Bewußtsein seiner selbst gelangten Nomos einer Gesellschaft bezeichnen.

Legitimierung hat einen objektiven und einen subjektiven Aspekt. Objektiv sind die Legitimationen *da*: als gültige und verfügbare Definitionen der Wirklichkeit. Sie sind Bestandteil des objektivierten »Wissens« der Gesellschaft. Wenn sie jedoch als Stützen der Gesellschaftsordnung effektiv sein sollen, müssen sie auch internalisiert werden können, d. h. auch zu subjektiver Wirklichkeitsbestimmung geeignet sein. Wirksame Legitimierung impliziert also die Entstehung von Symmetrie zwischen subjektiven und objektiven Wirklichkeitsbestimmungen. Die Wirklichkeit der Welt, so wie sie gesellschaftlich definiert ist, muß äußerlich durch menschliche Konversation gewahrt werden, um sich zu bewähren. Aber sie bedarf auch der Mithilfe des Individuums, in dessen Bewußtsein sie sich bewährt, auf daß es sie innerlich bewahre. Der eigentliche Zweck alles Legitimierens kann also in der Wahrung und Bewährung der Wirklichkeit auf objektiver und subjektiver Grundlage gesehen werden.

Zweifelsohne ist das Feld der Legitimationen viel weiter als das der Religion, immer im Sinne unserer Definition beider Begriffe. Aber es besteht doch eine wichtige und besondere Beziehung zwischen ihnen. Einfach ausgedrückt: Religion war von jeher das am weitesten verbreitete und das bewährteste Medium für Legitimierung. Jedes Legitimierungsmedium wahrt und bewahrt gesellschaftlich definierte Wirklichkeit. Religion legitimiert so besonders wirkungsvoll, weil sie die ungesicherten Wirklichkeitskonstruktionen »wirklicher« Gesellschaften mit einer äußersten und obersten Wirklichkeit verknüpft. Das heißt, sie gibt den zerbrechlichen Wirklichkeiten der sozialen Welt das Fundament eines heiligen *realissimum*, welches *per definitionem* jenseits der Zufälligkeiten menschlichen Sinnens und Trachtens liegt.

Man macht sich das Wirken religiöser Legitimierung am besten an Hand eines hypothetischen Rezeptes zur Welterrichtung klar. Gesetzt, jemand habe mit voller Absicht eine neue Gesellschaft gestiftet, ein Moses und ein Machiavelli in einer Person, dann stellt sich die Frage: Wie wird er den Fortbestand der *ex nihilo* geschaffenen institutionellen Ordnung am besten sichern? Offenkundig lautet die Antwort: durch Macht. Nehmen wir aber an, alle Machtmittel seien schon erfolgreich eingesetzt – alle Feinde vernichtet, die Zügel der Gewalt und des Zwanges fest in der eigenen Hand, und auch für die Übertragung der Macht an designierte Nachfolger ist Vorsorge getroffen. Nur das Problem der Legitimität ist noch offen und stellt sich um so dringlicher, weil die gesellschaftliche Wirklichkeit noch neu und sich ihrer Gefährdung deshalb deutlich bewußt ist. Die beste Lösung bietet folgendes Rezept: Man interpretiere die institutionelle Ordnung möglichst so, daß ihr *konstruktiver* Charakter verborgen bleibt. Man lasse, was dem *Nichts* abgerungen wurde, als Manifestation von etwas erscheinen, das von Anbeginn der Zeiten oder wenigstens seit den Anfängen dieser einen gesellschaftlichen Gruppierung da war. Diese Menschen müssen vergessen, daß die Ordnung, in der sie leben, ein Gebilde von Menschenhand ist, dessen Fortbestand vom Konsens unter Menschen abhängt. Sie müssen glauben, daß sie, wenn sie im Rahmen der ihnen auferlegten institutionellen Programme handeln, ihre eigenen tiefsten Sehnsüchte in die Wirklichkeit umsetzen und sich damit in Einklang mit der Grundordnung des Universums bringen. Kurz: Man setze religiöse Legitimationen. Das hat sich natürlich in der Vergangenheit in ungezählten Versionen so zugetragen, und das Grundgesetz ist während der längsten Zeit der Menschheitsgeschichte immer gleich geblieben. Unser Homunkulus aus Moses-Machiavelli, der sich das Ganze in kühler Gelassenheit ausdenkt, ist längst so phantastisch nicht wie alles das, was wirklich geschehen ist. Die Religionsgeschichte kennt etliche kühle Köpfe.

Religion legitimiert gesellschaftliche Institutionen, indem sie ihnen einen ontologisch gültigen Status verleiht, d. h. sie stellt sie in einen heiligen kosmischen Bezugsrahmen. Die Konstruktionen menschlichen Handelns und ihre Historizität werden nun in ein »Licht« gestellt, das kraft seiner Selbstdefinition den Menschen und seine Geschichte transzendiert. Das kann auf verschiedene Weise geschehen. Die wahrscheinlich älteste Form solcher Legitimierung ist die Vorstellung, die institutionelle Ordnung sei eine direkte Spiegelung oder Manifestation der göttlichen Weltstruktur. Danach entspräche das Verhältnis von Gesellschaft und Kosmos also dem eines Mikrokosmos zu einem Makrokosmos.[3] Alles »hienieden« hat sein Analogon »da droben«. Als Teilhaber an der institutionellen Ordnung ist der Mensch *ipso facto* der göttlichen Ordnung teilhaftig. Die Verwandtschaftsstruktur der Gesellschaft z. B. reicht in diesem Falle über die Menschenwelt hinaus in die Welt der Götter, deren Verwandtschaft genau der unter den Menschen entspricht.[4] So mag es also nicht nur eine »totemistische Soziologie«, sondern auch eine

[3] Zum Mikrokosmos-Makrokosmos-Schema siehe Eliade (1959) und Voegelin (1956). Voegelins Begriff der »kosmologischen Zivilisationen« und deren Durchbruch durch die von ihm so genannten »Seinssprünge« (»leaps in being«) sind für die vorliegende Erörterung von großer Bedeutung.
[4] Zu den »kosmischen« Implikationen der Verwandtschaftsstruktur vgl. Durkheim (1912), ferner Lévi-Strauss (1949 und 1962).

»totemistische Kosmologie« geben. Die gesellschaftlichen Institutionen der Verwandtschaft spiegeln eine einzige große »Familie« aller Wesen wider. Die Götter sind den Menschen lediglich »höheren Ortes« anverwandt. Menschliche Sexualität spiegelt göttliche Schöpferkraft wider. Jede menschliche Familie spiegelt die Struktur des Kosmos wider, und zwar nicht nur im Sinne der Repräsentation, sondern auch als Verkörperung. Oder – ein weiterer wichtiger Bereich: die politische Machtstruktur. Im Sinne unseres »Rezeptes« ist sie lediglich eine Ausweitung der Mächtigkeit des göttlichen Kosmos in die menschliche Sphäre. Der politische Herrscher ist der Beauftragte der Götter oder gar, der Idee nach, eine göttliche »Inkarnation«. Irdische Macht, Herrschaft, Strafe werden auf diese Weise sakramentale Phänomene. Sie sind die Kanäle, durch welche die Einwirkung göttlicher Kräfte in das Leben der Menschen fließt. Der Herrscher spricht namens der Götter oder ist ein Gott. Ihm zu gehorchen bedeutet, in einer »rechten« Beziehung zur Welt der Götter stehen.

Das legitimatorische Mikrokosmos-Makrokosmos-Schema ist zwar in erster Linie typisch für primitive und archaische Gesellschaften, lebt jedoch in den großen Kulturen in transformierter Weise fort.[5] Wahrscheinlich sind solche Transformationen unvermeidliche Begleiterscheinungen des allmählichen Verblassens einer mythischen Weltansicht, bei der alles, was Menschen erleben, von heiligen Kräften durchdrungen ist. Die Kulturen Ostasiens haben die alten mythologischen Legitimationen in höchst abstrakte philosophische und theologische Kategorien transformiert, ohne dabei die wesentlichen Züge des Mikrokosmos-Makrokosmos-Schemas anzutasten.[6] In China z. B. erlaubte die durch und durch rationale, praktisch säkularisierende Entmythologisierung des Begriffs *Tao* (die »rechte Ordnung« oder der »richtige Weg«), die institutionellen Strukturen weiter als Spiegelungen einer kosmischen Ordnung anzusehen. In Indien andererseits überlebte der Begriff *Dharma* (soziale Pflicht, besonders der Kaste gegenüber) als Bindeglied zwischen dem einzelnen und einer universalen Ordnung die meisten radikalen Uminterpretationen dieser Ordnung. In Israel dagegen durchbrach der Glaube an einen gänzlich transzendenten Gott der Geschichte und in Griechenland die Vorstellung von der menschlichen Seele als

[5] Zur Transformation des Mikrokosmos-Makrokosmos-Schemas vgl. Voegelin, op. cit., vor allem das einführende Kapitel.
[6] Zu den soziologischen Implikationen des Mikrokosmos-Makrokosmos-Schemas vgl. Webers Arbeiten über die Wirtschaftsethik der Religionen Indiens und Chinas. Vgl. auch Granet (1934).

Urgrund einer vernünftigen Weltordnung das alte Schema.[7] Diese beiden Transformationen hatten tiefgreifende Folgen für das religiöse Legitimieren; sie führten dazu, daß die Institutionen in Israel als von Gott geoffenbarte Gebote angesehen wurden, während sie in Griechenland als gegründet in der als vernünftig verstandenen Natur des Menschen interpretiert wurden. Die israelitische und die griechische Neufassung des überkommenen Schemas trugen beide schon den Keim einer säkularisierten Auffassung von Gesellschaftsordnung in sich. Die historische Weiterentwicklung soll uns im Augenblick nicht beschäftigen. Auch die Tatsache, daß unzählige Menschen bis hin in unsere Zeit nach wie vor und ohne Ansehen »offizieller« Umformulierungen der Wirklichkeitsbestimmung Gesellschaft archaisch verstehen, lassen wir einstweilen außer acht. Für uns ist vor allem entscheidend, daß sogar dort, wo das Mikrokosmos-Makrokosmos-Schema durchbrochen wurde, Religion weiter jahrhundertelang die zentrale Legitimierungsinstanz geblieben ist. Israel hat, solange es sich als autonome Gesellschaft verstand, seine Institutionen als Offenbarung göttlicher Gesetze legitimiert.[8] Die griechische Polis und ihre Ergänzungsinstitutionen blieben religiös legitimiert, und diese Legitimation dehnte sich sogar auf das ganze römische Reich aus.[9]

Um es zu wiederholen, die historisch entscheidende Rolle, welche die Religion für Legitimierungsprozesse gespielt hat, beruht auf ihrer einzigartigen Fähigkeit, menschlichen Phänomenen einen »Platz« in einem kosmischen Bezugssystem zu geben. Legitimation dient immer dazu, Wirklichkeit zu wahren und zu bewahren – d. h. Wirklichkeit, wie sie das jeweilige Kollektiv definiert. Religiöse Legitimation will menschlich definierte Wirklichkeit an letzte, universale, heilige Wirklichkeit gebunden wissen. Die von sich aus ungesicherten und vergänglichen Konstruktionen menschlichen Handelns werden so mit dem Anschein letzter Sicherheit und Dauer versehen. Oder: Menschlich konstruierter Nomos erhält kraft religiöser Legitimation einen kosmischen Status.

Diese Kosmisierung gilt natürlich nicht nur der gesamten nomischen Struktur, sondern auch den spezifischen Institutionen der jeweiligen

---

[7] Eine detaillierte Analyse der Durchbrechung des Mikrokosmos-Makrokosmos-Schemas findet sich bei Voegelin, op. cit., Bd. I bzw. Bd. II–III.
[8] Zur religiösen Legitimierung im alten Israel vgl. de Vaux (1961).
[9] Zur Frage der religiösen Legitimierung in Griechenland und Rom ist Fustel de Coulanges Buch *Der antike Staat* (1961) immer noch das klassische Werk der Religionssoziologie. Diese Arbeit ist vor allem wegen ihres Einflusses auf das Denken Durkheims über Religion interessant.

Gesellschaft. Der ihnen verliehene kosmische Status wird objektiviert, d. h. er wird Teil der objektiv zuhandenen Wirklichkeit dieser Institutionen und Rollen. Die Institution des Gottkönigtums z. B. und die verschiedenen Rollen, in denen sie sich darstellt, gilt als das entscheidende Bindeglied zwischen der Welt der Menschen und der der Götter. Die religiöse Legitimation der Macht, die dieser Institution anhaftet, wirkt nicht als nachträglich von einigen Theoretikern aufgestellte Rechtfertigung. Die Macht der Institution ist objektiv präsent; sie begegnet dem Mann auf der Straße in seiner Alltagswelt. Wenn er sich auf dem Wege der Sozialisation die Wirklichkeit seiner Gesellschaft zu eigen gemacht hat, kann er seinen König *nur* als Träger jener Rolle erleben, welche die fundamentale Ordnung des Daseins repräsentiert. Und genauso erlebt sich natürlich auch der entsprechend sozialisierte König. Der kosmische Status der Institution wird auf diese Weise »erfahren«, wann immer Menschen mit ihr im alltäglichen Verlauf der Dinge in Berührung kommen.[10]

Die »Vorteile« dieser Art des Legitimierens sind einleuchtend, ob man sie nun unter dem Gesichtspunkt institutioneller Faktizität oder dem des individuellen subjektiven Bewußtseins betrachtet. Alle Institutionen haben Objektivitätscharakter, ihre Legitimationen müssen ihn ständig wahren und bewahren. Die religiösen Legitimationen bauen die gesellschaftlich bestimmte Wirklichkeit jedoch in die letzte Wirklichkeit des Universums ein, d. h. in die Wirklichkeit »als solche«. Damit gewinnen die Institutionen den Anschein der Unabdingbarkeit, Festigkeit und Dauer, Eigenschaften also, die denen der Götter gleichkommen. Tatsächlich sind Institutionen jedoch immer im Wandel begriffen, genau wie die Bedürfnisse zu menschlichem Handeln, auf denen sie beruhen. Sie sind ständig bedroht, nicht nur von den Stürmen der Zeit, sondern auch von Verheerungen durch Konflikte und Gegensätze zwischen den Gruppen, deren Handeln sie regulieren sollen. Kosmisch legitimiert, sind sie jedoch wie durch Zauberkraft über diese menschlichen und zeitlichen Zufälligkeiten erhaben. Sie sind unumstößlich, weil sie als gültig nicht nur für Menschen, sondern auch für die Götter, angesehen werden. Ihre tatsächliche Schwäche schlägt um in überwältigende Kraft, als deren Manifestationen sie erscheinen: in die Kraft des Universums. So transzendieren sie den Tod des einzelnen und den Niedergang ganzer Gemeinwesen. Denn sie gründen in einer heiligen Zeit, in der Geschichte nur Episode ist. In gewissem Sinne werden sie also unsterblich.

[10] Zur Frage der göttlichen Verwandtschaft vgl. Frankfort (1948).

Kosmisierung der Institutionen verleiht dem individuellen, subjektiven Bewußtsein einen Sinn für die kognitive wie auch die normative Richtigkeit des zu leistenden sozialen Rollenspiels. Das Rollenspiel des einzelnen ist immer abhängig von der Anerkennung durch andere. Er kann sich nur so weit mit einer Rolle identifizieren, wie andere ihn mit ihr identifizieren. Wenn nun die Rollen und die Institutionen, zu denen sie gehören, kosmische Bedeutung bekommen, gewinnt die Selbstidentifikation des einzelnen mit ihnen eine neue Dimension. Jetzt sind es nicht mehr nur irdische andere, die seine Rolle bestätigen, sondern jene überirdischen anderen, mit denen die kosmischen Legitimationen das Universum bevölkern. Seine Selbstidentifikation mit den Rollen wird demzufolge tiefer und stetiger. Er *ist* der, als den ihn die Gesellschaft kraft einer kosmischen Wahrheit identifiziert; sein gesellschaftliches So-Sein wird in der heiligen Wirklichkeit des Universums verankert. Auch hier ist die Überwindung der gefräßigen Zeit von größter Bedeutung. Ein arabisches Sprichwort sagt schlicht: »Menschen vergessen, Gott behält.« Was die Menschen vergessen, ist unter anderem, daß und wie sie sich wechselseitig im allgemeinen Spiel der Gesellschaft identifiziert haben. Gesellschaftliche Identitäten und die ihnen entsprechenden Rollen haben uns andere zugeschrieben, doch diese anderen neigen dazu, ihre Zuordnungen zu verändern oder gar zurückzunehmen. Sie »vergessen«, wer das Individuum war, und gefährden aufgrund der immanenten Dialektik von Fremderkenntnis und Selbsterkenntnis seine eigene Identitätserinnerung aufs schwerste. Wenn der einzelne jedoch weiß, daß Gott ihn »behält«, ruht die gebrechliche Selbstidentifikation auf einem Fundament, das vor den willkürlichen Regungen anderer Menschen geschützt scheint. So wird schließlich Gott der zuverlässigste und letztlich signifikante andere.[11]

Wo und wann immer Gesellschaft und Kosmos mikrokosmisch-makrokosmisch spiegelbildlich gesehen werden, erstreckt sich die Parallelität beider Sphären meistens auch auf bestimmte Rollen. Diese werden dann nämlich gewissermaßen als Imitatio verstanden, als Nachahmung und Nachvollzug kosmischer Wirklichkeiten, für die sie stehen. Alle gesellschaftlichen Rollen repräsentieren größere objektivierte Sinngebilde.[12]

[11] In diesen Überlegungen werden natürlich einige wichtige Begriffe von George Herbert Mead auf die Sozialpsychologie der Religion übertragen.
[12] Diese Gedanken über Rollen als »Repräsentationen« sind sowohl Durkheim wie Mead verpflichtet, wobei der Durkheimsche Begriff in den Kontext des Meadschen Zuganges zur Sozialpsychologie gebracht wurde.

Die Rolle des Vaters z. B. repräsentiert eine Vielzahl von Sinninhalten, welche die Gesellschaft der Familie zugeschrieben hat. Ja, sie repräsentiert noch viel mehr, nämlich die spezifische Art und Weise der Institutionalisierung von Sexualität, ja, die gesellschaftsspezifischen zwischenmenschlichen Beziehungen überhaupt.

Wenn nun diese Rolle auch noch im Sinne der Nachahmung legitimiert ist – der Vater wiederholt »hienieden« Akte der Zeugung, Herrschaft und Sorge nach heiligem Vorbild »da droben« –, dann wird ihr repräsentativer Charakter ins Grandiose gesteigert, und die Repräsentation menschlicher Sinnsetzung schlägt um in die Imitatio göttlicher Geheimnisse. Sexualverkehr ist Nachvollzug der Schöpfung des Universums. Väterliche Gewalt ist göttliche Gewalt, väterliche Sorge Gottessorge. Wie die Institutionen erhalten auch die Rollen auf diese Weise die Qualität der Unsterblichkeit. Auch ihr Objektivitätscharakter, oberhalb und jenseits der Schwächen der Individuen, die ihre Träger »in der Zeit« sind, wird dadurch gewaltig gestärkt. Die Vaterrolle ist für den Vater eine göttliche Faktizität, absolut unantastbar weder durch eigene Verstöße gegen sie noch durch die Wechselfälle der Geschichte. Daß solche Legitimationen mit den äußersten Sanktionen gegen individuelle Abweichung von der Rollenvorschrift versehen sind, braucht kaum hervorgehoben zu werden.

Aber selbst dort, wo religiöse Legitimation nur unzureichend kosmisch verankert ist, wo sie die Transformation menschlicher Handlungen in nachvollziehende Repräsentanz nicht zuläßt, verhilft sie dem einzelnen noch zu einer größeren Sicherheit in seiner Rolle, die auch dann noch mehr ist als eine ephemere menschliche Hervorbringung. Rollen, die mit spezifischen religiösen Mandaten und Sanktionen ausgestattet sind, »gewinnen« in jedem Falle dadurch. Noch in unserer eigenen Gesellschaft z. B., in der Sexualität, Familie, Ehe kaum noch imitatorisch legitimiert sind, stützen religiöse Legitimationen die zu den entsprechenden Institutionen gehörigen Rollen nicht unerheblich. Die zufälligen Gebilde einer bestimmten Gesellschaft, die ihr eigene Institutionalisierungsweise für den vielgestaltigen, bildsamen »Stoff« menschlicher Sexualität werden als »göttliches Gebot«, »Naturgesetz« und »Sakrament« legitimiert. Noch heute hat dadurch die Vaterrolle nicht nur eine gewisse Art von Unpersönlichkeit (d. h. Ablösbarkeit von der Person, die sie darstellt), sondern diese religiöse Legitimierung wird zu einer Art Überpersönlichkeit kraft ihrer Verbindung zum himmlischen Vater, der jene Ordnung auf Erden geschaffen hat, zu der die Rolle gehört.

Wie religiöse Legitimation die Gesellschaftsordnung als allumfassende, heilige Weltordnung darstellt, so verknüpft sie umgekehrt die Unordnung – die Antithese zu jedem gesellschaftlich konstruierten Nomos – mit dem gähnenden Abgrund des Chaos, dem ältesten Antagonisten des Heiligen. Wer sich seiner Gesellschaftsordnung widersetzt, riskiert den Sturz in die Anomie. Wer sich jedoch einer religiös legitimierten Gesellschaftsordnung widersetzt, schließt einen Pakt mit den Mächten der Finsternis. Wer die Wirklichkeit, wie die Gesellschaft sie definiert, bestreitet, riskiert den Sturz in Unwirklichkeit, da es auf die Dauer nahezu unmöglich ist, allein und ohne gesellschaftliche Unterstützung eine eigene Gegendefinition der Welt aufrechtzuerhalten. Wenn die gesellschaftlich definierte Welt mit der letzten Wirklichkeit des Universums identifiziert wird, dann wird ihre Leugnung zu Bosheit und Wahnsinn. Der Leugner ist unterwegs an einen Ort, den man als negative Wirklichkeit bezeichnen kann – wenn man will, als die Wirklichkeit des Teufels. Das kommt in jenen archaischen Mythen zum Ausdruck, die einer göttlichen Weltordnung (*Tao* in China, *Rta* in Indien, *Ma'at* in Ägypten) eine Unter- oder Gegenwelt entgegensetzen, eine Welt eigener Wirklichkeit – negativ, chaotisch, absolut verderblich für alle, die sie bewohnen, das Reich der Dämonen und Ungeheuer. Wenn Religionen das mythische Erbe ablegen, wandelt sich natürlich auch diese Vorstellung. So hat z. B. der späte Hinduismus die ursprüngliche Dichotomie von *Rta* und *An-rta* auf höchst komplizierte Weise weiterentwikkelt. Das fundamentale Gegenüber von Licht und Finsternis, nomischer Sicherheit und anomischer Verlorenheit ist erhalten geblieben. Der Verstoß gegen das eigene *Dharma* ist nicht nur ein moralischer gegen die Gesellschaft, sondern eine Herausforderung der allerhöchsten Ordnung, die Götter, Menschen und alle Lebewesen umschließt.

Menschen vergessen. Deshalb müssen sie immer wieder erinnert und ermahnt werden. Man kann in der Tat behaupten, daß eine der ältesten und wichtigsten Bedingungen für die Errichtung einer Kultur die Institutionalisierung solcher »Mahnungen« war, deren jahrhundertelange Schreckensherrschaft in Anbetracht der »Vergeßlichkeit«, die sie zu bekämpfen hatten, ganz folgerichtig ist.[13] Religiöses Ritual war von

---

[13] »›Wie macht man dem Menschen-Thiere ein Gedächtnis? Wie prägt man diesem theils stumpfen, theils faseligen Augenblicks-Verstande, dieser leibhaftigen Vergeßlichkeit etwas so ein, daß es gegenwärtig bleibt?‹...‹ Dieses uralte Problem ist, wie man denken kann, nicht gerade mit zarten Antworten und Mitteln gelöst worden, vielleicht ist sogar nichts furchtbarer und unheimlicher an der ganzen Vorgeschichte des Menschen

jeher ein besonders wichtiges Instrument des »Erinnerns«. Es »vergegenwärtigt« denen, die an ihm partizipieren, immer wieder von neuem die fundamentalen Wirklichkeitsbestimmungen und die entsprechenden Legitimationen. Je weiter man zurückgeht in der Geschichte, desto mehr religiöse Ideation (meistens mythische) entdeckt man in den Riten – um eine modernere Ausdrucksweise zu verwenden: Theologie ist in Ritual eingebettet. Es spricht vieles dafür, daß die ältesten religiösen Ausdrucksformen überhaupt rituelle waren.[14] Die »Handlung« eines Rituals (die Griechen nannten das sein *ergon* oder »Werk«, woher übrigens unser Wort »Orgie« stammt) besteht meistens aus zwei Teilen – Dingen, die getan werden müssen *(dromena),* und Dingen, die gesagt werden müssen *(legoumena).* Der Vollzug des Rituals ist eng verknüpft mit der Wiederholung heiliger Formeln, die Namen und Taten der Götter immer wieder »vergegenwärtigen«. Um es anders auszudrücken: Religiöse Ideation wurzelt in religiösem Handeln und steht zu ihm in einer dialektischen Beziehung, analog der zwischen menschlichem Handeln und seinen Produkten, die wir bereits früher in größerem Zusammenhang besprochen haben. Religiöse Handlungen und Legitimationen, Ritual und Mythos, *dromena* und *legoumena zusammen,* dienen dazu, die überlieferten Sinninhalte, die in der Kultur und ihren Hauptinstitutionen verkörpert sind, »zurückzuholen«, zu »erinnern«. Sie erneuern immer wieder die Kontinuität zwischen dem gegenwärtigen Augenblick und der gesellschaftlichen Überlieferung und stellen Einzel- und Gruppenerfahrungen in den Kontext einer Geschichte (einerlei ob fiktiv oder nicht), die alle und alles überhöht. Man hat mit Recht gesagt, die Gesellschaft sei im Grunde ein Gedächtnis.[15] Wir möchten hinzufügen, daß sie die längste Zeit der Menschheitsgeschichte ein religiöses Gedächtnis war.

Die Dialektik von religiösem Handeln und religiöser Ideation verweist auf eine andere bedeutsame Tatsache – auf die Verwurzelung der

als seine Mnemotechnik … Man brennt etwas ein, damit es im Gedächtnis bleibt: nur was nicht aufhört, weh zu tun, bleibt im Gedächtnis – das ist ein Hauptsatz der allerältesten (leider auch der allerlängsten) Psychologie auf Erden … es ging niemals ohne Blut, Martern, Opfer ab, wenn der Mensch es nöthig hielt, sich ein Gedächtnis zu machen.« Siehe Friedrich Nietzsche ›Zur Genealogie der Moral‹ (1923, S. 343 f.).
[14] Die Auffassung von Religion als eingebettet in Ritual ist besonders von Durkheim betont worden, der Robert Will und dessen wichtiges Werk *Le Culte* beeinflußte. Vgl. auch Mowinckel (1953) und Kraus (1954).
[15] Die deutlichste Formulierung dieses Gedankens in der gesamten soziologischen Literatur stammt von Maurice Halbwachs: »La pensée sociale est essentiellement une mémoire.« Siehe Halbwachs (1952, S. 296).

Religion in den praktischen Belangen des Alltags.[16] Religiöse Legitimationen, jedenfalls die meisten, hätten wenig Sinn, wenn man sie als theoretische Produkte verstünde, die nachträglich auf bestimmte Handlungskomplexe angewendet werden. Das Bedürfnis nach Legitimation entsteht im Verlauf des Handelns; meistens ist es den Handelnden eher bewußt als den Theoretikern. Und während alle Angehörigen einer Gesellschaft Handelnde in ihr sind, gibt es verhältnismäßig wenige Theoretiker (Zauberer, Theologen und ähnliche). Der theoretische Differenzierungsgrad religiöser Legitimationen ist höchst verschieden und hängt von einer Vielzahl historischer Faktoren ab. Es wäre jedoch ein grobes Mißverständnis, wollte man nur die differenzierteren in Betracht ziehen. Schlicht gesagt: Im Lauf der Geschichte haben die meisten Menschen das Bedürfnis nach religiöser Legitimation empfunden, doch nur wenige haben sich für die Entfaltung religiöser »Ideen« interessiert.

Das bedeutet nun nicht, daß komplexere religiöse Ideation lediglich als eine »Spiegelung« (d. h. als eine abhängige Variable) der praktischen Alltagsinteressen zu verstehen wäre, aus denen sie hervorgegangen ist. Zur Vermeidung einer solchen Fehlinterpretation sollte man sich des Begriffs »dialektisch« erinnern. Religiöse Legitimationen ergeben sich aus menschlichem Handeln. Wenn sie sich jedoch erst zu Sinngebilden kristallisiert haben, die Bestandteile der religiösen Überlieferung werden, können sie dem Handeln gegenüber ein gewisses Maß an Autonomie gewinnen. Sie können dann tatsächlich *zurückwirken* auf das Handeln des Alltags und es gelegentlich von Grund auf verändern. Wahrscheinlich wächst die Unabhängigkeit von praktischen Belangen mit dem Grade theoretischer Differenzierung. Das Denken eines Stammes-Schamanen z. B. steht der gesellschaftlichen Praxis wahrscheinlich näher als das eines Professors der systematischen Theologie. Jedenfalls darf man nicht *a priori* annehmen, das Verständnis für die gesellschaft-

[16] Diese Gedanken stehen unter dem Einfluß der Marxschen Konzeption vom dialektischen Verhältnis zwischen Überbau und Unterbau, wobei der letztere *nicht* mit einer ökonomischen »Basis«, sondern mit *Praxis* überhaupt gleichzusetzen ist. Wie weit diese Konzeption in logischem Widerspruch zu Max Webers Vorstellung von der »Wahlverwandtschaft« zwischen gewissen religiösen Ideen und ihren gesellschaftlichen »Trägern« steht, ist eine interessante Frage. Weber war natürlich davon überzeugt. Aber wir möchten die Behauptung aufstellen, daß diese seine Überzeugung nicht ohne Bezug zu der Tatsache zu sehen ist, daß sein Werk um mehr als ein Jahrzehnt der Neuinterpretation von Marx vorausging, die durch die Wiederentdeckung der Marxschen *Ökonomischen und philosophischen Schriften von 1844* im Jahre 1932 angeregt wurde. Eine sehr interessante Darstellung der Religion (besonders der Religion im Frankreich des 17. Jahrhunderts) findet sich bei Goldmann (1956).

lichen Wurzeln einer bestimmten religiösen Idee bedeute *ipso facto* auch
Verständnis für ihre spätere Bedeutung oder berechtige gar zu Voraussagen über spätere gesellschaftliche Konsequenzen.

So dient Religion also zur Erhaltung jener gesellschaftlich konstruierten
Welt, in der Menschen ihr Alltagsleben führen. Ihre legitimatorische
Kraft hat jedoch noch eine weitere wichtige Dimension – jene Grenzsituationen, die die Wirklichkeit der Alltagswelt in Frage stellen, in
einen sinnvollen Nomos zu integrieren.[17] Es wäre irrig zu glauben,
solche Situationen wären selten. Im Gegenteil, jedermann macht eine
von ihnen etwa alle zwanzig Stunden durch – im Schlaf nämlich, und
noch eindrücklicher in den Übergangsstadien zwischen Schlafen und
Wachen. Im Reich der Träume hat man die Wirklichkeit der Alltagswelt definitiv verlassen. In den Übergangsstadien des Einschlafens und
Aufwachens sind ihre Konturen weniger scharf als bei wachem Bewußtsein. Die Wirklichkeit des Alltags ist immer vom Halbschatten
ganz anderer Wirklichkeiten umgeben. Freilich, das Bewußtsein trennt
diese ab und schreibt ihnen einen eigenen kognitiven Status zu (heutzutage einen geringeren); es verhindert also im allgemeinen, daß sie die
primäre Wirklichkeit des vollwachen Erlebens massiv gefährden. Aber
die »Dämme« der Alltagswirklichkeit sind auch dann noch nicht ganz
undurchlässig für jene Eindringlinge aus anderen Wirklichkeiten, die
sich im Schlaf ins Bewußtsein eingeschlichen haben. Wer kennt nicht die
»Alpträume«, die als Tagesspuk andauern, vor allem die gespenstische
Vorstellung, die Tageswirklichkeit sei vielleicht doch nicht, was sie zu
sein vorgebe, und hinter ihr lauere vielleicht eine ganz andere Wirklichkeit, eine nicht minder gültige. Sind nicht, so denkt man, Welt und
Selbst gänzlich anders, als sie die Gesellschaft definiert hat? Die längste
Zeit der Menschheitsgeschichte hindurch wurden die anderen Wirklich-
keiten, die der Nachtseite des Bewußtseins, *als* Wirklichkeiten, wenngleich anderer Art, sehr ernst genommen. Religion mußte sie mit der
Wirklichkeit der Alltagswelt in Einklang bringen, manchmal (im Gegensatz zu heute) durch Zuschreibung eines *höheren* kognitiven Status.
Träume und Nachtgesichte wurden in vielerlei Weise auf das Alltags-
leben bezogen – als Warnungen, Prophezeiungen oder entscheidende
Begegnungen mit dem Heiligen, die ganz bestimmte Folgen für das

[17] Unsere Verwendung des Jasperschen Begriffes »Grenzsituation« ist von Schütz beeinflußt, vor allem durch seine Analyse des Verhältnisses zwischen »oberster Wirklichkeit« des Alltagslebens und dem, was er »begrenzte Sinnprovinzen« genannt hat. Siehe
Schütz, *Collected Papers* (1962), Bd. 1, S. 207 ff.

Verhalten im Alltag hatten. In der heutigen (»wissenschaftlichen«) Zeit tut Religion sich natürlich schwer damit, Tag- und Nachtseite zu versöhnen. Andere legitimatorische Systeme, die moderne Psychologie z. B., haben ihren Platz eingenommen. Wie dem auch sei, wo Religion weiter als sinnvolle Interpretation des Daseins gilt, müssen auch ihre Wirklichkeitsbestimmungen der Tatsache Rechnung tragen, daß jedermann verschiedene Wirklichkeitssphären erleben kann.[18]

Charakteristisch für Grenzsituationen ist das Erlebnis der »Ekstase« (im wörtlichen Sinne von »ekstasis« als Heraustreten aus der Wirklichkeit, wie sie gewöhnlich definiert wird). Für die Alltagswelt ist die Traumwelt ekstatisch. Deshalb kann sie ihren primären Status im Bewußtsein nur halten, wenn die Ekstasen innerhalb eines Bezugsrahmens legitimiert werden, der *beide* Wirklichkeitssphären erfaßt. Nicht nur Schlaf und Halbschlaf, auch andere körperliche Befindlichkeiten führen zu ähnlichen Ekstasen, Krankheit z. B. oder Verwirrung der Gefühle. Die wahrscheinlich bedeutsamste Grenzsituation ist die Begegnung mit dem Tode (ob man beim Tod anderer zugegen ist oder sich den eigenen Tod vorstellt).[19] Der Tod fordert *alle* gesellschaftlich objektivierten Wirklichkeitsbestimmungen in die Schranken – die der Welt, der anderen und die unser selbst. Er stellt die Gewißheitshaltung des Alltags radikal in Frage und bedroht in massiver Weise auch die Tagwelt der sozialen Existenz mit »Unwirklichkeit« – d. h. alles wird zweifelhaft, möglicherweise unwirklich, ganz anders, als man gedacht hat. Weil das Wissen um den Tod keiner Gesellschaft erspart bleibt, sind Legitimationen ihrer sozialen Wirklichkeit *angesichts des Todes* entscheidende Forderungen jeder Gesellschaft. Wie wichtig Religion für solche Legitimationen ist, liegt auf der Hand.

Religion erhält also die gesellschaftlich definierte Wirklichkeit durch die Legitimation von Grenzsituationen im Rahmen einer allumfassenden heiligen Wirklichkeit. Das ermöglicht es dem Individuum, das solche Situationen durchmacht, sein Leben in der Welt seiner Gesellschaft fortzusetzen – nicht, »als ob nichts geschehen wäre«, was bei schwereren

[18] Auch heute hat die Religion natürlich mit solchen »Grenz«-Wirklichkeiten zu tun. Die gegenwärtigen Bemühungen, Religion mit den »Entdeckungen« der »Tiefenpsychologie« in Übereinstimmung zu bringen, können als wichtiges Beispiel dienen. Diese Bemühungen, das sei hinzugefügt, gehen davon aus, daß die von den Psychologen gegebenen Definitionen von Wirklichkeit einleuchtender sind als die der traditionellen Religion.
[19] Die Vorstellung des Todes als der wichtigsten Grenzsituation stammt von Heidegger, doch die Analyse von Schütz über die »fundamentale Angst« stellt sie in den Rahmen einer umfassenden Theorie über die Wirklichkeit des Alltagslebens.

Grenzsituationen psychisch kaum möglich ist, sondern im »Wissen«, daß selbst solche Ereignisse oder Erlebnisse ihren Platz in einem sinnvollen Universum haben. Deshalb kann man sogar von einem »guten Tod« sprechen, wenn nämlich jemand bis zum letzten Atemzug in sinnvoller Beziehung zum Nomos seiner Gesellschaft steht – subjektiv sinnvoll für den Sterbenden selbst und objektiv sinnvoll für andere.

Die Ekstase der Grenzsituationen ist zwar ein Phänomen der individuellen Erfahrung. Aber auch ganze Gesellschaften oder Gruppen können *in Krisenzeiten* kollektiv in Grenzsituationen geraten. Es gibt, mit anderen Worten, Ereignisse für ganze Gesellschaften oder Gruppen, welche die Wirklichkeit, die bisher als Gewißheit galt, massiv herausfordern. Solche Situationen können sich bei Naturkatastrophen, Kriegen, Revolutionen einstellen. Fast immer tritt dann die Religion schützend in den Vordergrund. Die religiöse Legitimation wird besonders wichtig, wann immer eine Gesellschaft ihre Individuen zum Töten oder zum Einsatz des eigenen Lebens motivieren muß, damit sie sich freiwillig in eine äußerste Grenzsituation begeben. Die »offizielle« Gewaltanwendung, im Kriege oder bei der Todesstrafe, ist daher fast überall von religiöser Symbolik begleitet. Religion hat bei Kollektivkrisen den bereits erwähnten »Vorteil«, dem einzelnen eine Unterscheidung bieten zu können zwischen seinem »wirklichen Selbst« (das Angst oder Zweifel hat) und seinem Selbst als Rollenträger (Soldat, Henker und sonstige Rollen, in denen es als Held, gnadenloser Rächer usw. handelt). Aus diesem Grunde begleiten religiöses Ritual und Zubehör seit altersher das Töten unter den Auspizien der legitimierten Herrschaft. Menschen gehen in Kriege oder zur Hinrichtung unter Gebeten, Beschwörungen und Segenssprüchen. Die Ekstasen aus Furcht und Gewalt halten sich auf diese Weise in den Grenzen der »Gesundheit«, d. h. der Wirklichkeit der sozialen Welt.

Um noch einmal auf die Dialektik von religiösem Handeln und religiöser Ideation zurückzukommen: Für die wirklichkeitserhaltende Aufgabe der Religion ist sie noch unter einem anderen Aspekt außerordentlich wichtig. Dieser Aspekt bezieht sich auf die soziostrukturellen Grundlagen jedes religiösen (oder, was dies betrifft, jedes anderen) Prozesses der Wirklichkeitsbewahrung. Dazu ist zu sagen: Welten werden sozial errichtet und sozial erhalten. Die Beständigkeit ihrer Wirklichkeit, sowohl objektiv (als allgemeine Gewißheit ihrer Faktizität) wie subjektiv (als Faktizität der individuellen Gewißheit), hängt aber von *spezifischen* gesellschaftlichen Prozessen ab, nämlich von Prozessen, die diese spezielle Welt ständig erneuernd erhalten. Eine Unterbrechung dieser Prozesse umgekehrt bedroht die (objektiv-subjektive) Wirklichkeit der besagten Welt. Deshalb braucht jede Welt eine gesellschaftliche »Basis« für ihre Dauerhaftigkeit als Welt, die für bestimmte Menschen wirklich ist. Diese »Basis« können wir ihre Plausibilitätsstruktur nennen.[20]

Eine intakte Plausibilitätsstruktur ist die Vorbedingung sowohl für Legitimationen als auch für die Welten, oder Nomoi, die legitimiert werden; das gilt natürlich auch dann, wenn Religion nicht im Spiele ist. Wir wollen uns allerdings auf religiös legitimierte Welten beschränken. Die religiöse Welt des präkolumbianischen Peru z. B. war objektiv und subjektiv wirklich, solange ihre Plausibilitätsstruktur, die präkolumbianische Inka-Gesellschaft, intakt war. Objektiv wurden ihre Legitimationen ständig durch kollektives Handeln im Rahmen dieser Welt bestätigt. Subjektiv waren sie wirklich für die Individuen, deren Leben in dieses kollektive Handeln eingebettet war (wobei wir den »unangepaßten« Inka einmal beiseite lassen). Als die spanischen Eroberer diese Plausibilitätsstruktur zerstörten, zerfiel die Wirklichkeit der auf ihr errichteten Welt mit erschreckender Schnelligkeit. Was immer auch Pizzaros persönliche Beweggründe gewesen sein mögen, als er Atahualpa tötete, er setzte damit die Zerstörung einer Welt in Gang, deren Repräsentant und, mehr noch, Hauptstütze *der* Inka gewesen war. Durch seine Tat zerschmetterte er eine Welt und nahm ihrer Wirklichkeit und damit auch dem Leben ihrer »Bewohner« die Sinnhaftigkeit. Was vorher Leben im Nomos der Inka-Welt gewesen war, wurde zunächst völlig anomisch und später eine mehr oder weniger nomische Existenz an den Rändern der spanischen Welt – jener anderen, fremden und ungeheuer mächtigen Welt, die sich dem betäubten Bewußtsein der Besiegten nun als Wirklichkeit bestimmende Faktizität aufdrängte. Die Geschichte Perus und überhaupt Lateinamerikas war seither auf weite Strecken eine Auseinandersetzung mit den Folgen dieser welterschütternden Katastrophe.

Aus solchen Überlegungen ergeben sich entscheidende Folgerungen für Religionssoziologie und -psychologie. Verschiedene große Religionen haben die Notwendigkeit der Religionsgemeinschaft besonders betont – wie die christliche *koinonia,* die islamische *'umma,* das buddhistische *sangha.* Jede dieser Überlieferungen stellt ganz besondere sozio-

---

[20] Der Begriff »Plausibilitätsstruktur« in der hier verwandten Definition stützt sich auf entscheidende Gedanken von Marx, Mead und Schütz.

logische und psychologische Probleme, und es wäre verkehrt, sie alle auf einen gemeinsamen abstrakten Nenner bringen zu wollen. Dennoch kann man sagen, daß *alle* überlieferten Religionen für die Beständigkeit ihrer Plausibilität eine spezifische Gemeinschaft benötigen. In diesem Sinne ist die Maxime *extra ecclesiam nulla salus* praktisch allgemeingültig, vorausgesetzt, man versteht *salus* als dauerhafte Plausibilität, was Theologen nicht ganz angenehm sein dürfte. Die Wirklichkeit der christlichen Welt ist vom Vorhandensein gesellschaftlicher Strukturen abhängig, in deren Rahmen diese Realität als Gewißheit gilt und in deren Rahmen nachfolgende Generationen in einer Weise sozialisiert werden, daß diese Welt auch *für sie* wirklich wird. Wenn diese Plausibilitätsstruktur an Intaktheit und Beständigkeit verliert, beginnt die christliche Welt zu wanken, und ihre Wirklichkeit hört auf, selbstverständliche Wahrheit zu sein. Das betrifft den einzelnen – einen Kreuzfahrer z. B., der in Gefangenschaft geraten war und in einer islamischen Umwelt zu leben gezwungen wurde –, es betrifft aber auch ganze Gemeinden und Gemeinschaften, wovon die Geschichte der abendländischen Christenheit seit dem Mittelalter eindrucksvoll Zeugnis ablegt. In dieser Hinsicht ist der Christ, trotz aller historischen Besonderheiten der Gemeinschaft der Christen, derselben sozialpsychologischen Dialektik ausgesetzt wie der Moslem, der Buddhist oder peruanische Indio. Wenn man sich dieser Erkenntnis verschließt, bleibt man blind für entscheidende historische Entwicklungen in allen diesen Religionen.

Die Voraussetzung von Plausibilitätsstrukturen gilt für religiöse Welten als ganze wie für die spezifischen Legitimationen, die ihren Bestand gewährleisten sollen. Man kann jedoch noch weiter gehen. Je fester eine Plausibilitätsstruktur, desto fester ist auch die Welt, deren »Basis« sie darstellt. Im äußersten Falle (für den es keinen empirischen Beleg gibt) bedeutet dies: eine Welt setzt sich sozusagen selbst und benötigt keine weiteren Legitimationen über ihr bloßes Vorhandensein hinaus. Dies ist jedoch höchst unwahrscheinlich, sei es nur deshalb, weil die Sozialisation nicht ohne Legitimationen auskommt. Die Kinder jeder neuen Generation fragen nun einmal: »Warum?« Wenn man jedoch am anderen Ende ansetzt und behauptet: Je weniger fest die Plausibilitätsstruktur ist, desto dringender ist das Bedürfnis nach wirklichkeitserhaltenden Legitimationen, kommt man der empirischen Wirklichkeit schon näher. Komplexe Legitimationen entstehen meistens in Situationen, in denen die Plausibilitätsstruktur auf irgendeine Weise bedroht ist. Als sich z. B. Christentum und Islam im Mittelalter gegenseitig bedrohten, waren die Theoretiker *beider* Lager aufgerufen, Legitimationen zu bilden, welche die eigene sozioreligiöse Welt gegen die der anderen Seite abschirmen sollten (dazu gehörten meist auch »Erklärungen« der gegnerischen Welt in Begriffen der eigenen). Dieses Beispiel ist besonders instruktiv, weil christliche und islamische Theoretiker sich zur Erreichung ihrer entgegengesetzten Ziele sehr ähnlicher intellektueller Instrumentarien bedienten.[21]

Es sei ausdrücklich betont, daß damit *nicht* einer deterministischen soziologischen Religionstheorie das Wort geredet werden und *nicht* impliziert sein soll, daß irgendein religiöses System nichts als die Auswirkung oder »Spiegelung« gesellschaftlicher Prozesse sei. Entscheidend ist vielmehr, daß *dasselbe* menschliche Handeln, das eine Gesellschaft hervorbringt, auch ihre Religion hervorbringt, wobei die Beziehung zwischen beiden Produkten immer dialektisch ist. Daher kann auch in der einen historischen Periode ein gesellschaftlicher Prozeß die Folge religiöser Ideation sein, in einer anderen Periode wiederum kann das Umgekehrte der Fall sein. Die Schlußfolgerung, daß menschliches Handeln der Ursprung aller Religion ist, bedeutet also *nicht*, daß sie immer eine historisch abhängige Variable sei, sondern vielmehr, daß sie ihre objektiv-subjektive Wirklichkeit Menschen verdankt, die sie ständig produzieren und reproduzieren. Das allerdings stellt jeden, der die Wirklichkeit einer Religion erhalten will, vor das Problem der »gesellschaftlichen Steuerung«, da man Religion eben nicht als solche, sondern nur im Rahmen einer Plausibilitätsstruktur bewahren kann (die man notfalls sogar erfinden muß). Die damit verbundenen praktischen Schwierigkeiten unterliegen natürlich dem historischen Wandel.

Eine theoretisch wichtige Unterscheidung ist die zwischen Situationen, in denen eine ganze Gesellschaft die Plausibilitätsstruktur ihrer religiösen Welt darstellt, und solchen Situationen, in denen das nur auf eine Subgesellschaft zutrifft.[22] Mit anderen Worten, das Problem der

---

[21] Eine ausgezeichnete Erörterung dieser Zusammenhänge ist bei von Grunebaum (1961, S. 31 ff.) zu finden.

[22] Eine der entscheidenden Schwächen der soziologischen Religionstheorie Durkheims besteht in der Schwierigkeit, innerhalb dieses Rahmens religiöse Phänomene zu interpretieren, die nicht die Gesamtgesellschaft betreffen – in der Schwierigkeit, mit den Durkheimschen Begriffen die subsozialen Plausibilitätsstrukturen anzugehen, um die hier benutzten Termini zu verwenden. Webers Analyse der Unterschiede zwischen »Kirche« und »Sekte« als Typen der religiösen Vergesellschaftung ist in diesem Zusammenhang sehr verführerisch, wenngleich er die kognitiven (im wissenssoziologischen Sinne) Implikationen des Sektenwesens nicht berücksichtigt. Zur Sozialpsychologie der Welterhaltung vgl. Festinger (1957), Rokeach (1960) und Toch (1965).

»gesellschaftlichen Steuerung« liegt bei monopolistischen Religionen anders als bei Religionsgruppen, die im pluralistischen Wettbewerb der Religionen überdauern wollen. Es ist nicht schwer zu erkennen, daß Welterhaltung im ersten Falle einfacher ist. Wenn eine ganze Gesellschaft die Plausibilitätsstruktur ihrer Religion ist, so werden auch alle ihre wesentlichen gesellschaftlichen Prozesse die Wirklichkeit dieser Welt sichern und rückversichern. Das gilt sogar für eine Bedrohung der religiös legitimierten Welt *von außen*, wie es bei der Konfrontation von Christen und Mohammedanern im Mittelalter der Fall war. Das Problem »der gesellschaftlichen Steuerung« in einer solchen Situation, abgesehen von der Sorge für den zur Sozialisation und Resozialisation unter »richtigen« Auspizien benötigten institutionellen Zusammenhang (der war in beiden Fällen vorhanden, da die Religion die Monopole der Erziehung, der Wissenschaft und des Rechtes innehatte), umfaßte den Schutz der territorialen Grenzen jeder Plausibilitätsstruktur (die militärische Grenze war zugleich eine kognitive), ihre Vorschiebung, sofern möglich (durch Kreuzzüge und heilige Kriege), und die Aufrechterhaltung von effektiven Kontrollen über gefährliche oder potentiell gefährliche Außenseiter in den eigenen Reihen. Dafür gab es verschiedene Methoden. Typisch waren die physische Zerstörung von abweichenden Individuen und Gruppen (beliebte christliche Methode, wie die Liquidierung häretischer Individuen durch die Inquisition und die Vernichtung häretischer Subgemeinschaften während des Kreuzzugs gegen die Albigenser) und physische Absonderung dieser Individuen und Gruppen in einer Weise, daß signifikante Kontakte zwischen Häretikern und »Bewohnern« der »richtigen« Welt verhindert wurden (von den Mohammedanern bevorzugte Methode, die zum Ausdruck kommt in den Vorschriften des Koran für den Umgang mit nicht-mohammedanischen »Völkern des Buches« und dem von diesen abgeleiteten *Millet*-System und die in ähnlicher Form auch vom Christentum gegen die Juden in seiner Mitte angewendet wurde). Solange eine Religion sich ihr Monopol auf gesamtgesellschaftlicher Basis erhalten kann, d. h. solange die ganze Gesellschaft ihr als Plausibilitätsstruktur dient, haben beide »Steuerungsmethoden« gute Erfolgsaussichten.

Die Situation ändert sich natürlich drastisch, wenn verschiedene religiöse Systeme und ihre institutionellen »Träger« in pluralistischem Wettbewerb stehen. Eine Zeitlang versuchen sie es noch mit den alten Methoden der physischen Vernichtung (in den Religionskriegen Europas nach der Reformation) und der Segregation (mit der »Territorialformel« des Westfälischen Friedens). Dann aber geht die bisherige »gesellschaftliche Steuerung« allmählich über in die Bildung und Erhaltung von Subgesellschaften, die dem entmonopolisierten System als Plausibilitätsstrukturen dienen können. Diese Problematik wird uns später noch im einzelnen beschäftigen. Hier sei nur schon gesagt, daß subgesellschaftliche Plausibilitätsstrukturen leicht einen »sektiererischen« Charakter annehmen, der praktische wie auch theoretische Schwierigkeiten für die betreffende religiöse Gruppe mit sich bringt. Das gilt besonders für Gruppen, die ihre institutionellen und intellektuellen Gewohnheiten aus den glücklichen Zeiten, da sie noch Monopole waren, beibehalten.

Für das Individuum bedeutet Existenz in einer bestimmten religiösen Welt zugleich Existenz in dem besonderen sozialen Kontext, in dem diese Welt sich ihre Plausibilität erhalten kann. Wenn der Nomos des einzelnen mehr oder weniger mit seiner religiösen Welt koexistiert, droht bei der Trennung von dieser Welt Anomie. So waren für den traditionsbewußten Juden Reisen in Gebiete ohne jüdische Gemeinden nicht nur rituell unmöglich, sondern auch inhärent anomisch (d. h. die einzige ihm faßbare »richtige« Lebensweise mit anomischer Desintegration bedrohend); dasselbe traf auch auf den traditionsbewußten Hindu für Reisen außerhalb Indiens zu. Solche Reisen in das Reich der Finsternis waren nicht nur zu meiden, weil die Gesellschaft von Schweinefleischessern oder Kuhschindern rituelle Unreinheit verursachte, sondern weil – weit wichtiger – die schlechte Gesellschaft die »Reinheit« der Juden- oder Hinduwelt, ihre subjektive Wirklichkeit oder Plausibilität gefährdete. Die qualvolle Frage in der babylonischen Gefangenschaft: »Wie kann man Jahve in einem fremden Lande verehren?« hat also eine entscheidende kognitive Dimension. Für das Diaspora-Judentum ist sie seither *die* entscheidende Frage gewesen.

Da jede religiöse Welt ihre »Basis« in einer Plausibilitätsstruktur hat, die ihrerseits das Produkt menschlichen Handelns darstellt, ist jede religiöse Welt in ihrer Wirklichkeit inhärent ungesichert. Mit anderen Worten, »Konversion« (d. h. individueller »Übertritt« in eine andere Welt) ist im Prinzip immer möglich. Juden, deren gesellschaftliche Umwelt an den Grenzen des Gettos aufhörte, waren viel weniger konversionsanfällig als Juden in den »offenen Gesellschaften« moderner westlicher Länder (Konversion bedeutet hier »Emigration« aus der überkommenen jüdischen Glaubenswelt in eine der verschiedenen Welten, die in jenen Gesellschaften »erreichbar« sind, nicht unbedingt Übertritt zum Christentum). Sobald eine Glaubensgemeinschaft besonders konversionsgefährdet ist, werden nicht nur die theoretischen Hilfsmittel zur Verhinderung von Konversionen (»Apologetik« in allen ihren Formen), sondern auch deren praktische Korrelate (verschiedene Verfahren zur »Erhaltungssteuerung« – Ausbau subgesellschaftlicher Institutionen zur »Verteidigung«, Erziehung und Geselligkeit, freiwillige Enthaltsamkeit von gesellschaftlichen Kontakten, die der Wirklichkeitserhaltung gefährlich werden können, freiwillige Gruppen-Endogamie usw.) immer komplexer und differenzierter. Umgekehrt muß auch der einzelne, wenn er konvertieren und (noch wichtiger) »konvertiert bleiben« möchte, sein ganzes gesellschaftliches Leben so steuern, daß es mit seiner Absicht übereinstimmt. Er muß sich also von einzelnen oder Gruppen dissoziieren, welche die Plausibilitätsstruktur seiner ehemaligen religiösen Wirklichkeit konstituiert haben, und sich um so intensiver und (wenn möglich) ausschließlich mit denjenigen assoziieren, die ihm zur Erhaltung seiner neuen Welt nützlich sind. Kurz gesagt, Wanderung zwischen religiösen Welten ist zugleich Wanderung zwischen ihren Plausibilitätsstrukturen.[23] Diese Tatsache gilt ebenso für Leute, die eine solche Wanderung fördern, wie für diejenigen, die sie verhindern wollen. Mit anderen Worten, sozialpsychologisch gesehen, haben Missionare und »Seelsorger« dieselben Probleme.

Die Religionssoziologie hat die enge Beziehung zwischen Religion und gesellschaftlichem Zusammenhang in zahlreichen Fällen aufzeigen können. An diesem Punkt unserer Überlegungen sollten wir uns der früher formulierten Definition von Religion erinnern – durch menschliches Handeln errichtete, allumfassende heilige Ordnung, d. h. ein heiliger Kosmos, der in der Lage ist, sich angesichts des allgegenwärtigen Chaos zu erhalten. Jede menschliche Gesellschaft, wie sie auch legitimiert sein mag, muß ihren Zusammenhalt im Angesicht des Chaos bewahren. Religiös legitimierter Zusammenhalt macht diese soziologische Grundtatsache besonders deutlich. Die Welt heiliger Ordnung ist als fortwährendes menschliches Produkt ständig den ent-ordnenden Mächten menschlicher Existenz in der Zeit konfrontiert. Die Ungesichertheit jeder solchen Welt kommt immer dann zum Vorschein, wenn Menschen ihre Wirklichkeitsbestimmungen vergessen oder bezweifeln, wenn sie ihre Wirk-

---

[23] Die klassische psychologische Darstellung der Konversion bleibt weiterhin die von William James in *Varieties of Religious Experience*. Ihre sozialen Prämissen sind jedoch wesentlich erhellt worden durch jüngere Studien über den kognitiven »Handel«, der in der »Gruppendynamik«, in der Psychotherapie wie auch bei zwangsweiser politischer Indoktrination vom Typ der »Gehirnwäsche« vor sich geht.

lichkeit in Träumen des »Irr-sinns« verneinen und – am eindrucksvollsten – wenn sie bewußt dem Tode begegnen. Jede menschliche Gesellschaft ist letzten Endes ein Bund von Menschen angesichts des Todes. Die Macht einer Religion hängt von der Glaubwürdigkeit ihrer Banner ab, die sie Menschen in die Hand gibt, die dem Tode entgegensehen oder ihm unweigerlich entgegengehen.

3. KAPITEL

Das Problem der Theodizee

Jeder Nomos wird immer wieder neu errichtet, der drohenden Zerstörung durch die der *conditio humana* eingeborenen anomischen Mächte zum Trotz. Auf religiösem Gebiet heißt das: die heilige Ordnung wird immer wieder neu gesichert angesichts des Chaos. Daß diese Tatsache das Handeln in der Gesellschaft zu einer schwierigen Aufgabe macht, dürfte einleuchten. Das gesellschaftliche Handeln muß so institutionalisiert sein, daß es trotz des Einbrechens anomischer (oder, wenn man will, entnomisierender) Phänomene des Leidens, des Bösen und vor allem des Todes in individuelle und kollektive Erfahrungsbereiche fortgesetzt werden kann. Aber auch für das Legitimieren ergibt sich ein Problem. Die anomischen Phänomene müssen nicht nur ertragen, sondern auch erklärt werden – d. h. erklärt werden im Sinne des jeweils gültigen Nomos. Ihre Erklärung durch religiöse Legitimationen, einerlei wie weit theoretisch durchdacht, ist eine Theodizee.[1]

Wir betonen noch einmal (obwohl wir das schon grundsätzlich für religiöse Legitimationen gesagt haben), daß eine solche Erklärung keine systematische Theorie voraussetzt. Der schriftunkundige Bauer, der beim Tod eines Kindes auf Gottes Willen hinweist, läßt sich ebenso auf Theodizee ein wie der gelehrte Theologe, der eine Abhandlung schreibt, um zu erklären, daß die Leiden der Unschuldigen der Vorstellung von einem allgütigen und allmächtigen Gott nicht widersprechen. Gleichwohl kann man zwischen Theodizeen differenzieren, und zwar nach dem Maße, in dem sie zu einer Theorie führen, in der sich die anomischen Phänomene bruchlos in eine Gesamtschau des Universums fügen.[2]

---

[1] Diese Definition ist natürlich weiter gefaßt als der Wortgebrauch in der christlichen Theologie, wo er seinen Ursprung hat. Darin folgen wir Max Weber, wie sich überhaupt das ganze Kapitel wesentlich auf seine Erörterung der Theodizee stützt. Vgl. Weber (1947), vor allem den Abschnitt über ›Das Problem der Theodizee‹, Bd. 1, S. 296 ff.
[2] Weber unterscheidet zwischen vier rationalen Typen der Theodizee: das Versprechen

Wenn eine solche Theorie erst einmal gesellschaftlich etabliert ist, kann sie sich natürlich auf allen Bildungsstufen quer durch die ganze Gesellschaft entfalten. So mag selbst der Bauer, der sich auf Gottes Willen beruft, genau dieselbe Theodizee, wie unartikuliert auch immer, im Sinn haben, die der Theologe erdacht hat.

Ehe wir uns jedoch auf verschiedene Arten von Theodizee und verschiedene Grade ihrer Rationalität einlassen, müssen wir noch festhalten, daß ihr immer eine Einstellung zugrunde liegt, die als solche irrational ist – die der Hingabe des Individuums an die ordnende Macht der Gesellschaft. Anders ausgedrückt: Nomos transzendiert Individualität und enthält Theodizee *ipso facto*.[3] Jeder Nomos steht dem einzelnen als sinnvolle Wirklichkeit gegenüber, als Wirklichkeit, die ihn und alle seine Erfahrungen umgreift. Er verleiht seinem Leben Sinn, auch dessen ungereimten und schmerzlichen Seiten. Wie wir schon früher deutlich zu machen versucht haben, ist dies der eigentlich entscheidende Grund für die Errichtung von Nomoi. Der Nomos ortet das Leben des einzelnen in einem allumfassenden Sinngefüge, welches seinem Wesen nach dieses Leben transzendiert. Das Individuum, das die so gesetzte Sinnhaftigkeit internalisiert, transzendiert damit zugleich sich selber. Es kann sich sein Geborensein, die verschiedenen Abschnitte seines Lebens und schließlich sein künftiges Sterben nun selbst in einer Weise erklären, die über die Einzigartigkeit seiner eigenen Erfahrung hinausgreift. Das findet in den Übergangsriten sowohl primitiver als auch komplexerer Gesellschaften dramatischen Ausdruck. Sie verkörpern sicher immer glückliche und unglückliche Erfahrungen. An den letzteren bekundet sich ihre implizite Theodizee. Das gesellschaftliche Ritual überführt das individuelle Erlebnis in einen typischen Fall, so wie es den individuellen Lebenslauf als Episode in der Geschichte der Gesellschaft erscheinen läßt. Der einzelne ist geboren, lebt, leidet und stirbt am Ende wie seine Väter vor ihm und seine Kinder nach ihm. Wenn er diese Auffassung anerkennt und sich zu eigen macht, transzendiert er seine eigene Individualität und die Einzigartigkeit seiner persönlichen Erlebnisse, einschließlich seiner Schmerzen und Ängste. Er sieht sich »richtig«, d. h.

---

des Ausgleichs in dieser Welt, das Versprechen des Ausgleichs in einem »Jenseits«, Dualismus, die Lehre vom *Karma*. Wir übernehmen diese Typologie hier mit einigen Modifikationen.

[3] Die Vorstellung vom selbst-transzendierenden Charakter der Religion wurde von Durkheim entwickelt, vor allem in *Les formes élémentaires de la vie religieuse* (1912). Wir haben hier versucht, die Folgerungen dieser Vorstellung für das Problem der Theodizee zu ziehen.

im Koordinatensystem der Wirklichkeit, wie seine Gesellschaft sie definiert hat. Er wird fähig, »richtig« zu leiden, und, wenn alles seine Richtigkeit behält, schließlich »richtig« (oder, wie es heißt, einen »guten Tod«) zu sterben. Mit anderen Worten, er kann sich »selbst verlieren« im sinngebenden Nomos seiner Gesellschaft. Dann wird das Leiden erträglicher, das Grauen weniger überwältigend. Das schützende Dach des Nomos ist groß genug, um sich noch über jene Erlebnisse zu spannen, die den Menschen zum brüllenden Tier reduzieren.

Diese implizite Theodizee jeder gesellschaftlichen Ordnung geht natürlich aller religiösen und sonstigen Legitimation voraus und bildet das eigentliche Substrat, auf dem legitimatorische Gebäude errichtet werden. Sie entspricht einer seelischen Grundkonstellation, ohne die erfolgreiches Legitimieren kaum vorstellbar wäre. Theodizee in unserem Sinne, d. h. die religiöse Legitimation anomischer Phänomene, wurzelt also in entscheidenden Merkmalen der menschlichen Vergesellschaftung überhaupt.

Gesellschaft verlangt immer ein gewisses Maß an persönlicher Selbstverleugnung, an Zurücksetzung individueller Bedürfnisse, Sorgen und Probleme. Eine der Hauptfunktionen jedes Nomos besteht darin, dem individuellen Bewußtsein diese Versagungen zu erleichtern. Eine besonders intensive Form der Selbstverleugnung gegenüber der Gesellschaft und ihrer Ordnung ist – in Verbindung mit Religion – von besonderem Interesse. Gemeint ist die masochistische Haltung, bei der sich das Individuum *vis-à-vis* seinen Mitmenschen, einzelnen, Kollektiven oder von diesen errichteten Nomoi, zu einem passiven, dinghaften Objekt reduziert.[4] Bei dieser Haltung dienen körperliche und seelische Schmerzen zur Bestätigung der Selbstverleugnung, bis zu dem Punkt, wo sie subjektiv in Lust umschlagen können. Masochismus, meistens in Verbindung mit der komplementären Haltung des Sadismus, ist ein häufiges und wichtiges Element menschlicher Interaktion, von sexuellen Beziehungen bis hin zur politischen Gefolgschaft. Seine Haupteigentümlichkeit ist der Rausch der Hingabe an einen anderen – vollständig, selbstlos, ja selbstzerstörerisch. Jede von einem anderen auferlegte Pein (der andere ist natürlich der sadistische Gegenspieler – ab-

---

[4] Der Begriff Masochismus im hier verstandenen Sinne stammt von Sartre, wie er ihn in *Das Sein und das Nichts* entwickelt. Er ist ausdrücklich nicht im Sinne Freuds und überhaupt nicht psychoanalytisch gemeint. Sartres Begriff des Masochismus kann auch als eine besondere Form der Selbstverdinglichung (»Verdinglichung« im Marxschen Sinne) verstanden werden. Zu den psychiatrischen Folgerungen aus dem Begriff bei Marx vgl. Gabel (1962).

solut dominierend, selbstbejahend, selbstzufrieden) dient als Beweis dafür, daß die Hingabe tatsächlich vollzogen und daß der Rausch wirklich ist. »Ich bin nichts – er ist alles – und darin liegt mein größtes Glück« – diese Formel ist das Wesen der masochistischen Einstellung. Sie macht das Selbst zu einem Nichts, den anderen zur absoluten Wirklichkeit. Ihre Ekstatik besteht genau aus dieser doppelten Metamorphose, die unendlich befreiend wirkt, weil sie auf einmal alle Zwielichtigkeiten und Ängste der isolierten Subjektivität *vis-à-vis* der Subjektivität anderer zu durchbrechen scheint. Die Tatsache, daß die masochistische Haltung zum Scheitern prädestiniert ist, weil sich das Selbst diesseits des Todes nicht annullieren und der andere nur in der Phantasie verabsolutieren läßt, braucht uns nicht weiter zu beschäftigen.[5] Für uns ist unmittelbar wichtig, daß der Masochismus als radikale Selbstverleugnung dem Individuum die Möglichkeit gibt, Leiden und Tod so radikal zu transzendieren, daß es diese Ereignisse nicht nur erträglich findet, sondern sogar willkommen heißt. Der Mensch kann Einsamkeit und Sinnlosigkeit nicht ertragen. Die masochistische Hingabe ist der Versuch, der Einsamkeit durch das Aufgehen in einem anderen zu entfliehen, wobei der andere als absoluter und einziger Sinn gesetzt wird, wenigstens im Augenblick der Hingabe. Masochismus ist also eine eigenartige Verkrampfung der menschlichen Sozialität und des Bedürfnisses nach Sinn. Unfähig, Einsamkeit zu ertragen, findet der Masochist einen paradoxen Sinn in der Selbstvernichtung. »Ich bin nichts – und deshalb kann mich nichts erschüttern«, oder noch radikaler: »Ich bin gestorben – und deshalb werde ich nicht sterben«, und schließlich: »Komm, süßer Tod, komm sel'ge Pein« – das sind die Formeln der masochistischen Befreiung.[6]

Die masochistische Einstellung hat ihren Ursprung in konkreten zwischenmenschlichen Beziehungen. Liebhaber oder Herr werden als totale Macht, als absoluter Sinn gesetzt, d. h. als *realissimum*, in dem die belanglosen Wirklichkeiten der eigenen Subjektivität aufgehen. Diese Einstellung läßt sich auf ganze Kollektive und schließlich auf die Nomoi ausweiten, die diese repräsentieren. Es kann süß sein, aus der Hand des Liebhabers Schmerz zu empfangen – doch es kann auch süß sein, von der souveränen Autorität des Staates gestraft zu werden. Und schließ-

---

[5] Sartre hat sich ausführlich mit dem prädestinierten Scheitern der masochistischen Unternehmung beschäftigt.
[6] Der Gedanke vom möglichen Sinn der »Nichtswerdung« stammt von Nietzsche. Wir lassen die Frage offen, ob dieses Phänomen irgendwie mit Freuds »Todestrieb« zusammenhängt.

lich kann die selbstverleugnerische Unterwerfung unter die Macht des kollektiven Nomos in gleicher Weise eine Befreiung sein. Dann sind die Personifizierungen der kollektiven Ordnung eine ungeheure Vergrößerung des konkreten anderen der gesellschaftlichen Erfahrung. Es kann süß sein, nicht nur für sein Land, sondern auch im Namen seines Landes getötet zu werden – vorausgesetzt, man hat die richtige patriotische Einstellung. Selbstverständlich kann Masochismus auch im religiösen Gewande auftreten. Der andere der sadomasochistischen Konfrontation wird in die Weite des Kosmos projiziert, nimmt kosmische Formen der Allmacht und Allgegenwart an und kann dann um so leichter als absolute Wirklichkeit postuliert werden. Das »Ich bin nichts – er ist alles« wird noch gefördert durch die tatsächliche Unerreichbarkeit des anderen, auf den sich die masochistische Hingabe richtet. Eine der peinlichen Unsicherheiten des Masochismus in menschlichen Beziehungen besteht darin, daß der andere seine sadistische Rolle unter Umständen nicht zufriedenstellend spielen könnte. Der Sadist kann sich weigern oder vergessen haben, wie man so richtig den Allmächtigen spielt. Selbst wenn es ihm eine Weile gelingt, glaubwürdig den Meister zu spielen, er bleibt selbst verwundbar, in seinen Möglichkeiten beschränkt, sterblich – kurzum, ein Mensch. Ein sadistischer Gott läßt sich durch solche irdischen Unzulänglichkeiten nicht beeinträchtigen. Er ist unverwundbar, unbeschränkt, unsterblich *per definitionem*. Die Hingabe an ihn ist *ipso facto* vor den Zufälligkeiten und Ungewißheiten des gesellschaftlichen Masochismus sicher – auf ewig.

Masochismus ist demnach, einerlei ob das Objekt, auf das er sich richtet, religiös ist oder nicht, seinem Wesen nach vortheoretisch und also vor jeder spezifischen Theodizee *da*. Er bleibt jedoch ein gravierendes Motiv in einer Reihe von Versuchen zur Theodizee; in einigen kommt er sogar direkt in der Theorie zum Ausdruck. Es ist daher angebracht, sich zu erinnern, daß die masochistische Einstellung einer der ständigen irrationalen Faktoren jeder Theodizee ist, einerlei welchen Grad an Rationalität die Versuche zur theoretischen Lösung des Problems der Theodizee jeweils erreichen. Konkret ausgedrückt: Wenn wir das packende Schauspiel verfolgen, wie Theologen ihre Formeln zur Erklärung des Leidens der Menschheit ausarbeiten, gelegentlich übrigens erstaunlich leidenschaftslos, sollten wir nicht vergessen, daß vielleicht ein Andächtiger hinter der stillen Maske des Theoretikers wollüstig im Staub kriecht vor seinem Gott, der ihn in souveräner Majestät bestraft und vernichtet.

Theodizee betrifft das Individuum direkt, in seinem konkreten Leben in der Gesellschaft. Eine plausible Theodizee (die natürlich eine entsprechende Plausibilitätsstruktur erfordert) erlaubt dem Individuum, die anomischen Ereignisse seines Lebens bewußt in den gesellschaftlich etablierten Nomos und dessen Korrelate in seinem subjektiven Bewußtsein einzuordnen. Diese Erfahrungen, so schmerzlich sie auch gewesen sein mögen, sind nun sinnvoll, d. h. objektiv und subjektiv überzeugend. Dies soll freilich nicht heißen, daß das Individuum bei diesen Erfahrungen nun zufrieden oder glücklich sein muß. Theodizee denkt zunächst nicht an Glück, sondern an Sinn. Aber wahrscheinlich ist (selbst wenn man von der Wiederkehr des masochistischen Motivs absieht) bei akutem Leiden das Bedürfnis nach Sinn ebenso stark, wenn nicht stärker als das nach Glück.[7] Sicher sehnt sich jeder, der eine quälende Krankheit hat oder von anderen unterdrückt und ausgebeutet wird, nach Befreiung von solchem Mißgeschick. Aber ebenso dringlich will er wissen, *warum* dieses Mißgeschick gerade ihn betroffen hat. Wenn eine Theodizee, einerlei in welcher Weise, diese Frage nach Sinn beantworten kann, dann erfüllt sie für das leidende Individuum einen wichtigen Zweck, selbst wenn sie damit nicht das Versprechen verbindet, daß am Ende auf den Leidenden in dieser oder jener Welt Glück wartet. Deshalb wäre es irreführend, wenn man eine Theodizee nur nach ihrem »Erlösungspotential« befragt. Manche Theodizeen enthalten tatsächlich keinerlei Versprechen auf »Erlösung« – außer der erlösenden Kraft des Sinnes selbst.[8]

Die »Vorteile« einer Theodizee sind für die Gesellschaft dieselben wie für das Individuum. Auch ganze Kollektive können auf diese Weise anomische Ergebnisse, ob akute oder chronische, in den etablierten Nomos integrieren. Solche Ereignisse haben nun einen »Platz« im Lauf der Dinge, und damit ist die Gefahr der chaotischen Desintegration gebannt, die immer in ihnen lauert. Sie können sowohl natürlicher als auch gesellschaftlicher Herkunft sein. Nicht nur natürliche Katastrophen wie Krankheit und Tod müssen im Sinne des Nomos erklärt werden, sondern auch all das Unheil, das Menschen einander in ihrer gesellschaftlichen Interaktion zufügen. Solches Unheil kann akut

---

[7] Wir glauben, daß diese Perspektive einen möglichen Ansatzpunkt für eine Kritik der Freudschen Libidotheorie liefert. Eine Kritik in dieser Richtung findet sich bei der »phänomenologischen Psychoanalyse«, z. B. in den Arbeiten von Binswanger, Minkowski, Frankl und anderen.

[8] Es ist wichtig zu erkennen, daß Theodizee ohne irgendein Versprechen auf »Erlösung« möglich ist. Diesen Punkt betont Max Weber in dem Abschnitt über Religionssoziologie in *Wirtschaft und Gesellschaft*, op. cit.

und krisenhaft auftauchen. Es kann aber auch permanent sein und zu den institutionalisierten Gewohnheiten einer Gesellschaft gehören. »Warum läßt Gott die Fremden über uns kommen?« »Warum läßt Gott zu, daß die einen zu essen haben und die anderen hungern?« Auf beide Fragen weiß eine Theodizee eine Antwort. Eine ihrer wichtigsten Aufgaben ist die Erklärung der gesellschaftlichen Ungleichheiten und der Machtverhältnisse. In dieser Funktion legitimiert sie die jeweilige gesellschaftliche Ordnung unmittelbar. In diesem Zusammenhang muß betont werden, daß sie *sowohl* die Mächtigen und Privilegierten *als auch* die Ohnmächtigen und Unterprivilegierten legitimieren kann. Für letztere mag sie dann freilich »Opium« sein, das ihnen ihre Lage erträglicher macht und sie zugleich von der Rebellion zurückhält. Den Mächtigen und Privilegierten dagegen liefert sie subjektiv wichtige Rechtfertigungen für die Vorteile ihrer gesellschaftlichen Stellung. Einfach ausgedrückt: Theodizee bietet den Armen einen Sinn für ihre Armut und den Reichen einen Sinn für ihren Reichtum.[9] In beiden Fällen ist Welterhaltung die Folge, ganz konkret die Erhaltung der vorhandenen institutionellen Ordnung. Freilich ist es die Frage, ob *dieselbe* Theodizee beiden Gruppen dienen kann. Wenn ja, dann stiftet sie auf der Ebene der Sinnhaftigkeit ein heimliches, seinem Wesen nach sadomasochistisches Einverständnis zwischen Unterdrückern und Unterdrückten – ein übrigens in der Geschichte keineswegs seltenes Phänomen. Im anderen Falle werden in der Gesellschaft zwei verschiedene Theodizeen aufgestellt – eine des Leidens für die eine Gruppe, eine des Glücks für die andere.[10] Beide können auf verschiedene Weise ineinandergreifen, d. h. in verschiedenen Graden von »Symmetrie«. Die Folgen einer Desintegration der Plausibilität von Theodizeen, die gesellschaftliche Ungleichheiten legitimieren, sind, jedenfalls potentiell, revolutionär, ein Punkt, dem wir uns später zuwenden werden.

Man kann historische Typen von Theodizeen vor einem Kontinuum von Rationalität – Irrationalität analysieren.[11] Jeder Typus steht für eine spezifische Haltung in Theorie und Praxis *vis-à-vis* anomischer Phänomene, die legitimiert oder nomisiert werden müssen. Selbstverständlich

---

[9] Auch auf diesen Punkt hat Weber mit seiner Vorstellung einer »Doppel-Theodizee« hingewiesen. Er bezieht dabei die Marxsche Auffassung von Religion als »Opium« mit ein und geht zugleich über sie hinaus.
[10] Hier halten wir uns wiederum eng an Weber.
[11] Die Webersche Typologie wird hier modifiziert, indem ihre Typen in ein rational-irrationales Kontinuum gestellt werden.

können wir hier keine erschöpfende Typologie vorlegen. Aber es ist doch nützlich, einige historisch besonders wichtige Typen, die in direkter Beziehung zur Geschichte westlicher Gesellschaften stehen, etwas näher zu betrachten.

Am irrationalen Pol dieses typologischen Kontinuums steht die einfache, theoretisch unvollkommene Transzendierung des Selbst, die durch vollständige Identifikation mit dem Kollektiv zustande kommt.[12] An sich braucht sie nicht masochistisch zu sein. Wesentlich ist, daß sie zwischen dem Individuum und seinem Kollektiv nicht scharf unterscheidet. Das innerste Sein des einzelnen ist seine Zugehörigkeit zum Kollektiv – zum Clan, zum Stamm, zur Nation usw. Diese Identifikation mit allen, zu denen er in signifikanten Beziehungen steht, führt zu einer Verschmelzung seines Seins mit dem ihren, sowohl im Glück wie im Unglück. Meistens gilt die Identifikation als eingeboren und also unausweichlich. Man hat sie »im Blut« und kann sie nicht negieren. Das hat zur Folge, daß die persönlichen Mißgeschicke des einzelnen, einschließlich des letzten, nämlich sterben zu müssen, in ihrer anomischen Wirkung zumindest abgeschwächt werden, da sie in der überdauernden Geschichte der Gesellschaft, mit der er sich identifiziert, nur als Episoden verstanden werden. Je stärker diese Identifikation ist, desto geringer ist die Drohung der Anomie, die aus den Mißgeschicken des individuellen Lebenslaufes entsteht.[13] Freilich bleibt noch das Problem, kollektives Unheil wie Seuchen, Hungersnöte, Fremdherrschaft zu legitimieren. Dafür können eigene Theodizeen aufgestellt werden. Diese Aufgabe wird durch die Identifikation des Individuums mit seinem Kollektiv bedeutend erleichtert. Der Grund dafür ist einfach: Die Sterblichkeit des einzelnen ist erfahrbar, die des Kollektivs jedoch meistens nicht. Der einzelne weiß, daß er sterben muß und daß manches Mißgeschick sich zu seinen Lebzeiten nicht lindern läßt. Wenn er z. B. ein Glied verliert, so kann es ihm nie ersetzt werden. Das Kollektiv dagegen kann er für unsterblich halten. Freilich widerfahren auch dem Kollektiv Mißgeschicke. Aber die lassen sich als bloße Durchgangsstadien seiner Geschichte auslegen. Wenn jemand also auf dem Schlachtfeld von fremden Eroberern getötet wird, mag er sterbend nicht seine eigene Auferstehung oder Unsterblichkeit vor Augen haben, sondern die seiner Gruppe. In dem Maße, in dem er sich mit seiner Gruppe identifiziert, erscheint ihm sein Tod sinnvoll,

[12] Hier ist Lévy-Bruhls Begriff der »mystischen Teilhabe« anwendbar.
[13] Auf diesen Punkt hat Durkheim in seiner Anomietheorie hingewiesen, vor allem in *Le Suicide* (1897).

auch wenn ihn keine »individuellen« Legitimationen erleichtern. Eine solche Identifikation enthält also eine implizite Theodizee, die keiner weiteren theoretischen und rationalen Ausführung bedarf.

Der Prototyp dieser Art von Theodizee findet sich in primitiven Religionen.[14] Sie kennen meistens nicht nur eine Kontinuität zwischen Individuum und Kollektiv, sondern auch eine zwischen Natur und Gesellschaft. Das Leben des einzelnen ist eingebettet in das der Gesellschaft, die wiederum eingebettet ist in die Totalität menschlichen und außermenschlichen Seins. Das ganze Universum ist von denselben heiligen Kräften durchdrungen, vom *Mana* in seiner ursprünglichen, vorpersönlichen Form bis zu den späteren animistischen und mythologischen Personifizierungen. Das Menschenleben wird also nicht deutlich von einem Leben geschieden, welches das ganze Universum erfüllt. Solange die Menschen innerhalb des gesellschaftlich etablierten Nomos bleiben, haben sie teil an einem universalen Sein, das auch den Phänomenen des Leidens und Sterbens einen »Platz« zuweist. Die durch alle Kulturen gehenden Fruchtbarkeitsriten sind dafür der beste Beweis.[15] Dieselben heiligen Kräfte, die den Rhythmus der Natur bestimmen, pulsieren auch in Leib und Seele der Menschen und treten besonders in der Sexualität zutage. Wenn Menschen also ihr eigenes Leben in Einklang mit den Rhythmen dieser Kräfte bringen, sind sie *eo ipso* in Einklang mit der fundamentalen Ordnung alles Lebens – einer Ordnung, die *per definitionem* die Zyklen der Geburt, des Alterns, des Todes und der Erneuerung umfaßt und also legitimiert. Altern und Tod des einzelnen sind folglich legitimiert durch seine »Anordnung« in der größeren Ordnung kosmischer Kreisläufe. Fruchtbarkeitsriten (und *mutatis mutandis* Bestattungsriten) bekräftigen diese Legitimation immer wieder, wobei jede Bekräftigung sozusagen eine *ad hoc*-Theodizee darstellt. Dabei darf man nicht übersehen, daß eine solche Theodizee nicht unbedingt eine Hoffnung auf individuelles Leben nach dem Tode oder Unsterblichkeit bieten muß. Nicht nur der Leib, auch die Seele (sofern eine solche angenommen wird) mag sich auflösen und vergehen – das endgültig sinngebende Faktum ist der ewige Gleichklang des Kosmos. Menschen und Tiere, allein und in Gruppen, haben teil daran und können, indem sie sich ihm anheimgeben, Leiden und Tod in einen Plan kosmischer Sinnhaftigkeit einfügen.

[14] Außer Durkheims *Les formes élémentaires de la vie religieuse* siehe auch Malinowski (1954).
[15] Vgl. Eliade (1957, S. 68 ff.).

Genauer gesagt, postulieren primitive Theodizeen meistens ein onto-
logisches Kontinuum der Generationen.[16] Das Individuum weiß seine
Väter geheimnisvoll in sich weiterleben und versetzt sein eigenes Sein
nach dem Tode in seine Kinder und Kindeskinder. So hat es eine ganz
konkrete Unsterblichkeit, die seine Sterblichkeit und die geringeren
Unbilden seines Lebens drastisch relativiert. »Ich muß sterben – aber
meine Nachkommen werden ewig leben« – dies ist die typische Formel
dieser Art von Theodizee. Die ganze Gemeinschaft, durch Blutsbande
zusammengehalten, wird also (in ihrem Selbstverständnis) ganz konkret unsterblich, weil sie *dasselbe* fundamentale Leben durch die Zeiten
trägt, das in jedem ihrer Angehörigen Fleisch geworden ist. Um diese
Unsterblichkeit aufzuheben, müßte ein Feind noch das letzte lebende
Wesen, das zur Gruppe gehört, ausrotten – was übrigens in der Geschichte keineswegs selten vorgekommen ist. Die Teilhabe aller am
Leben aller legitimiert auch die gesellschaftlichen Ungleichheiten. Macht
und Privilegien der wenigen haben diese sozusagen stellvertretend für
die vielen inne, die kraft ihrer Identifikation mit dem gemeinsamen
Ganzen an ihnen teilhaben. Der Häuptling mag ein Dutzend Frauen
haben; wenn der einfache Mann, der nur eine hat, ihm das übelnehmen
wollte, wäre das ebenso ungereimt, als wenn ein weniger wichtiger
Körperteil auf den Kopf eifersüchtig wäre. Man kann in all diesen
Fällen durchaus ein masochistisches Element voraussetzen, weil nämlich
das Leiden, das die heiligen Kräfte ihren menschlichen Repräsentanten
auferlegen, als konkreter Beweis für die persönliche Teilhabe an der
allgemeinen Sinnordnung angesehen wird.

Theodizee durch identifikatorische Teilhabe ist nicht auf primitive
Religionen beschränkt. Sie besteht fort, wenn auch in theoretisch durch-
dachter Form, wo immer das Mikrokosmos-Makrokosmos-Schema vor-
herrscht.[17] Nicht nur der chinesische Bauer konnte ruhig sterben in der
Zuversicht, in seinen Nachkommen weiterzuleben, wie in ihm seine
Vorfahren; auch der gebildete Konfuzianer hatte die gleiche Zuversicht, die durch das fundamentale *Tao*, mit dem sein Leben und
Sterben im Einklang standen, legitimiert wurde. Eine *ad hoc*-Theodizee
dieser Art ist grundsätzlich immer wirksam, wenn Menschen sich völlig
mit einem Kollektiv und seinem Nomos identifizieren, einerlei auf

[16] Vgl. Pedersen (1926, S. 253 ff.); dort wird dieses Phänomen für den Vorderen Orient
untersucht.
[17] Vgl. Eliade (1959, S. 93 ff.).

welchem theoretischen Niveau. Der primitive Prototyp hat sich demnach in einer Menge mehr oder weniger komplizierter Modifikationen in der Geschichte erhalten.

Ein wichtiges religionsgeschichtliches Phänomen, in dem die Theodizee der identifikatorischen Teilhabe immer wieder auflebt, ist die Mystik.[18] Wir können hier nicht auf die zahllosen Varianten eingehen, in denen sie in der Religionsgeschichte vorkommt. Für unser Vorhaben definieren wir sie als religiöse Einstellung, bei welcher der Mensch die Vereinigung mit den heiligen Kräften des Seins sucht. Als Idealtypus erhebt Mystik den Anspruch, daß diese Vereinigung tatsächlich stattfindet – daß sich jede menschliche Individualität völlig auflöst im alles überflutenden Ozean der Göttlichkeit. Das wäre Theodizee fast in der Vollendung. Leiden und Sterben des einzelnen sind Belanglosigkeiten, im Grunde unwirklich, gemessen an der überwältigenden Wirklichkeit der mystischen Vereinigung. Das eigene Leben in der Welt ist unwirklich und traumhaft, eine Täuschung, die man nur ernst nehmen kann, solange der Blick noch vom »Schleier der Maya« verdunkelt ist. Genauso belanglos ist natürlich auch das Leben anderer. In solcher Vollkommenheit tritt Mystik allerdings nicht immer auf. Aber noch in abgeschwächter Form (wenn aus praktischen oder theoretischen Gründen keine *totale* Vereinigung mit dem Göttlichen gesucht oder erreicht wird) führt sie zu einer Haltung der Hingabe, die ihre eigene Theodizee enthält. Auf eine einfache Formel gebracht: Alles ist gut in dem Maße, in dem es Gott oder in Gott ist. Damit ist das Problem der Theodizee faktisch *aufgehoben*; dies ist der wesentliche theoretische und psychologische »Vorteil« der Mystik. Wie weit man mystische Hingabe masochistisch nennen kann, ist von Fall zu Fall unterschiedlich. Doch ein masochistisches Element ist in fast jeder Form von Mystik enthalten, was die durch alle Kulturen gehenden asketischen Selbstquälereien und Selbstpeinigungen in Verbindung mit mystischen Erscheinungen beweisen. Wenn die vollkommene mystische Vereinigung gelingt, ist die Vernichtung des Selbst, seine Auflösung im göttlichen *realissimum*, die höchste vorstellbare Seligkeit, der Höhepunkt der mystischen Suche in unbeschreiblicher Ekstase. Die mystische Weltliteratur liefert Beispiele dafür in nahezu beliebiger Zahl. Wir bringen einen Passus aus den Schriften des islamischen Mystikers Jalalu'I-Din Rumi:

---

[18] Vgl. van der Leeuw (1938, S. 493 ff.). Eine der eingehendsten Analysen der transkulturellen Ähnlichkeit der Mystik findet sich bei Otto (1926).

Ich starb als Stein und wurde Pflanze,
Ich starb als Pflanze, wachte auf als Tier,
Ich starb als Tier und wurde dann zum Menschen.
Warum noch Sorge? Ward ich denn je weniger durch Sterben?
Noch einmal wieder muß als Mensch ich sterben,
Empor mich schwingen zu den Engeln.
Doch auch vom Glück der Engel muß ich Abschied nehmen.
Alles, nur Gott nicht, muß vergehen.
Wenn ich die Engelseele erst einmal geopfert habe,
Dann werd' ich werden, was kein Geist hienieden je erfaßte.
Oh, laß mich *nicht* sein. Denn das Nichtsein
braust wie Orgelton: *Zu ihm gehn wir zurück.*[19]

Es ist bekannt, daß die Mystik, besonders im Zusammenhang mit den
großen Weltreligionen, komplizierte theoretische Systeme entwickelt
hat, von denen einige explizite und höchst rationale Theodizeen enthalten. Uns geht es jedoch nur um die Tatsache, daß die prototypische
Theodizee der Hingabe in verschiedenen Religionen auftritt, manchmal
in höchster theoretischer Differenziertheit, manchmal aber auch als bloße
Wiederbelebung uralter irrationaler Impulse.
Am anderen Pol des rational-irrationalen Kontinuums der Theodizeen
steht der *Karma-Samsara*-Komplex der indischen Religion.[20] Durch die
geniale Kombination der Begriffe *Karma* (das unerbittliche Gesetz von
Ursache und Wirkung, das alle menschlichen und außermenschlichen
Ereignisse im Universum regiert) und *Samsara* (das Rad der Wiedergeburten) wird jede nur denkbare Anomie in einer durch und durch
rationalen, allumfassenden Vorstellung vom Universum integriert.
Nichts ist ausgelassen.[21] Alles menschliche Handeln hat seine unweiger-
lichen Konsequenzen, jede menschliche Situation ist die unweigerliche
Konsequenz vorausgegangenen Handelns. So ist das Leben des einzelnen nur ein ephemeres Glied in einer Kausalkette, die in die Unendlich-
keit von Vergangenheit und Zukunft reicht. Die Folge ist, daß der ein-

[19] Nicholson (Hrsg.) (1950, S. 103). Die kursiv gesetzten Sätze sind Zitate aus dem
Koran, 28:88 bzw. 2:151. Es bleibt hier offen, ob sich Rumi mit diesem Text auf
aktuelle Reinkarnationen oder auf die Stationen einer mystischen Reise bezog.
[20] So hat Weber die *Karma-Samsara*-Lehre dargestellt. Zur allgemeinen Erörterung
vgl. Chatterjee (1950) sowie Renou (1951 u. 1953). Die klassische soziologische Darstellung findet sich natürlich in Webers *Gesammelte Aufsätze zur Religionssoziologie,*
Bd. 2.
[21] »Die Welt ist ein lückenloser Kosmos ethischer Vergeltung« (Max Weber, *Wirtschaft
und Gesellschaft,* 1947, Bd. 1, S. 300).

zelne niemanden als sich selbst für sein Mißgeschick verantwortlich machen kann – und umgekehrt kann er sein Glück nur eigenen Verdiensten zuschreiben. Der *Karma-Samsara*-Komplex ist also ein Beispiel für völlige Symmetrie der Theodizeen des Leidens und des Glücks. Er legitimiert gleichzeitig die Lage aller sozialen Schichten, und in seiner Verbindung mit dem Begriff *Dharma* (gesellschaftliche Pflicht, besonders der Kaste gegenüber) hat er das im ganzen konservativste religiöse System der Geschichte begründet. Kein Wunder, daß ein Fürstenhaus nach dem anderen sich von ihm angezogen fühlte (und die Einführung des Kastensystems durch eingewanderte Brahmanen förderte), bis sich das System auf dem ganzen Subkontinent ausbreitete.[22] Der *Kodex des Manu* (auch wenn wir heute nicht sicher sind, wie weit er gesetzgeberisch in Kraft war oder nur dem Wunschdenken seiner brahmanischen Verfasser entsprach) gibt eine Vorstellung von den ideologischen »Vorteilen« des Systems für die Oberschichten.

Der Volks-Hinduismus hat die Härte dieser Vorstellungen auf vielerlei Weise gemildert – durch Magie, Andacht und mystische Übungen, durch Gebete zu allen möglichen Göttern, damit sie sich gegen den unerbittlichen Prozeß des *Karma-Samsara* ins Mittel legen – und vor allem durch den schlichten Glauben, daß Gehorsam gegenüber dem *Dharma* das Los späterer Wiedergeburten verbessern könne. Die meisten Formen des Volks-Hinduismus sind also weit entfernt von der kalten Rationalität, in der das System z. B. in theoretischen Passagen der Upanishaden erscheint. Eine gewisse Seelenstärke allerdings gehörte schon dazu, die Abkehr vom Leben zu bejahen, wie sie z. B. im folgenden Passus des *Maitri Upanishad* zum Ausdruck kommt:

In diesem übelriechenden, weichlichen Körper, der ein Konglomerat aus Gebein, Haut, Muskeln, Mark, Fleisch, Samen, Blut, Schleim, Tränen, Flüssigkeit, Kot, Urin, Blähung und Trägheit ist, was kann es nützen, sich der Begierden zu freuen?...
Und wir sehen, daß diese ganze Welt verwest wie diese Mücken, Schnacken und derlei Getier, wie das Gras und die Bäume, die wachsen und sterben.
Aber wahrhaftig, wie steht es damit?... Unter anderem sind da das Austrocknen großer Ozeane, das Einstürzen der Berggipfel, die Abweichung des festen Polarsterns, das Kappen der Windseile (der

---

[22] Dieser Punkt ist von Weber im einzelnen analysiert worden.

Sterne), die Überschwemmung der Erde, der Rückzug der Himmlischen von ihrem Posten.

In dieser Art Kreislauf des Lebens *[Samsara]*, was kann es nutzen, sich der Begierden zu freuen, wenn man voraussieht, wie ein Mensch, nachdem er sich an ihnen geweidet hat, immer wieder zur Erde zurückkehren muß?[23]

Konsequent zu Ende gedacht, ein Unterfangen, zu dem meistens nur Intellektuelle neigen, mündete die Starre der Auffassung, nicht eben überraschend, in einer Erlösungsidee: Erlösung als endliche Befreiung vom unaufhörlichen, grauenvollen Kreislauf der Wiedergeburten (der besser Rad des Todes als des Lebens hieße). Natürlich gab es verschiedene Versionen der Erlösung.[24] In den Upanishaden finden wir den Begriff des *Atman-Brahman*, die schließliche Identität der Seele mit der göttlichen Einheit, die allen Erscheinungen des Universums zugrunde liegt. Im *Maitri Upanishad* kommt diese Hoffnung unmittelbar im Anschluß an die oben zitierte Stelle zum Ausdruck:

Oh, möge es Dir gefallen, mich zu erlösen. Im Kreislauf des Lebens bin ich wie ein Frosch in einem Brunnen ohne Wasser. Herr [Sakayanaya, einer, der das wahre Wesen des *Atman* kennt], Du bist unsere Zuflucht – ja, unsere Zuflucht bist Du.[25]

Im mystischen Eintauchen in den *Atman-Brahman* (wofür es in der hinduistischen Erlösungslehre verschiedene Rezepte gibt) kommt die rastlose Bewegung des Seins, die ständige Quelle von *Karma*, zum Stillstand. Alles ist eins geworden – bewegungslos, ewig und ohne Individualität. Die vollkommene Rationalität des *Karma-Samsara*, die hier an ihre äußerste Grenze gelangt ist, überschlägt sich und fällt zurück in den irrationalen Prototyp identifikatorischer Teilhabe, die für jede Mystik charakteristisch ist.[26]

[23] Sarvepalli Radhakrishnan und Moore (1957, S. 91 ff.).
[24] Siehe Webers Analyse der Soteriologien indischer »Intellektueller« und deren Beziehung zum Hinduismus der Massen.
[25] Sarvepalli Radhakrishnan und Moore, op. cit.
[26] Diese Bemerkungen sind sicher eine »terrible simplification« für eine historisch außerordentlich komplizierte und vielfältige Anhäufung von soteriologischen Gedanken. Sie sind in dem Maße gerechtfertigt, wie sie grundlegende Alternativen für Theodizeen aufzeigen, die auf den Voraussetzungen von *Karma-Samsara* aufbauen. Ähnliche Bescheidenheit ist auch angesichts der anderen historischen Typifizierungen dieses Kapitels am Platze.

Als Erlösungslehre und entsprechende Theodizee ist der Buddhismus wahrscheinlich die radikalste Rationalisierung der theoretischen Grundlage des *Karma-Samsara*-Komplexes.[27] Wie beim Hinduismus muß man natürlich gründlich unterscheiden zwischen dem Buddhismus intellektueller Mönche, der »Träger« der authentischen Überlieferung, und dem synkretistischen Buddhismus der Massen. Das ist entscheidend für die beiden größten Zweige des Buddhismus, das *Theravada* und das *Mahayana*. Die Religion der Massen jener Länder, die buddhistisch genannt werden (ein Adjektiv, das eigentlich in Anführungsstriche gehörte, wenngleich nicht mehr und nicht weniger als das Wörtchen christlich vor Mittelalter), ist ein Gemisch aus unzähligen irrationalen Elementen, ähnlich wie der Volks-Hinduismus. Im klassischen Buddhismus, vor allem wie er sich im Pali-Kanon darstellt, und in den Erlösungslehren der verschiedenen Schulen erreicht der Rationalismus des *Karma-Samsara* indessen eine Höhe, einen Grad, wie er im Rahmen des orthodoxen Hinduismus selten, wenn überhaupt, erreicht worden ist. Götter und Dämonen, der ganze Kosmos der Mythologie, die Vielfalt der Welten religiöser Einbildungskraft – alles dies verschwindet, nicht weil es ausdrücklich bestritten, sondern nur weil es als irrelevant erklärt wird. Was bleibt, ist der Mensch, der aufgrund seines richtigen Verständnisses der Seinsgesetze (zusammengefaßt in den »drei universalen Wahrheiten« – *Anichcha* oder Nicht-Dauer, *Dukkha* oder Leid, *Anatta* oder Nicht-Selbst) rational darangeht, seine eigene Erlösung ins Werk zu setzen und letzten Endes im *Nibbana* (oder *Nirwana*) zu erreichen. Da ist kein Raum für irgendwelche Religiosität außer der Kühle rationalen Verstehens und Handelns, die ans Ziel des Verstehens kommen will. In diesem Bezugsrahmen ist das Problem der Theodizee in der denkbar rationalsten Weise gelöst, nämlich durch Ausschaltung jeglicher Vermittlung zwischen dem Menschen und der rationalen Ordnung des Universums. Das Problem der Theodizee verschwindet schließlich, weil die anomischen Phänomene, die es aufkommen ließen, als flüchtige Illusionen entlarvt sind – im Begriff des *Anatta* ist es das Individuum selbst, welches das Problem stellt. Wir wollen die Frage offenlassen, ob das nicht auch eine Art von »Sich-Überschlagen« der Rationalität ist, wie wir sie in der hinduistischen Erlösungslehre angetroffen haben.

[27] Max Weber hat den Buddhismus als die radikalste Rationalisierung des *Karma-Samsara*-Komplexes angesehen. Außer seiner Darstellung in *Wirtschaft und Gesellschaft* und in *Gesammelte Aufsätze zur Religionssoziologie* vgl. die Erörterung des buddhistischen Begriffs des *Karma* (*Kamma* in den kanonischen Pali-Schriften) bei Davids (1912 u. 1932) sowie Gard (1961).

Zwischen den äußersten Polen des rational-irrationalen Kontinuums liegen viele Typen von Theodizeen, deren Fähigkeit zur Rationalisierung ganz verschieden ist.[28] Eine Theodizee etabliert sich zuerst dadurch, daß sie einen Ausgleich für die anomischen Phänomene in eine vom Diesseits her verstandene Zukunft projiziert. Wenn die Zeit angebrochen ist (meistens im Gefolge göttlichen Eingreifens) werden die Leidenden getröstet und die Ungerechten bestraft werden. Mit anderen Worten: Leid und Ungerechtigkeit der Gegenwart werden erklärt im Hinblick auf ihre künftige Nomisierung. Unter diese Kategorie fallen natürlich die verschiedenen Formen des Messianismus, des Chiliasmus und der Eschatologie.[29] Diese Erscheinungen gehen in der Geschichte, wie nicht anders zu erwarten, mit Krisenzeiten und Natur- oder Gesellschaftskatastrophen einher. So ist z. B. eine Anzahl gewalttätiger chiliastischer Bewegungen entstanden, als die Pest in Europa wütete. Aber auch die gesellschaftlichen Umwälzungen der Industriellen Revolution waren für sie ein günstiger Nährboden. »Es wird kommen der Herr«, lautete immer wieder der Sammlungsruf der Massen in Zeiten akuter Bedrängnis. Im Geltungsbereich der biblischen Tradition (in der jüdisch-christlich-islamischen Welt also) mit seiner starken Betonung der historischen Dimension göttlichen Handelns ist der Ruf besonders häufig erklungen. Von den Propheten des alten Bundes bis zu der phantastischen Figur des Shabbatai Zwi, von der Erwartung der bevorstehenden *Parusie* bei den ersten christlichen Gemeinden bis zu den großen chiliastischen Bewegungen des modernen Protestantismus, vom Abbasid-Aufstand bis zum sudanesischen Mahdi, ertönte der Ruf bei den verschiedensten theoretischen und praktischen Anlässen. Das Land ist trocken und schmachtet nach Wasser – aber bald wird Jahwe vom heiligen Berge kommen und die Wolken regnen lassen. Die Märtyrer sterben in der Arena – aber bald wird Christus auf den Wolken erscheinen, den Antichrist zu zerschmettern und sein Reich zu errichten. Die Ungläubigen beherrschen das Land – aber bald wird der Mahdi kommen und mit ihm die wiedererstandenen Heiligen aller Zeiten, um die universale Herrschaft des Islam aufzurichten. Und so fort bis zu den säkularisierten Erlösungslehren der abendländischen Neuzeit, die eine Tradition fortsetzen, deren Wurzeln wahrscheinlich in das alte Israel des achten

[28] Hier halten wir uns wieder eng an Weber, mit Ausnahme natürlich des Wörtchens »zwischen«, das in seiner Analyse nicht auftaucht, sondern hier eingeführt wurde, um die Vorstellung eines rational-irrationalen Kontinuums der Theodizeen zu entwickeln.
[29] Vgl. Mühlmann (1961) und Thrupp (Hrsg.) (1962).

Jahrhunderts vor Christus zurückreichen. In größeren Modifizierungen findet sich der messianisch-chiliastische Komplex jedoch auch außerhalb des Geltungsbereiches der Bibel – z. B. in Bewegungen wie der Taiping-Rebellion, dem Geistertanz oder den Cargo-Kulten.

Im messianisch-chiliastischen Komplex entsteht Theodizee durch die Relativierung von Leid und Ungerechtigkeit der Gegenwart im Hinblick auf ihre Überwindung in einer glorreichen Zukunft. Mit anderen Worten, die anomischen Phänomene werden durch ihre zukünftige Nomisierung legitimiert und also in eine sinnhafte Gesamtordnung rückintegriert. Diese Theodizee ist in dem Maße rational, in dem ihr eine geschlossene Geschichtstheorie entspricht (eine Bedingung, welche die messianisch-chiliastischen Bewegungen im Umkreis der Bibel meistens erfüllen). Sie ist effektiv oder potentiell revolutionär in dem Maße, in dem göttliches Handeln, das in den Lauf der Dinge eingreift, menschliche Mitwirkung fordert oder zuläßt.

Theodizee dieser Art muß in der Praxis mit einer erheblichen Schwierigkeit rechnen: Sie ist hochempfindlich gegen ihre empirische Widerlegung. Freilich gibt es viele kognitive und psychologische Mechanismen, um solche Widerlegung zu entkräften.[30] Dennoch, es bleibt das theoretische Problem bestehen, daß Jahwe *keinen* Regen gesandt hat, daß die *Parusie* länger und länger auf sich warten läßt und daß der vermeintliche Madhi sich wieder einmal nur als ein menschlich-allzumenschlicher Herrscher entpuppt hat usw. Diese inhärente Schwierigkeit wird meistens dadurch bewältigt, daß die Theodizee in eine andere Welt oder Wirklichkeit transponiert wird, die irgendwie hinter dieser Welt verborgen ist. Auf diese Weise wird sie immun gegen empirische Verunsicherungen. Dieser gewissermaßen verfeinerte Messianismus-Chiliasmus-Komplex verweist auf einen zweiten großen Typus der »intermediären« Theodizeen, die einen Ausgleich in einem Jenseits versprechen.

In ihrer einfachsten Form behauptet diese Theodizee die Umkehrung gegenwärtigen Leids und Übels in einem Leben nach dem Tode. Man bewegt sich sicherlich mit der Annahme auf festem Grund, daß das Bedürfnis nach einer solchen Theodizee bei der Entstehung von Unsterblichkeitsvorstellungen eine wichtige Rolle spielte. Es genügt nicht

---

[30] In diesem Zusammenhang ist auch das Werk von Leon Festinger über die Psychologie der »kognitiven Dissonanz« von großer Bedeutung. Siehe sowohl seine *Theory of Cognitive Dissonance* (1967) als auch seine frühere Studie *When Prophecy fails* (1964). Die Ähnlichkeit der in der Studie analysierten Phänomene mit dem, was Neutestamentler die *Parusieverzögerung* nennen, ist erstaunlich und höchst aufschlußreich.

länger, nach göttlichem Ausgleich in der eigenen Lebenszeit oder der der Nachkommen Ausschau zu halten. Nun muß man ihn jenseits des Grabes suchen. Dann endlich werden die Trauernden getröstet, die Guten belohnt werden, und die Bösen werden ihre Strafe bekommen. Mit anderen Worten, Schauplatz der Nomisierung wird ein Leben nach dem Tode. Diese Transposition findet um so leichter statt, je mehr die prototypische Theodizee durch identifikatorische Teilhabe an Plausibilität verliert, ein Prozeß, der mit der fortschreitenden Individuation Hand in Hand geht. Man kann ihn in den verschiedensten Religionen feststellen.[31] Das alte Ägypten und das alte China hatten z. B. Vorstellungen von einem Ausgleich nach dem Tode, obgleich sie damit nicht unbedingt ein Gericht auf der Grundlage sittlicher Prinzipien in Verbindung brachten. Im Unterschied zur innerweltlichen Theodizee des messianisch-chiliastischen Komplexes wird eine außerweltliche sich mit großer Wahrscheinlichkeit konservativ und nicht revolutionär auswirken.

Eine außerweltliche Theodizee kann sich jedoch durch kompliziertere Argumente gegen empirische Verunsicherung immunisieren. So heißt es z. B., Erlösung sei auch in dieser Welt historisch am Werk, allerdings in verborgener, empirisch nicht verifizierbarer Weise. Jesajas Uminterpretierung israelitisch-messianischer Hoffnungen in die Idee vom »leidenden Knecht« während der babylonischen Gefangenschaft ist das klassische Beispiel für eine solche Theodizee. In der neueren jüdischen Geschichte ist die Neuinterpretierung der messianischen Botschaft des Shabbatai Zwi nach seinem Abfall zum Islam ein besonders erregendes Beispiel eines ähnlichen Prozesses. In beiden Fällen wird die konkrete messianisch-chiliastische Hoffnung nicht aufgegeben, sondern in eine unerreichbare, geheimnisvolle Sphäre entrückt, in der sie sicher ist vor den Zufällen der Geschichte.[32]

Ein dritter »intermediärer« Typus ist die dualistische Theodizee, die besonders in den alten persischen Religionen vorkommt.[33] Das Universum ist der Schauplatz eines Kampfes zwischen den Mächten des Guten und des Bösen. Bei Zoroaster waren sie noch personalisiert in den Göttern Ahura Mazda und Ahriman. Später im Mithraskult und im

---

[31] Vgl. van der Leeuw, op. cit., S. 275 ff., sowie Rohde (1961) und Greene (1944) zur Frage der Theodizee im religiösen Denken Griechenlands.
[32] Zur Entwicklung der israelischen Theodizee siehe G. von Rads *Theologie des Alten Testaments* (1957; 1960), vor allem den 2. Bd., sowie Jacob (1955, S. 240 ff.). Zu der besonders eindrucksvollen Episode des Shabbatai Zwi vgl. Scholem (1961, S. 287 ff.).
[33] Vgl. Hinz (1961), Altheim (1960), Vermaseren (1965) und Reitzenstein (1921).

Manichäismus kamen abstraktere Konzeptionen auf. Bei diesem Typus werden alle anomischen Phänomene natürlich den bösen oder negativen Mächten zugeschrieben, während jede Nomisierung als ein Sieg des guten oder positiven Antagonisten angesehen wird. Der Mensch ist beteiligt am kosmischen Kampf; seine Erlösung (sei es in dieser oder der kommenden Welt) hängt davon ab, ob er auf der »richtigen« Seite kämpft. Dieses Schema läßt sich natürlich auf ganz unterschiedlichen Abstraktionsebenen anwenden.

Die dualistische Theodizee ist auch in der abendländischen Religionsgeschichte unter dem jahrhundertelangen Einfluß der Gnostik von Bedeutung gewesen.[34] Hier bestand der Dualismus zwischen Geist und Materie. Diese Welt als materielle Totalität war die Schöpfung negativer Mächte, die von den christlichen Gnostikern mit Hilfe alttestamentarischer Gottesvorstellungen identifiziert wurden. Ein guter Gott konnte diese Welt nicht erschaffen haben und deshalb auch nicht für sie verantwortlich gemacht werden. Folglich waren die anomischen Phänomene keine Einbrüche der Unordnung in einen geordneten Kosmos. Im Gegenteil, diese Welt *ist* das Reich der Unordnung und des Chaos, und der Mensch (genauer, der Geist in ihm) ist ein Eindringling, ein Fremder aus einem anderen Reich. Seine Erlösung ist die Rückkehr des Geistes aus seinem Exil in dieser Welt in seine wahre Heimat, in ein Reich des Lichtes, das gänzlich anders ist als irgend etwas, das der Wirklichkeit des materiellen Universums angehört. Die Hoffnung auf Erlösung ist also zugleich eine tiefe Sehnsucht nach der wahren Heimat des Menschen, wie es der folgende Passus aus einem gnostischen Text bekundet:

In dieser Welt (der Finsternis) habe ich Tausende von Myriaden von Jahren gewohnt, und niemand wußte von mir, daß ich da war... Jahr für Jahr und Generation nach Generation war ich da, und sie wußten nicht, daß ich in ihrer Welt wohnte.

Oder aus einem manichäischen Text:

Nun, oh gnadenreicher Vater, sind unzählige Myriaden von Jahren vergangen, seit wir von Dir getrennt sind, und wir sehnen uns nach Deinem geliebten, leuchtenden, lebendigen Antlitz.[35]

[34] Vgl. Jonas (1963). Das klassische Werk über Marcion ist Adolf von Harnacks *Das Evangelium vom fremden Gott* (1924). Zu den Albigensern siehe Runciman (1947).
[35] Vgl. Jonas, op. cit., S. 54.

Dualistische Konzeptionen dieser Art lösen das Problem der Theodizee sozusagen durch terminologische Verschiebung. Das reale Universum ist kein Kosmos, sondern entweder die Arena einer Kosmisierung im Werden (wie bei Zoroaster) oder tatsächlich das Reich des Chaos (wie in den gnostischen Systemen). Was als Anomie erscheint, gehört zu dieser unvollkommenen oder negativen Welt. Nomos ist entweder noch nicht vorhanden oder muß in Bereichen jenseits der Wirklichkeit des realen Universums gesucht werden. Die logische Folge eines solchen Dualismus war eine rigorose Abwertung aller Dinge, die dieser Welt angehören. Stoff war negative Wirklichkeit, so etwa der menschliche Leib und alle seine Funktionen. Die innerweltliche Geschichte war *a priori* ohne jede erlösende Qualität. Mit anderen Worten, die dualistische Theodizee war akosmisch, asketisch und ahistorisch. Begreiflicherweise wurde eine dualistische Theodizee als große Gefahr für das Weltbild der von der Bibel hergeleiteten Religionen empfunden. Daher die Kämpfe des »offiziellen« Judentums, Christentums und Islams gegen die verschiedenen gnostischen Bewegungen, die in ihrer Mitte aufkamen.[36]

Daß sich das Problem der Theodizee am schärfsten für den radikalen ethischen Monotheismus, also im Geltungsbereich der biblischen Religionen, stellen mußte, ist unschwer einzusehen. Wenn alle Rivalen des einen Gottes und selbst niedere Götter rigoros ausgetilgt sind, wenn nicht nur alle Macht, sondern auch alle sittlichen Werte ausschließlich bei ihm liegen, der alles in dieser oder jeder anderen Welt erschaffen hat, dann wird das Problem der Theodizee zu einer Frage, die unmittelbar gegen ihren Inhalt gerichtet ist. So läßt sich denn auch für kein anderes religiöses Gebilde so wie für den biblischen Monotheismus sagen, daß er damit steht und fällt, ob und wie er die Grundfrage der Theodizee »Wie kann Gott zulassen...?« beantworten kann.

Ein wichtiger Aspekt für die Bewältigung des Problems im Bereich der biblischen Religionen ist, wie wir bereits gezeigt haben, die Entwicklung der biblischen Eschatologie von konkreten historischen Erwartungen bis zu soteriologischen Konstruktionen, die keiner empirischen Erschütterung mehr zugänglich sind. Es gibt aber noch einen anderen Aspekt, der für das Verständnis der Vorgänge seit den Zeiten des alten Israel von großer Wichtigkeit ist, nämlich die Beziehung zwischen Masochismus und spezifisch biblischer Theodizee.

Jede Religion postuliert ein anderes, das dem Menschen als eine objek-

[36] Vgl. Scholem, op. cit., S. 40 ff., von Harnack (1922) und Nicholson (1914).

tive, mächtige Wirklichkeit gegenübersteht. Die masochistische Haltung ist, wie wir zu zeigen versucht haben, eine unter anderen Grundhaltungen des Menschen *vis-à-vis* diesem anderen. Im Bereich der biblischen Religionen nimmt diese Haltung als Folge der gewaltigen Spannung aufgrund des Problems der Theodizee einen ganz besonderen Charakter an. Es ist etwas anderes, sich in masochistischer Ekstase vor Schiwa zu beugen, vor Schiwa in seinem *Avatar* als dem kosmischen Zerstörer, wie er seinen grandiosen Schöpfungstanz auf einem Berge aus Menschenschädeln vollführt. Immerhin ist er nicht die einzige Gottheit des Hinduismus. Und er ist auch mit nichts ausgestattet, was der ethischen Qualität des Gottes der Bibel entspräche. Der religiöse Masochismus nimmt im biblischen Bereich deshalb eine besondere Gestalt an, weil das Problem der Theodizee unerträglich wird, wenn der andere als allmächtiger *und* allgerechter Gott, Schöpfer Himmels und der Erde, des Menschen und des Alls definiert wird. Die Stimme dieses furchtbaren Gottes muß so überwältigend sein, daß sie den Protestschrei der gequälten Kreatur erstickt, ja, in ein Bekenntnis der Selbsterniedrigung *ad majorem dei gloriam* verwandelt. Der biblische Gott ist total jenseitig, d. h. er steht dem Menschen als der ganz andere *(totaliter aliter)* gegenüber. In dieser Transzendentalisierung ist von Anbeginn an die masochistische Einstellung *par excellence* angelegt. Sie ist die Lösung des Problems der Theodizee: Unterwerfung unter den ganz anderen, der weder in Frage gestellt noch negiert werden kann und seinem Wesen nach über allen ethischen und allgemein nomischen Maßstäben steht.

Klassische Beispiele für diese Unterwerfung finden sich natürlich bereits im Buche Hiob. »Siehe, selig ist der Mensch, den Gott straft. Darum weigere Dich der Züchtigung des Allmächtigen nicht«, ruft Eliphas von Theman dem Hiob zu. Und nach der schrecklichen Offenbarung Gottes im Wirbelwind bekennt Hiob seine Nichtigkeit vor der erhabenen Macht, die sich ihm gezeigt hat: »Darum spreche ich mich schuldig und tue Buße in Staub und Asche.« In diesem »Darum« liegen das ganze Pathos und die eigenartige Logik des Masochismus. Die Frage der Theodizee ist gestellt, leidenschaftlich und dringlich, fast bis zu dem Punkte, wo sie zur offenen Anklage gegen Gott wird. Sie wird indessen nicht rational beantwortet wie in den verschiedenen Bemühungen der Freunde Hiobs. Statt dessen wird dem Frager radikal das Recht bestritten, sie überhaupt zu stellen. Mit anderen Worten, das Problem der Theodizee wird durch ein *argumentum ad hominem* gelöst – genauer, durch ein *argumentum contra hominem*. Die implizite Anklage gegen Gott wird umgedreht, so daß sie eine explizite Anklage gegen den Menschen wird. Mit dieser merkwürdigen Umkehrung wird das Problem der Theodizee zum Verschwinden gebracht, an seiner Stelle taucht ein Problem der Anthropodizee auf (oder der *iustificatio*, um einen christlichen Begriff zu verwenden). Die Frage nach der Sündhaftigkeit des Menschen ersetzt die nach der Gerechtigkeit Gottes. Diese Umkehrung und die eigenartige Beziehung zwischen Theodizee und Masochismus halten wir für eines der Grundmotive biblischer Religionen.[37]

Im Buch Hiob haben wir gewissermaßen die reine Form des religiösen Masochismus *vis-à-vis* dem biblischen Gott vor uns. In der Entwicklung der biblischen Religionen über das Alte Testament hinaus finden wir sowohl direkte Fortsetzungen wie auch Abwandlungen dieser Form. Die totale Hingabe an den Willen Gottes wurde die Grundeinstellung des Islam und hat dieser großartigen Vereinfachung der biblischen Überlieferung sogar den Namen gegeben (vom arabischen *'aslama*, sich unterwerfen). Die radikalste, auch konsequenteste Weiterentwicklung sind die Prädestinationslehren, die in allen großen Religionen des biblischen Umkreises aufkamen, besonders grausam im Islam und später im Calvinismus.[38] Die calvinistische Verherrlichung des unerbittlichen Ratschlusses eines Gottes, der seit aller Ewigkeit einige wenige Menschen zum Heil ausersehen und die meisten zur Hölle verdammt hat, ist wohl der Höhepunkt des Masochismus in der Religionsgeschichte. Das wird besonders deutlich, wenn man bedenkt, daß der frühe Calvinismus darauf bestand, es sei gar nicht möglich zu wissen, ob man auserwählt sei oder nicht. Es konnte also immer möglich sein, daß der glühend verehrte Gott, dem man in aller Strenge der calvinistischen Ethik diente, gelegentlich sogar unter Lebensgefahr (wie bei den Verfolgungen durch die Katholiken), seinen Verehrer schon von Anbeginn der Zeiten zur Verdammnis verurteilt hatte und von diesem Ratschluß durch keine denkbare Anstrengung des Verdammten abzubringen war. Die Souveränität Gottes und die Nichtigkeit des Menschen kulminieren in der furchtbaren Vision, daß noch die Verdammten in die Lobpreisung jenes Gottes einstimmen, der sie zur Verdammnis verurteilt hat.

---

[37] Mit dieser Auffassung von der Entwicklung der biblischen Theodizee entfernen wir uns völlig von Weber. Es ist in der Tat sehr merkwürdig, daß sich Webers Interesse an der christlichen Theodizee weitgehend auf die »radikalisierte« calvinistische Prädestinationslehre beschränkte – ein eigenartiges Faktum trotz Webers Interesse für die historische Rolle des Calvinismus.
[38] Weber hat den Vergleich zwischen Islam und Calvinismus hinsichtlich der Prädestination explizit angesprochen.

Die meisten Menschen halten den Masochismus in so reiner Form natürlich kaum durch; er ist vornehmlich etwas für »religiöse Virtuosen«.[39]
In der Religion der Massen dominieren leichtere Formen der Hingabe.
Im biblischen Monotheismus wurde die Härte der Hiobschen Lösung
des Problems der Theodizee selten lange ausgehalten. Die Volksfröm-
migkeit milderte sie vielfach durch die Hoffnung auf Ausgleich im Jenseits. Aber auch in solcher Milderung war noch Raum für masochistische
Unterwerfung, sogar noch für die Freude am Leiden. Aber sie ist weniger rein, da sie eine Hoffnung auf Transformation in einem anderen
Leben enthält – der strafende Gott wird dereinst nicht mehr strafen,
und seine Lobpreisung aus dem Jammertal wird einer heitereren Weise
der Verherrlichung weichen. In intellektuellen Kreisen wurde die Härte
mit Hilfe theologischer Interpretationen des Leidens gebrochen. Wir
haben schon die Vorstellung vom »leidenden Knecht« bei Jesaja erwähnt, die sich im Hauptstrom des jüdischen Glaubens als »Heiligung
des Namens« durch Leiden und in der heterodoxen jüdischen Überlieferung (wie z. B. den kabbalistischen Theosophien des »Exils«) in den
verschiedenen Lehren vom Leiden als Sühne fortsetzt. Parallelen dazu
finden sich sowohl im Christentum wie im Islam. Sogar im Calvinismus
wurde die Starrheit der Unterwerfung unter das unerbittliche Gesetz
der Prädestination bald durch verschiedene Versuche gemildert, die
Gewißheit der Erwählung zu erlangen, sei es durch vermeintlichen
Gottessegen über dem eigenen innerweltlichen Handeln oder durch die
innere Überzeugung der Rettung.[40]
Alle diese »Milderungen« der masochistischen Theodizee sind jedoch
historisch von geringerer Bedeutung als die eigentlich christliche Lösung
des Problems, wie sie die Christologie bietet.[41] Wir glauben in der Tat,
daß die Gestalt des fleischgewordenen Gottes *das* christliche Grundmotiv
ist, trotz all seiner Variationen in der Geschichte des Christentums, und
daß sich in ihr das Problem der Theodizee auflöst, insbesondere dessen
unerträglicher Druck aus dem Alten Testament. Wie auch die Meta-
physik der Inkarnation und ihr Verhältnis zur Erlösung des Menschen
von der christlichen Theologie formuliert worden ist, entscheidend ist,

[39] Der Begriff »religiöse Virtuosen« stammt von Max Weber.
[40] Die Modifizierung der ursprünglichen »Starrheit« des Calvinismus ist natürlich eines
der Hauptthemen in Webers *Die protestantische Ethik und der Geist des Kapitalismus.*
[41] Weber scheint ziemlich blind gewesen zu sein gegenüber der wichtigen Stellung der
Christologie innerhalb jeder christlichen Theodizee – zum Teil aufgrund des bereits oben
genannten Faktums. Wir halten das für eine große Schwäche seiner allgemeinen Typologie der Theodizeen.

daß der fleischgewordene Gott auch der Gott ist, der *leidet*. Ohne sein Leiden, ohne seine Todesqual am Kreuze wäre seine Fleischwerdung kaum eine Lösung des Problems der Theodizee, der sie, wie wir behaupten, ihre gewaltige religiöse Kraft verdankt. Albert Camus, einer der scharfsichtigsten Kritiker des Christentums, meint:

> Weil Christus gelitten, und zwar freiwillig gelitten hat, war Leiden nicht mehr ungerecht, und alles Leid war Notwendigkeit. Im gewissen Sinne gründen sich der legitime Pessimismus des Christentums und seine bitteren Erkenntnisse über den Menschen auf die Annahme, daß ihn totale Ungerechtigkeit genauso befriedigt wie totale Gerechtigkeit. Nur das Opfer eines unschuldigen Gottes konnte die endlosen, universalen Qualen der Unschuld rechtfertigen. Nur das jammervollste Leiden Gottes konnte die Seelenpein des Menschen mildern. Wenn im Himmel und auf Erden alles zu Schmerz und Leid verurteilt ist, dann ist eine seltsame Weise von Glück möglich.[42]

Um dieses »Vorteils« für das Problem der Theodizee willen mußte die Christologie den leidenden und den strafenden Gott in eine klare Beziehung setzen. Nur wenn beides, die volle Göttlichkeit *und* die volle Menschlichkeit, gewahrt wurde, konnte die von der Inkarnation ermöglichte Theodizee ganz plausibel sein. Dies, und nicht obskure metaphysische Spekulationen, war die treibende Kraft der großen christologischen Auseinandersetzungen in der Frühkirche, die in der Verwerfung des Arianismus auf dem Konzil von Nizäa gipfelten.[43] Die dort und auf späteren Konzilen ausgearbeiteten orthodoxen christologischen Formulierungen enthielten die Versicherung, daß Christi Leiden tatsächlich Gottes Leiden und zugleich jenes genuin menschliche Leiden sei, aus dem das Problem der Theodizee in erster Linie hervorgeht.

Es gibt jedoch eine von Camus nicht erwähnte Grundbedingung für die »seltsame Weise von Glück«, und sie verbindet die christliche Theodizee, zumindest die orthodoxe (im Unterschied zu gnostischen Irrlehren), mit ihren masochistischen Vorläufern: die Vorstellung nämlich, daß Christus *nicht* um der Unschuld, sondern um der *Sündhaftigkeit* des Menschen

---

[42] Camus (1951).
[43] »Ist das Göttliche, das auf Erden erschienen ist und die Menschen mit Gott wieder vereinigt hat, identisch mit dem höchsten Göttlichen, das Himmel und Erden regiert, oder ist es ein Halbgöttliches? Das war die entscheidende Frage im arianischen Streit.« (Adolf von Harnack, *Dogmengeschichte*, 1922, S. 210).

willen gelitten hat. Die Voraussetzung dafür, daß der Mensch der erlösenden Kraft des Opfertodes Christi teilhaftig wird, ist also das *Eingeständnis der Sünde.*[44]

Die sogenannte »Augustinische« Lösung des Problems der Theodizee ist also nicht nur die Idee eines leidenden Gottes. In der griechischrömischen Spätantike wären solche Gedanken nichts Ungewöhnliches gewesen. Wichtiger ist die zutiefst masochistische Verschiebung der Frage nach der Gerechtigkeit Gottes auf die Frage nach der Sündhaftigkeit des Menschen, eine Verschiebung, die, wie wir gezeigt haben, schon die Theodizee des Alten Testamentes vorgenommen hatte. Auch das Christentum übersetzt also das Problem der Theodizee in ein Problem der Anthropodizee. Doch die alttestamentarische Härte ist durch die Einsetzung des leidenden Gott-Menschen zwischen die Partner der masochistischen Dialektik im Buche Hiob gemildert. Anders ausgedrückt, die Gestalt des leidenden Christus entschärft die krasse Polarität von Herrschaft und Unterwerfung. Gott selbst leidet in Christus. Aber Christi Leiden ist keine Rechtfertigung Gottes, sondern des Menschen. Das schreckliche Anderssein des Jahwe im Wirbelsturm wird durch Christus besänftigt. Aber die alte masochistische Hingabe läßt sich dennoch nachvollziehen, in einer verfeinerten, um nicht zu sagen: raffinierteren Weise, weil die Versenkung in das Leiden Christi die Überzeugung von der Nichtswürdigkeit des Menschen nur noch vertieft. Wir glauben, daß die fundamentale religiöse Motorik des Christentums ohne diesen Umstand nicht verständlich wäre und daß die Plausibilität des Christentums (zumindest der großen orthodoxen Richtungen) mit der Plausibilität dieser Theodizee steht und fällt.

Wir werden später noch Gelegenheit haben, den allgemeinen Plausibilitätsschwund des Christentums zu besprechen. An dieser Stelle begnügen wir uns mit der Feststellung, daß dieser Schwund mit einer stetigen Abwertung der christlichen Theodizee Hand in Hand ging. 1755 hatte ein Erdbeben Lissabon verwüstet und einen großen Teil der Bevölkerung ausgelöscht. Dieses Ereignis, so einfach es sich auch im Vergleich zu den Ungeheuerlichkeiten unserer Zeit ausnehmen mag, war aufwühlend für das Denken des Jahrhunderts und hat die größten Geister wie Pope, Voltaire, Goethe und Kant zur Beschäftigung mit dem Problem der Theodizee und der Gültigkeit ihrer christlichen Lösung veranlaßt.

---

[44] Wir gehen hier auf die verschiedenen theologischen Antworten zur Frage nach dem genauen Verhältnis zwischen dem Leiden Christi und der vollendeten Erlösung nicht ein. Vgl. Aulén (1931) und seine brauchbare Typologie, ferner Hick (1966).

Auch der Erste Weltkrieg hatte noch eine beträchtliche Literatur, vor allem in England, mit ähnlichen Fragestellungen im Gefolge. Den unvergleichlich größeren Schrecken des Zweiten Weltkrieges dagegen schloß sich kein derartiges Nachdenken an. Soweit jene Ereignisse (besonders die mit den Naziverbrechen verbundenen) zu metaphysischen Fragen führten, waren sie eher anthropologischer als theologischer Natur: »Wie konnte der Mensch das tun?« statt: »Wie konnte Gott das zulassen?« Selbst überzeugte christliche Wortführer zögerten offenbar, die alten christlichen Formeln mit solchen Ereignissen in Verbindung zu bringen. Die klassische Wendung von der Theodizee zur Anthropodizee ist im orthodoxen und neo-orthodoxen Lager verschiedentlich wiederholt worden. Selbst der Alptraum des Nazismus hat nicht so sehr die Frage nach der Glaubwürdigkeit des christlichen Gottes aufkommen lassen, als vielmehr die christliche Auffassung von der Sündhaftigkeit des Menschen bestätigt. Die allgemeine Antwort auf die Greuel der Zeit war ein eigenartiges Schweigen über ihre Bedeutung für die Theodizee. Die christlichen Wortführer konzentrierten sich statt dessen auf anthropologische und ethisch-politische Fragen, bei denen sie hoffen durften, sich in einem Bezugsrahmen zu bewegen, den auch ihre weltlichen Zeitgenossen teilten.

Die wichtigste historische Folge der Desintegration der christlichen Theodizee im Bewußtsein der abendländischen Menschheit war die Heraufkunft eines Zeitalters der Revolutionen. Geschichte und menschliches Handeln in der Geschichte wurden nun die wichtigsten Mittler für die Nomisierung des Leidens und des Bösen. Nicht mehr Unterordnung unter den Willen Gottes, nicht Hoffnung im Blick auf die Gestalt Christi, nicht Erwartung eines göttlichen *eschaton* stillen die Ängste des Menschen. Auch die gesellschaftliche Theodizee des Christentums (d. h. seine Legitimierung der sozialen Ungleichheiten) ist mit der Gesamtplausibilität der christlichen Theodizee zusammengebrochen – was übrigens die Gegner des Christentums viel klarer erkannt haben als die Christen selbst.[45] Wenn die christliche Erklärung der Welt nicht mehr standhält, läßt sich auch die christliche Legitimation der Gesellschaftsordnung nicht mehr lange aufrechterhalten. Um noch einmal Camus zu zitieren: Der Mensch »beginnt nun die eigentliche Revolte, die Ersetzung des Reiches der Gnade durch das der Gerechtigkeit«.[46]

[45] Die Analysen des Christentums von Marx und Nietzsche sind natürlich die bedeutendsten.
[46] Camus, op. cit.

Wir können diese revolutionäre Verwandlung des Bewußtseins hier nicht weiter untersuchen. An den historischen Varianten der Theodizee haben wir nur in großem Umriß aufzeigen können, wie verschieden die existentielle und theoretische Haltung des Menschen *vis-à-vis* den anomischen Aspekten seiner Erfahrung sein kann und wie verschieden sich Religionen dieser Aufgabe der Nomisierung stellen. Unsere Absicht ist erreicht, wenn wir die zentrale Bedeutung des Problems der Theodizee für jede religiöse Bemühung um Welterhaltung – und wohl auch um Welterhaltung auf der Basis nicht-religiöser *Weltanschauungen* – sichtbar gemacht haben. Die Welten, die der Mensch konstruiert, sind immer bedroht von den Mächten des Chaos und vom unausweichlichen Faktum des Todes. Wenn Anomie, Chaos und Tod nicht mehr in den Nomos des menschlichen Lebens integriert werden können, wird der Nomos die Ansprüche des allgemeinen und individuellen Lebens nicht mehr zu bewältigen vermögen.[47] Um es noch einmal zu wiederholen: Jede menschliche Ordnung ist ein Bündnis angesichts des Todes. Jede Theodizee ist der Versuch, einen Pakt mit dem Tode zu schließen. Was auch das Schicksal historischer Religionen und der Religion überhaupt sein mag, die Notwendigkeit dieses Versuches bleibt bestehen, solange Menschen sterben und ihrem Tod Sinn verleihen müssen.

[47] Kontroversen unter Marxisten über das Verhältnis ihrer gesamten *Weltanschauung* zu konkreten Problemen der Sinnhaftigkeit im individuellen Leben sind hier sehr aufschlußreich. Vgl. Fromm (Hrsg.) (1965).

4. KAPITEL

Religion und Entfremdung

Erinnern wir uns jetzt noch einmal an den Ausgangspunkt unserer Betrachtungen – an die fundamentale Dialektik von Externalisierung, Objektivierung und Internalisierung, deren Zusammenspiel Gesellschaft konstituiert. Der Mensch ist aufgrund seiner besonderen biologischen Ausrüstung gezwungen zu externalisieren. Die Menschen externalisieren kollektiv in gemeinsamem Handeln und bringen so eine menschliche Welt hervor. Diese Welt, einschließlich jenes Bestandteils, den wir Gesellschaftsstruktur nennen, gewinnt für sie den Status objektiver Wirklichkeit. In der Sozialisation internalisieren sie die Welt *als* eine objektive Wirklichkeit. Damit wird sie für das sozialisierte Individuum ein konstitutiver Bestandteil seines subjektiven Bewußtseins.

Gesellschaft ist demnach ein Produkt allgemeinen menschlichen Handelns. Als solches, und nur als solches, steht sie dem einzelnen als objektive Wirklichkeit gegenüber. Eine solche Konfrontation, so drückend er sie empfinden mag, verlangt ihm die ständige Internalisierung dessen ab, womit er konfrontiert ist. Einfacher gesagt: sie fordert seine Kooperation, d. h. seine Beteiligung am Handeln aller, das fortwährend die Wirklichkeit der Gesellschaft konstruiert. Das bedeutet natürlich nicht, daß er sich an dem spezifischen Handeln, das der Unterdrückung seiner selbst dient, beteiligen müsse. Aber auch dieses Handeln wird ihm als Element der *sozialen* Wirklichkeit erst in dem Maße wirklich, in dem er, und sei es noch so unwillig, am objektiven Sinn teilhat, den die Gesellschaft diesem Handeln zuschreibt. Es ist seine Sache, die gesellschaftliche Wirklichkeit von der Wirklichkeit der Natur zu unterscheiden. Seine Mitmenschen können ihn z. B. auf eine Weise töten, die beinahe so aussieht, als wäre ein Naturereignis und nicht Menschenhand am Werk – etwa durch einen herabfallenden Stein. Aber wie ähnlich der gezielte und der ungezielte Stein auch aussehen und wirken mögen, den beiden Möglichkeiten, ums Leben zu kommen, haftet ein völlig verschiedener Sinn an. Es ist der Unterschied zwischen Hinrichtung und

Unfall, d. h. zwischen einem Ereignis *innerhalb* der sozialen Welt und einem Ereignis, bei dem die »rohe« Natur in die soziale Welt hineinwirkt. Das Individuum kann an seiner Hinrichtung in einer Weise »mitwirken« wie bei keinem Unfall – nämlich, indem es sie im Sinne jener objektiven Sinnhaftigkeit hinnimmt, die es, freilich unglücklicherweise, mit seinen Henkern teilt. Das Opfer einer Hinrichtung kann also »richtig« sterben. Für das Opfer eines Unfalles ist das schon schwieriger. Ein solches Beispiel ist natürlich übertrieben. Es zeigt jedoch, daß Gesellschaft, selbst wenn sie sich dem Individuum als äußerste Unterdrückung darstellt, in einer Weise sinnhaft ist, wie es die Natur niemals sein kann. Die Übertreibung macht die zahllosen Fälle durchsichtig, in denen die soziale Wirklichkeit sich uns annehmbarer darbietet.

Wie wir sahen, bedeutet Objektivität der sozialen Welt, daß der einzelne sie als Wirklichkeit außerhalb seiner selbst erfährt, als dem eigenen Willen nicht gefügig. Sie ist *da*, und wenn man mit ihren »harten Fakten« fertig werden will, muß man mit ihr, so wie sie da ist, rechnen. Man kann zwar vom *dolce vita* der Polygamie träumen. Aber man wird gezwungen, aus dem Traum zu den »harten Fakten« einer prosaischen Monogamie zurückzufinden. Diese »Prosa« ist die Sprache und ist die gemeinsame Sinnwelt der Gesellschaft. Ihre Wirklichkeit ist viel massiver als die »Poesie« der vagabundierenden einsamen Phantasie. Institutionen sind, mit anderen Worten, wirklich, weil sie der objektiven Wirklichkeit der sozialen Welt angehören. Das gilt auch für die internalisierten Rollen. In seinen Tagträumen darf man ruhig ein türkischer Pascha sein. In der Wirklichkeit der Alltagswelt muß man jedoch wohl oder übel die Rolle des vernünftigen bürgerlichen Ehemanns spielen. Und nicht nur die Gesellschaft als Außenstruktur für das Bewußtsein verbietet dem Ehemann die Pascharolle. Auch die Binnenstruktur des in der Sozialisation geformten Bewußtseins verweist sie schnöde ins Reich der Phantasie und gesteht ihr damit einen *geringeren* Wirklichkeitsstatus zu. Auch *für sich selbst* ist man als bürgerlicher Ehemann, *nicht* als Pascha, *wirklich*. Ob und wie sich allerdings ein braver Mann dennoch als Pascha *verwirklicht*, das zu eruieren ist hier nicht unsere Aufgabe. Mindestens braucht er dazu die Bereitschaft gewisser anderer, die Rolle der Odalisken zu übernehmen. Unter der Fuchtel der Monogamie ist das keineswegs ein Kinderspiel. Uns geht es hier allerdings denn doch um ernstere Dinge, um die Tatsache nämlich, daß die soziale Welt ihren objektiven Wirklichkeitscharakter so behält, wie man ihn internalisiert hat. Er ist *da*, auch im subjektiven Bewußtsein.

Objektivierung bedeutet also die Erschaffung einer sozialen Welt, die ein Außen darstellt für die Individuen, die sie bewohnen; Internalisierung bedeutet, daß diese soziale Welt auch im subjektiven Bewußtsein Wirklichkeitsstatus annimmt. Der Internalisierungsprozeß hat allerdings noch ein zusätzliches Merkmal von großer Wichtigkeit – sozusagen die Verdoppelung des Bewußtseins im Sinne seiner sozialisierten und nichtsozialisierten Komponenten.[1] Das Bewußtsein bestand vor der Sozialisation und es läßt sich niemals *völlig* sozialisieren, wie schon die Unkontrollierbarkeit der Körperfunktionen beweist. Sozialisation ist also immer nur partiell möglich. Nur ein *Teil* des Bewußtseins wird durch die Sozialisation zu dem, was persönliche und gesellschaftliche Identität ist. Wie bei allen Ereignissen der Internalisierung kommt es dabei zu einer dialektischen Spannung zwischen sozial (objektiv) zugewiesener und subjektiv erworbener Identität.[2] Für die Sozialpsychologie ist dieser Umstand von kardinaler Bedeutung. Wir brauchen jedoch hier nicht weiter darauf einzugehen. Wichtiger für uns ist, daß die durch Internalisierung der sozialen Welt zustande gekommene Verdoppelung des Bewußtseins einen seiner Teile von dem anderen absondert, ihn gewissermaßen gerinnen läßt oder entfremdet. Anders ausgedrückt: Internalisierung hat Selbst-Objektivierung zur Folge. Ein Teil des Selbst wird objektiviert, oder sagen wir »vergegenständlicht«, und zwar jetzt nicht den anderen, sondern ihm selbst gegenüber. Dieses Teil-Selbst wird zu einem Ensemble von Repräsentanzen der sozialen Welt, zu einem »sozialen Selbst«, mit dem sich das nicht-soziale Selbst – der Teil des Bewußtseins, dem das soziale Selbst auferlegt wurde – immer aufs neue nicht eben einfach arrangieren muß.[3] Die Rolle des bürgerlichen Ehemanns z. B. erhält objektive »Präsenz« im Bewußtsein. Als solche ist sie dem übrigen Teil des Bewußtseins als »hartes Faktum« konfrontiert und entspricht in größerer oder geringerer Symmetrie (abhängig vom »Erfolg« der jeweiligen Sozialisation) dem »harten Faktum« der äußeren Institution der Ehe.

Das Ergebnis der Verdoppelung des Bewußtseins ist, mit anderen Worten, eine *interne* Konfrontation sozialisierter und nicht-sozialisierter

[1] Der Begriff der Verdoppelung des Bewußtseins [*duplication of consciousness*] stammt von Mead. In diesem Zusammenhang ist auch Durkheims Charakterisierung des sozialisierten Menschen als *homo duplex* relevant.
[2] Diese Formulierung sucht die Marxsche und die Meadsche Perspektive zu kombinieren.
[3] Der Ausdruck »soziales Selbst« ist von William James verwandt worden. Seine Weiterentwicklung durch James Baldwin und Charles Cooley bis zur »Kodifizierung« durch Mead ist von entscheidender Bedeutung für die amerikanische Sozialpsychologie.

Selbst-Komponenten, die die *externe* Konfrontation von Gesellschaft und Individuum im Bewußtsein noch einmal nachvollzieht. In beiden Fällen ist die Konfrontation dialektisch, weil die beiden Elemente nicht in einer mechanistischen Ursache-Wirkung-Beziehung zueinander stehen, sondern sich vielmehr ständig wechselseitig hervorbringen. Die beiden Komponenten des Selbst können außerdem ein inneres Gespräch miteinander aufnehmen.[4] Damit wiederholen sie im Inneren des Bewußtseins das Gespräch (genauer: bestimmte Typisierungen), welches das Individuum mit äußeren anderen in der Gesellschaft führt. Wer z. B. in einer Mittelstandsgesellschaft den Pascha spielen möchte, muß sich auf wenig angenehme Gespräche gefaßt machen – mit seiner Frau, mit Angehörigen, Vertretern des Gesetzes usw. Diese Konversation »da draußen« läßt ihm jedoch auch »hier drinnen« keine rechte Ruhe. Das Bewußtsein repliziert sie. Ganz abgesehen davon, daß der Möchtegern-Pascha wahrscheinlich Gesetz und Sitte als »Stimme des Gewissens« internalisiert hat, wird sich auf jeden Fall eine innere Konversation zwischen seiner objektiven Identität als bürgerlicher Ehemann und der subjektiv ersehnten Identität als Pascha ergeben; beide Identitäten treten einander, zu »Präsenzen« kristallisiert, kampfbereit im Bewußtsein entgegen. Welche von ihnen wirklicher für ihn wird, der Ehemann oder der Pascha, ist eine Frage der »Angepaßtheit« an die gesellschaftliche Wirklichkeit (oder auch der »seelischen Gesundheit«), eine Frage, die wir den Polizisten und Psychotherapeuten überlassen können.

Man kann dies auch auf folgende Weise ausdrücken: Der Mensch produziert als Ergebnis seines Lebens in der Gesellschaft »Andersheit«, sowohl außerhalb wie innerhalb seiner selbst. Seine eigenen Produkte, soweit sie Bestandteil der sozialen Welt sind, werden Bestandteil einer Wirklichkeit, die anders ist als er selbst. Sie »entfliehen« ihm. Aber auch er »entflieht« sich selbst, weil ein Teil seiner selbst durch die Sozialisation geprägt ist. Er hat die Andersheit der sozialen Welt und der in ihr lebenden anderen internalisiert. Andersheit und andere sind dem Bewußtsein infiltriert worden. Daher ist es möglich, daß dem Individuum nicht nur die soziale Welt, sondern auch es selbst in gewissen Aspekten seines sozialisierten Bewußtseins fremd erscheinen kann.

Diese Art der Entfremdung ist, das sei hier ausdrücklich betont, vorgegeben durch die Sozialität des Menschen; sie ist eine anthropologische Konstante. Aber sie kann sich auf zweierlei Weise auswirken. Einmal kann die Fremdheit der Welt und des Selbst zurückgeholt werden durch

[4] Der Begriff des inneren Gesprächs [*inner conversation*] stammt von Mead.

82

die »Erinnerung«, daß Welt und Selbst Produkte des eigenen Handelns sind – oder aber die Zurückholung ist nicht mehr möglich, weil soziale Welt und sozialisiertes Selbst schon als unerbittliche Faktizitäten, analog den Fakten der Natur, erlebt werden. Nur diesen zweiten Prozeß nennen wir Entfremdung.[5]

Entfremdung ist also, mit anderen Worten, ein Prozeß, durch den das Bewußtsein die dialektische Beziehung zwischen dem Individuum und seiner Welt ›verliert‹. Es »vergißt«, daß es diese Welt ständig mit hervorbringt. Entfremdetes Bewußtsein ist undialektisches Bewußtsein. Der entscheidende Unterschied zwischen der soziokulturellen und der natürlichen Welt ist verdunkelt – die Tatsache nämlich, daß die Menschen zwar die erstere, nicht aber die letztere gemacht haben.[6] Entfremdetes Bewußtsein, das sich auf diese Verdunkelung gründet, ist falsches Bewußtsein.[7] Anders gesagt: Entfremdung ist übertriebene Objektivierung, bei der sich die menschliche (»lebendige«) Objektivität der sozialen Welt im Bewußtsein wie die nicht-menschliche (»tote«) Objektivität der Natur darstellt. Die Repräsentanzen menschlich sinnhaften Handelns, welche die Wirklichkeit der sozialen Welt konstituieren, werden im Bewußtsein zu außermenschlichen, sinnlosen, leblosen »Dingen«. Sie werden »verdinglicht«.[8]

Für das Verständnis der Entfremdung ist dreierlei wichtig. Erstens: Die entfremdete Welt ist mit allen ihren Aspekten ein Phänomen des *Bewußtseins*, vor allem des falschen Bewußtseins.[9] Das Bewußtsein ist falsch, weil der Mensch, auch wenn er in einer entfremdeten Welt lebt,

[5] Der Begriff der Entfremdung, wie er hier verwandt wird, geht natürlich auf Marx zurück, wenngleich wir die Schärfe modifiziert haben, mit der Marx seine Verwendung des Begriffs gegen die Hegels abhebt. Vor allem sind wir Marx weder in seiner pseudotheologischen Auffassung gefolgt, Entfremdung sei die Folge gewisser historischer »Sünden« der Gesellschaftsordnung, noch in seiner utopischen Hoffnung auf Aufhebung der Entfremdung durch die sozialistische Revolution. Wir geben daher zu, daß unsere Verwendung des Begriffs eher »rechte« als »linke« Implikationen hat. Eine der hilfreichsten Erörterungen des Begriffs aus nicht-marxistischer Sicht findet sich bei Gehlen (1963, S. 232 ff.). Wir haben uns selbst auch schon früher mit dem Begriff auseinandergesetzt; vgl. Berger und Pullberg (1965, S. 196 ff.).
[6] Diese Formulierung ist eine Paraphrase der klassischen These von Vico über den Unterschied zwischen Geschichte und Natur.
[7] Der Begriff des falschen Bewußtseins ist hier im Marxschen Sinne verwandt, wenngleich mit dem bereits hinsichtlich der Entfremdung angedeuteten Bedeutungswandel.
[8] Zur Geschichte des Begriffs der Verdinglichung vgl. Berger und Pullberg, op. cit.
[9] Ibid., S. 204, Fußnote 13. Entfremdung als Bewußtseinsphänomen aufzufassen bedeutet nicht, daß geleugnet werden soll, sie sei ursprünglich vorreflektiv oder sei in der *Praxis* begründet. Wir wollen vielmehr den Fehlschluß vermeiden, der entfremdete Mensch sei kein welt-produzierendes Wesen mehr.

doch der Hervorbringer dieser Welt ist – durch sein entfremdendes Handeln, das aber *sein* Handeln ist und bleibt. Paradoxerweise produziert er dann eine Welt, die ihn negiert. Tatsächlich kann er niemals Ding *werden* – er kann sich nur durch Verfälschung seines Selbsterlebnisses als ein Ding *auffassen*. Zweitens: Es wäre ein großer Irrtum, sich Entfremdung als einen Spätzustand des Bewußtseins vorzustellen, als einen kognitiven Sturz aus der Gnade sozusagen, der einen paradiesischen Zustand noch nicht-entfremdeten Seins ablöst.[10] Im Gegenteil, alles läßt darauf schließen, daß das Bewußtsein nur die Möglichkeit hat, aus primärer Entfremdung zu sekundärer Aufhebung der Entfremdung, zu »Ent-Entfremdung«, zu gelangen.[11] Das primitive und das kindliche Bewußtsein machen sich die soziokulturelle Welt auf entfremdende Weise zu eigen: als Faktizität, Notwendigkeit, Schicksal. Erst viel später in der Geschichte und der Biographie von Individuen, die unter spezifischen historischen Umständen leben, taucht die Möglichkeit auf, die soziokulturelle Welt als menschliches Unternehmen zu verstehen.[12] Mit anderen Worten, die Aneignung der soziokulturellen Welt als *opus alienum* geht ihrer Aneignung als *opus proprium* überall voraus. Drittens: Entfremdung ist etwas völlig anderes als Anomie.[13] Die entfremdende Aneignung der soziokulturellen Welt stützt im Gegenteil besonders wirksam ihre nomischen Strukturen, weil sie sie gegen die zahllosen Wechselfälle menschlicher Welterrichtung zu immunisieren scheint. Die Welt als *opus proprium* des Menschen ist inhärent zerbrechlich. Die Welt als *opus alienum* (der Götter, der Natur, der Macht der Geschichte usw.) täuscht Dauerhaftigkeit vor. Der letzte Punkt ist von besonderer Bedeutung für die Beziehungen zwischen Religion und Entfremdung sowie Religion und Anomie. Damit wären wir bei unserem eigentlichen Thema.

[10] Hier entfernen wir uns erneut von dem, was wir die utopische Perspektive von Marx nennen. Wir akzeptieren die von ihm gegenüber Hegel getroffene Unterscheidung zwischen »Versachlichung/Entäußerung« und »Verdinglichung/Entfremdung« wie auch seine Auffassung, daß die beiden letzteren Prozesse anders als die ersteren nicht als anthropologische Notwendigkeiten anzusehen sind. Jedoch stimmen wir nicht mit der (später durch Engels weiter popularisierten) These überein, Entfremdung *folge historisch* auf einen Zustand nicht-entfremdeten Seins.
[11] Die Arbeiten von Lévy-Bruhl über die »primitive Mentalität« und von Piaget über das kindliche Denken sind in diesem Zusammenhang äußerst wichtig. Zum neueren Stand dieser Fragestellungen vgl. Lévi-Strauss (1962) und Piaget (1965, S. 143 ff.).
[12] Vgl. Berger und Pullberg, op. cit., S. 209 f.
[13] Die Begriffsverwirrung zwischen Entfremdung und Anomie ist verantwortlich für alles, was neuerdings von amerikanischen Sozialwissenschaftlern über beides geschrieben worden ist. Durch die Psychologisierung der beiden Begriffe wird sie noch vergrößert.

Wie bereits gesagt, ist Religion in der Geschichte eines der stärksten Bollwerke gegen Anomie gewesen. Diese Tatsache steht in direktem Verhältnis zur Entfremdungskapazität der Religion. Religion hat deshalb soviel nomisierende Mächtigkeit entfalten können, weil sie eine große, vielleicht die größte Kraft zum Entfremden besitzt. Aus diesem Grunde und im oben dargelegten Sinne des Begriffes war sie eine besonders wichtige Spielart falschen Bewußtseins.[14]

Eine der Hauptqualitäten des Heiligen im »religiösen Erlebnis« ist die Andersheit. Verglichen mit dem normalen, profanen menschlichen Leben ist es *totaliter aliter*.[15] Genau diese Andersheit ist das Herzstück religiöser Ehrfurcht, der Scheu vor dem Numinosen, der Anbetung dessen, was alle Dimensionen des Nur-Menschlichen übersteigt. Es ist z. B. diese Andersheit, die Arjuna in der klassischen Vision der Göttlichkeit Krishnas – in der Bhagavad Gita – überwältigt:

Mit Mund und Augen mannichfalt, viel wunderbarlich anzuschaun,
manch himmlischen Schmuck und Gewaffen führend
in Himmelskränzen und -gewanden, gesalbt mit Himmelsdüften,
das Antlitz allerseits gewandt, ein Gott, allwunderbar und
ohne Maß ...
Und der Glanz des Gewaltigen war, wie wenn am Himmel tausend
Sonnen
auf einmal erglänzten.[16]

Aber es gibt auch düsterere Bilder:

In Riesenform, zahlreicher Augen, Munde, zahlloser Arme und
Augen,
Schenkel, Füße, Leiber,
Mit grausen Zähnen starrend schaut die Welt Dich
Und steht voll Schauder, Herr! Auch ich erschauere.

Wie Du da stehst, zum Himmel aufgerecket,
Im Farbenglaste glühend, offnen Schlundes.
Die großen Augen rollend! – Grausen faßt mich.
Der Mut entsinkt, verstört bin ich, oh Vischnu![17]

[14] Die grundlegende Verbindung zwischen Religion und Entfremdung hat Feuerbach hergestellt. Von ihm wurden nicht nur Marx, sondern auch Nietzsche und Freud beeinflußt.
[15] Vgl. Otto (1963, S. 28 ff.).
[16] Swami Nikhilananda (1944, S. 126 f.), hier zitiert nach Otto, op. cit.
[17] Ibid., S. 130.

Auch aus anderen Religionen könnte man in nahezu beliebiger Zahl ähnliche Beispiele bringen; aus unserer eigenen reichen sie von der schrecklichen Thron-Vision des Jesaja bis zu William Blakes Vision des Tigers, »der hell lodert in den Wäldern der Nacht« und über seine eigene »furchtbare Symmetrie« hinaus auf das göttliche andere hinter den Naturphänomenen hinweist. Gewiß verringern die »höher« entwickelten Religionen den Schrecken des Numinosen und bringen es dem Menschen über vielerlei Fürsprache und Vermittlung näher. Aber auch bei ihnen läßt sich das eigentlich Heilige nur erfassen, wenn man seine Andersheit wahrnimmt, die in »freundlicherer« oder »milderer« Form (um Arjunas Worte zu benutzen, mit denen er Krishna anfleht, sich doch wieder in der etwas vertrauteren Form des vierarmigen Vischnu zu zeigen) als verborgenes Wesen weiterlebt. Bezauberung und Scheu vor dem gänzlich anderen sind auch dann noch Leitmotive der Begegnung mit dem Heiligen.[18]

Wenn man der Grundvorstellung aller Religion zustimmt, daß eine andere Wirklichkeit in irgendeiner Weise auf die erfahrbare Welt einwirkt oder an sie grenzt, bekommen die Begegnungen mit dem Heiligen den genuinen Status von »Erlebnissen«. Daß eine solche Vorstellung nicht in einen soziologischen oder anderen wissenschaftlichen Bezugsrahmen paßt, erübrigt sich zu sagen. Mit anderen Worten: Den Berichten frommer Menschen aus der Sphäre des Heiligen kann nur in Grenzen ein erkenntnistheoretischer Status zugestanden werden. »Andere Welten« sind der empirischen Untersuchung nicht zugänglich. Genauer gesagt: Für den Wissenschaftler sind sie nur Sinn-Enklaven in *dieser* Welt menschlicher Erfahrung aus Natur und Geschichte.[19] Als solche müssen sie wie jedes menschliche Sinngebilde analysiert werden, d. h. als Elemente der sozial konstruierten Welt. Wie anders »letztlich« die Bedingungen des Heiligen auch sein mögen, empirisch gesehen sind sie Produkte menschlichen Handelns und menschlicher Sinnsetzung – d. h. sie sind Projektionen des Menschen.[20] Menschen projizieren im Verlauf der

[18] Otto hat besonders das Weiterleben von »Andersheit« selbst in komplizierteren Formen der Religion betont.
[19] In der Terminologie von Schütz sind sie nur als »begrenzte Sinnwelten« zugänglich, die von der »obersten Wirklichkeit« der mit anderen Menschen geteilten Alltagswelt umgeben sind. Siehe Anhang 2, wo kurz mögliche theologische Folgerungen gezogen werden.
[20] Der Ausdruck »Projektion« in diesem Sinne wurde zuerst von Feuerbach verwandt. Vgl. die folgende frühe Formulierung in Feuerbachs Essay ›Zur Kritik der positiven Philosophie‹ (1838): »Die absolute Persönlichkeit – das ist Gott als die *Projektion des eigenen Wesens*: eine *Illusion*, daß das Objekt seiner Spekulation nicht sein eigenes

Externalisierung ihren Sinn in die sie umgebende Welt. Die »Objektivität« religiösen Sinns ist *produzierte* Objektivität, d. h. religiöse Sinngebilde sind objektivierte Projektionen. Daraus folgt, daß man diese Sinngebilde, sofern ihnen eine überwältigende Andersheit innewohnt, als *entfremdete Projektionen* bezeichnen kann.

Schon bei der Behandlung der religiösen Legitimationen hatten wir gesehen, wie diese den zerbrechlichen Gebilden der Gesellschaftsordnung den Anschein von Festigkeit und Dauer verleihen. Jetzt können wir die Qualität genauer identifizieren, mit deren Hilfe Religion dies zu leisten vermag: ihre Kraft zu entfremden. Das »Grundrezept« für religiöses Legitimieren ist die Verwandlung menschlicher Produkte in über- oder außermenschliche Faktizitäten. Die von Menschen errichtete Welt wird auf eine Weise erklärt, die ihren Produktcharakter verleugnet. Menschlicher Nomos wird göttlicher Kosmos oder jedenfalls eine Wirklichkeit, die ihren Sinn von jenseits der menschlichen Sphäre herleitet. Wir wollen nicht in das Extrem verfallen, Religion einfach mit Entfremdung *gleichzusetzen* (was in wissenschaftlichem Zusammenhang zudem unbedingt der erkenntnistheoretischen Begründung bedürfte), doch wir behaupten, daß der historische Anteil der Religion an der Welterrichtung und Welterhaltung des Menschen in hohem Maße ihrer Kraft der Entfremdung zuzuschreiben ist.[21] Religion postuliert die Präsenz von Wesen und Mächten in der Wirklichkeit, die der menschlichen Welt fremd sind. Lassen wir den Inhalt dieser Zuversicht dahingestellt, empirisch jedenfalls ist er nicht analysierbar. Einer Analyse zugänglich ist jedoch die Tendenz aller Religion, die menschliche Welt allmählich zu verfremden. Mit anderen Worten, indem Religion dazu tendiert, dem Menschlichen ein Fremdes gegenüberzustellen, tendiert sie *ipso facto* dazu, den Menschen auch sich selbst zu entfremden.

In *diesem* Sinne (und *nicht*, um religiöse Zuversicht als solche erkenntnistheoretisch abzuwerten) fühlen wir uns befugt, Religion mit falschem Bewußtsein in Verbindung zu bringen, jedenfalls die historischen Reli-

---

Selbst, sondern ein anderes, das göttliche ist!« Der Begriff der Projektion bringt die zentrale Perspektive des lebenslangen Interesses Feuerbachs an der Religion zum Ausdruck; sie tritt am klarsten in *Das Wesen des Christentums* (1841) zutage. Die hauptsächliche Modifizierung dieser Perspektive durch Marx war die Auffassung, daß religiöse Projektion eine *kollektive* sei. Man sollte jedoch nicht übersehen, daß Marx den Terminus »Projektion« nicht benutzt, obwohl er ausgezeichnet zu seinem Denken passen würde.
[21] Es sollte betont werden, daß wir uns mit der Zurückweisung der *Gleichsetzung* von Religion und Entfremdung wiederum sowohl von der Marxschen wie von der Feuerbachschen Auffassung entfernen.

gionen, bei denen sich dies mit großer statistischer Häufigkeit nachweisen läßt. Was auch immer die »eigentlichen« Verdienste einer religiösen Welterklärung sein mögen, sie hat unter empirischen Gesichtspunkten immer die Tendenz gezeigt, das Bewußtsein des Menschen über jenen Teil des Universums zu täuschen, der durch sein eigenes Handeln Gestalt annahm – die soziokulturelle Welt. Eine solche Verfälschung kann man auch eine Mystifikation nennen.[22] Die soziokulturelle Welt, ein Gebäude aus menschlicher Sinnsetzung, wird mit Geheimnissen überdacht, deren Ursprung als nicht-menschlich postuliert wird. Alle menschlichen Hervorbringungen sind jedoch, zumindest potentiell, auch in menschlichen Begriffen faßbar. Der Schleier der Mystifikation, den die Religion ihnen überwirft, verhindert dieses Erfassen. Objektivierte Äußerungen des Menschlichen werden zu dunklen Symbolen des Göttlichen. Diese Verfremdung gewinnt genau deshalb Gewalt über Menschen, weil sie ihnen Schutz vor den Schrecken der Anomie bietet.

Religion mystifiziert Institutionen, indem sie sie oberhalb und jenseits ihres empirischen Daseins in der Gesellschaft ansetzt. Die Ehe (oder besser: Verwandtschaftsverfassung) z. B. ist aus Gründen biologischer Bedingungen des gesellschaftlichen Lebens eine zentrale Institution. Jede Gesellschaft steht vor dem Problem, ihren physischen Fortbestand zu sichern. Praktisch heißt dies, daß jede Gesellschaft mehr oder weniger restriktive »Programme« für das sexuelle Handeln ihrer Angehörigen aufstellt. Schon ein flüchtiger Blick auf die Erkenntnisse der Völkerkunde zeigt die große Mannigfaltigkeit auf diesem Gebiet. Ungezählte programmatische Legitimationen erklären, warum an der Verwandtschaftsverfassung irgendeiner Gesellschaft festgehalten werden muß, auch wenn das gelegentlich mühsam und schmerzlich ist. Eine wirksame Lösung dieses Problems liegt in der Mystifizierung der betreffenden Institution in religiöser Form. Die partielle Exogamie bestimmter brasilianischer Stämme z. B. oder die Monogamie in unserer Gesellschaft lassen sich religiös so legitimieren, daß die empirische Zufälligkeit als Verwandtschaftsverfassung maskiert wird. Sexuelle Beziehungen mit einem Angehörigen der eigenen Gruppe in Brasilien oder mit der Frau eines Freundes in unserer Gesellschaft werden dann nicht nur als Verstöße gegen die etablierte Moral, sondern auch als Beleidigungen göttlicher Wesen verketzert, die als oberste Wächter der Institutionen postuliert werden. Nicht nur Meinung und Macht von Mitmenschen

---

[22] Der Ausdruck »Mystifikation« stammt von Marx.

treten nun zwischen Begierde und ihr ersehntes Ziel, sondern auch die rächende Macht erzürnter Gottheiten. Ohne Frage sind solche metaphysischen Kunststücke bei entsprechender Plausibilitätsstruktur außerordentlich wirksame Kontrollen. Dabei handelt es sich fraglos um eine Entfremdung des Menschen von seiner eigenen Welt. Im Extremfall wird dann Ehe, wie wir gesehen haben, überhaupt nicht mehr als menschliches Handeln, sondern als Imitatio des *hieros gamos* der Götter aufgefaßt. Zwischen dieser Konzeption von Ehe und der von Ehe als eines Sakramentes der Kirche besteht eher ein Grad- als ein Qualitätsunterschied.

Nehmen wir ein anderes Beispiel: Für jede Gesellschaft stellt sich das Problem der Verteilung von Macht an ihre Mitglieder. Zu diesem Zweck richtet sie meistens politische Institutionen ein. Deren Legitimierung wiederum hat die besondere Aufgabe, die Notwendigkeit der Anwendung physischer Gewalt zu erklären und zu rechtfertigen, jener Macht und Machtmittel eben, die den politischen Institutionen erst ihre besondere »Majestät« verleihen. Die Mystifizierung des empirischen Charakters politischer Regelungen transformiert »Majestät« von einer menschlichen zu einer mehr-als-menschlichen Qualität. Statt zu ganz realen, empirisch fundierten Entstellungen gegenüber Leuten, die anderen Leuten die Köpfe abschlagen, kommt es zu numinoser Scheu vor einer »Herrschaft des Schreckens«, die göttlichen Willen auf Erden repräsentiert. Wenn sich mit der Zeit herausstellen sollte, daß Köpfen sich politisch auszahlt, braucht man es nur als überwirkliche Notwendigkeit, als göttlichen Auftrag z. B., auszugeben. »Le Roi le veult« wird ein Echo von »Also sprach Gott der Herr«. Auch an diesem Beispiel zeigt sich, wie die »Programme« politischer Institutionalisierung an der Entfremdung von ihrer Herkunft aus dem menschlichen Handeln erstarken. Wir müssen jedoch auch hier besonders betonen, daß die Transponierbarkeit der Entfremdung nicht als Übergang von nicht-entfremdeten zu entfremdeten Vorstellungen verstanden werden darf. Im Gegenteil, wenn es überhaupt Stufen der Entfremdung gibt, dann in umgekehrter Reihenfolge. Die Institutionen der Sexualität und der Macht werden *zuerst* als gänzlich entfremdete Entitäten erlebt, die als Manifestationen einer *anderen* Wirklichkeit auf der Alltagswelt lasten. Erst viel später taucht die Möglichkeit ihrer »Ent-Entfremdung« auf, meistens zusammen mit einer Auflösung der Plausibilitätsstruktur, welche die Institutionen bisher gestützt und erhalten hatte.

Mutatis mutandis werden auch die institutionseigenen Rollen mystifiziert. Auch sie erhalten die geheimnisvolle Kraft, übernatürliche Wirklichkeiten zu repräsentieren. Der bürgerliche Ehemann, der sein Begehren getreulich bei der ihm angetrauten Gattin stillt, repräsentiert nicht nur alle anderen treuen Ehegatten und die entsprechenden Ergänzungsrollen (einschließlich der Rolle der treuen Gattin) und damit die Institution Ehe als solche, sondern auch prototypisch die Gottgewolltheit ehelicher Sexualität, ja, schließlich und endlich das Wollen und Handeln der Götter. Auch der Henker, der auf Geheiß seines Königs rechtskräftig verurteilten Missetätern ohne Murren die Köpfe abschlägt, repräsentiert nicht nur Königtum, Recht und Moral, so wie sie seine Gesellschaft institutionalisiert hat, sondern jene göttliche Gerechtigkeit, die diesen Institutionen angeblich zugrunde liegt. Das Grauen vor übermenschlichen Geheimnissen macht die konkrete Grausamkeit des Köpfens nahezu vergessen.

In diesem Zusammenhang sollten wir uns unbedingt daran erinnern, daß Rollen nicht nur äußerliche Verhaltensmuster sind, sondern in das Bewußtsein ihrer Träger internalisiert werden und ein wesentliches Element ihrer subjektiven Identität bilden. Die religiöse Mystifikation internalisierter Rollen entfremdet sie auch im Sinne der oben erwähnten Verdoppelung des Bewußtseins und fördert damit noch einen weiteren Verfälschungsprozeß, der »mauvaise foi« genannt werden kann.[23]

Eine Definition für »mauvaise foi« wäre, daß die freie Wahl durch fiktive Notwendigkeit ersetzt wird. Mit anderen Worten, das Individuum, das an sich die Wahl zwischen verschiedenen Handlungsverläufen hat, erklärt einen von ihnen für Notwendigkeit. Der besondere Fall von »mauvaise foi«, der uns hier interessiert, besteht dann, wenn das Individuum, das die Wahl hat, im Rahmen eines bestimmten Rollen-»Programms« zu handeln oder nicht, diese Wahl aufgrund seiner Identifikation mit einer Rolle ablehnt. Der treue Ehemann z. B. kann sich sagen, er habe »keine andere Wahl«, als seine sexuelle Aktivität der ehelichen Rolle gemäß zu »programmieren«. Auf diese Weise kann er jede Alternative als »Unmöglichkeit« unterdrücken. Bei erfolgreicher Sozialisation können Alternativen bei Ehemännern sogar tatsächlich »unmöglich« werden – bis hin zur Impotenz bei jedem Versuch. Auch ein loyaler Henker kann sich darauf berufen, er habe »keine Wahl«, als sein »Programm« des Henkens zu erfüllen. Und wenn moralische oder gefühlsmäßige Hemmungen (Mitleid und Skrupel) auftauchen, ordnet

23 Der Ausdruck »mauvaise foi« stammt von Sartre.

er sie mannhaft jenem Handeln unter, das er *als* Henker für unerbitt-lich-notwendig hält.

»Mauvaise foi« ist mit anderen Worten jene Form von falschem Be-wußtsein, bei der die Dialektik zwischen dem sozialisierten Selbst und dem Selbst als Totalität verlorengegangen ist.[24] Diese Dialektik war jedoch in der Sozialisation internalisiert worden. Genauso wie der Mensch äußerlich seiner Welt konfrontiert ist, steht ihm im Bewußtsein ihre internalisierte Präsenz gegenüber. *Beide* Konfrontationen sind dia-lektischer Natur. Falsches Bewußtsein kann sich infolgedessen auf das äußere wie das innere Verhältnis des Menschen zu seiner Welt beziehen. Da die sozialisierte Identität ein Teil dieser Welt ist, kann man auch sie als entfremdet erfahren, d. h. in falschem Bewußtsein. Während tatsächlich eine Dialektik zwischen der sozialisierten Identität und dem ganzen Selbst besteht, identifiziert falsches Bewußtsein letzteres voll-ständig mit der ersteren. Die Verdoppelung des Bewußtseins, die durch die Sozialisation entstanden war, und die damit einhergehende Inter-nalisierung der soziokulturellen Dialektik wird also negiert. Statt dessen wird eine falsche Einheit des Bewußtseins behauptet, wobei das Individuum sich völlig mit seinen internalisierten Rollen und der ihm gesellschaftlich zugewiesenen, von seinen Rollen gebildeten Identität identifiziert. So werden z. B. alle relevanten Äußerungen des Selbst verleugnet, die nicht zur Rolle des treuen Ehemannes gehören. Anders ausgedrückt: Die innere Konversation zwischen dem Ehemann und dem (potentiellen) Ehebrecher ist abgebrochen. Auf allen Gebieten, die von dieser Rolle tangiert werden, sieht das Individuum sich *ausschließlich* als Ehemann. Es ist Ehemann *schlechthin* geworden, *der* Ehemann unter den institutionellen *dramatis personae*. Gesellschaftlicher Typus und subjektive Identität sind in seinem Bewußtsein verschmolzen. Da sich eine solche Typisierung entfremdend auswirkt, wird auch die Identität verfremdet. Und da eine so totale Verschmelzung nun einmal nicht menschenmöglich ist, stellt sie sich als Machwerk des falschen Be-wußtseins heraus. Wer auf solcher Grundlage handelt, handelt in »mau-vaise foi«.

Auch dieses Phänomen subjektiver Entfremdung dürfen wir auf keinen Fall mit Anomie verwechseln. Im Gegenteil, »mauvaise foi« kann ein höchst wirksamer Schutz gegen Anomie sein. Wenn die falsche Einheit des Bewußtseins einmal entstanden ist und plausibel bleibt, ist sie wahr

---

[24] Mead hätte dies vielleicht so formuliert: Das »me« wird so empfunden, daß es sich das »I« total einverleibt.

scheinlich sogar eine innere Kraftquelle. Ambivalenzen sind beseitigt; Möglichkeiten werden zu Gewißheiten. Es gibt keinerlei Zaudern vor Verhaltensalternativen mehr. Der Ehemann wie der Henker »weiß, wer er ist« – und das ist eine recht befriedigende innere Situation. »Mauvaise foi« kennt keinerlei Aufruhr des Herzens oder »schlechtes Gewissen«. Im Gegenteil, wer sich institutionalisierter »mauvaise foi« entledigen will, wird an seinem »Gewissen« leiden müssen, von den anderen inneren und äußeren Schwierigkeiten, die ihm »unprogrammierte« Abenteuer einbringen, ganz abgesehen.

»Mauvaise foi« kann, genau wie falsches Bewußtsein im allgemeinen, natürlich auch ohne religiöse Legitimierung zustande kommen. Wir betonen ausdrücklich, daß Religion nicht notwendig »mauvaise foi« nach sich ziehen muß. Aber wer den obigen Darlegungen zustimmt, wird unschwer einsehen, daß Religion ein mächtiges Instrument bei der Aufrechterhaltung von »mauvaise foi« sein kann. Wie Religion durch Mystifikation eine falsche Autonomie der Welt dem menschlichen Handeln gegenüber im Bewußtsein verfestigt, mystifiziert und erleichtert sie auch deren Adaptation durch das Bewußtsein. Die internalisierten Rollen sind mit jener geheimnisvollen Macht ausgestattet, welche ihre religiöse Legitimation ihnen zugewiesen hat. Dadurch kann das Individuum seine ganze sozialisierte Identität als etwas Heiliges auffassen, das im »Wesen der Dinge«, wie die Götter sie erschaffen oder gewollt haben, begründet liegt. Die sozialisierte Identität verliert dann ihren Charakter als Produkt menschlichen Handelns. Sie wird zur unabänderlichen *Gegebenheit*. Ihre Wirklichkeit liegt direkt begründet in jenem übermenschlichen *realissimum*, das von der Religion postuliert wird. Der Ehemann ist jetzt nicht nur nichts als Ehemann, sondern dieses »nichts als« zeigt auch sein richtiges Verhältnis zur göttlichen Weltordnung. Seine sozialisierte Identität kann mithin subjektiv der »Sitz« des Heiligen oder zumindest *ein* solcher »Sitz« im Leben werden. Die Schrecklichkeit des Heiligen, als Wirklichkeit »hinter« den Phänomenen der äußeren Welt angenommen, ist dem Bewußtsein eingeflößt worden und mystifiziert die in ihm abgelagerten Formationen der Sozialisation. Vereinfacht gesagt, das Individuum ist jetzt in der Lage, vor sich selbst zu erschauern.

Das Wesen aller Entfremdung besteht in einer der menschlich konstruierten Welt auferlegten fiktiven Unerbittlichkeit. Als praktische Folgerung ergibt sich daraus, daß Geschichte und Lebenslauf fälschlicherweise als begründet in über-empirischen Notwendigkeiten aufgefaßt werden. Die zahllosen Möglichkeiten des menschlichen Lebens werden zu unbeeinflußbaren Kundgebungen eines universalen Gesetzes. Handeln wird zum bloßen Prozeß, Wahlentscheidung zum Schicksal. So leben Menschen in der Welt, die sie selbst geschaffen haben, als wären sie dazu von Mächten bestimmt worden, die mit der menschlichen Welterrichtung nichts zu tun haben. Die religiöse Legitimation der Entfremdung steigert die Unabhängigkeit dieser Mächte sowohl innerhalb des gemeinsamen Kosmos als auch im individuellen Bewußtsein ins Unermeßliche. Projizierter Sinn menschlichen Handelns ballt sich zu einer gigantischen und geheimnisvollen »anderen Welt« zusammen, die über der Menschenwelt als eine fremde Wirklichkeit schwebt. Durch die »Andersheit« des Heiligen erhält die Entfremdung der menschlich konstruierten Welt ihre letzte Bestätigung. Weil diese Umkehrung der Verhältnisse zwischen den Menschen und ihrer Welt die Möglichkeit der Entscheidung negiert, findet die Begegnung mit dem Heiligen in »totaler Abhängigkeit« statt.[25] Das muß nicht, kann aber auf masochistischer Einstellung beruhen, die, wie wir gesehen haben, ein so wichtiges Movens des religiösen Bewußtseins darstellt.

Auch hier wieder sollten wir uns daran erinnern, daß die Beziehung zwischen menschlichem Handeln und der durch dieses Handeln hervorgebrachten Welt dialektisch ist und bleibt, *selbst wenn dieses Faktum negiert wird* (d. h. dem Bewußtsein nicht gegenwärtig ist). Menschen erschaffen sich ihre Götter auch dann, wenn sie sich »total abhängig« von ihnen fühlen. Gleichzeitig aber gewinnt die »andere Welt« der Götter eine gewisse Autonomie *vis-à-vis* dem menschlichen Handeln, das sie unaufhörlich hervorbringt. Die über-empirische Wirklichkeit, die durch religiöse Projektion postuliert wird, kann auf die empirische Wirklichkeit der Menschen in der Gesellschaft zurückwirken. Demnach wäre es ein grobes Mißverständnis, wollte man die religiösen Gebilde einfach als mechanische Auswirkungen des Handelns ansehen, das sie hervorgebracht hat, d. h. als passive »Widerspiegelungen« ihrer gesellschaftlichen Basis.[26] Im Gegenteil, diese Gebilde können auf die Basis zurückwirken und sie verändern. Diese Tatsache hat eine merkwürdige Konsequenz – nämlich daß auch »Ent-Entfremdung« noch religiös legiti-

[25] Den Ausdruck »totale Abhängigkeit« verwendet Schleiermacher in seiner Analyse des religiösen »Erlebnisses«.
[26] Den Ausdruck »Widerspiegelung« in diesem Sinne hat Lenin verwandt; er ist typisch für den sogenannten »Vulgärmarxismus«. Im Gegensatz dazu wenden wir ihn wieder auf die Religion an. Nach unserer Meinung ist dies die ursprüngliche Marxsche Auffassung vom *dialektischen* Verhältnis zwischen Über- und Unterbau.

miert sein kann.[27] Obwohl alle Religion also die inhärente (und theoretisch höchst einleuchtende) Tendenz zur Legitimierung von Entfremdung zeigt, hat sie in bestimmten Fällen in der Geschichte auch eine Aufhebung der Entfremdung legitimiert. Die Tatsache, daß dies, bezogen auf ihre allgemeine Tendenz, ziemlich selten vorkommt, mindert nicht seine theoretische Bedeutung.

Religion sieht Institutionen *sub specie aeternitatis.* Wir haben gesehen, wie die brüchigen Gebilde der menschlichen Geschichte dadurch eine Qualität von Unsterblichkeit erhalten können. Es kann aber auch geschehen, daß die gleichen Gebilde, gerade weil *sub specie aeternitatis* gesehen, radikal *relativiert* werden. Das ist von Religion zu Religion verschieden. In einigen sublimen Erlösungslehren Indiens z. B. ist die empirische Welt, einschließlich der Gesellschaftsordnung und aller ihrer Normen, nur noch eine Illusion, das Reich der *Maya*, nichts als ein Epiphänomen in Anbetracht der letzten Wirklichkeit des *Brahman-Atman.* Eine solche Perspektive muß die als gewiß geltenden institutionellen »Programme« notwendig relativieren und ihre überlieferten religiösen Legitimationen abwerten. Als Illustration mag die folgende Passage aus dem Shvetashvatara Upanishad gelten:

Heiliges Gedichte *[Chandas]* – die Opfer, die Zeremonien, die Riten,
Die Vergangenheit, die Zukunft, und was die Weden behaupten –
Diese ganze Welt projiziert der große Illusionsschöpfer *[Mayin]*
aus der Welt hinaus *[Brahman].*
Und in sie wird durch Illusion *[Maya]* die andere hineingesperrt.
Nun aber sollte man wissen, daß Natur *[Prakriti]* Illusion *[Maya]* ist,
Und daß der allmächtige Herr *[Mahesvara]* der große Illusionsschöpfer *[Mayin]* ist.[28]

Diese religiöse Skepsis den Alltagswahrheiten gegenüber hat in der Praxis freilich ganz unterschiedliche Konsequenzen. Die indischen Erlösungslehren kennen zwei typische Entscheidungen: Rückzug aus der Welt der Illusionen in asketische Suche nach Befreiung *(Moksha)* und Fortsetzung des Handelns in dieser Welt, *als* hielten die überlieferten »Zeremonien und Riten« noch stand, Fortsetzung des Handelns allerdings in einer Haltung der inneren Distanz zum eigenen innerweltlichen

---

[27] Diese Einseitigkeit ist natürlich die Hauptschwäche des Marxschen sowie des späteren marxistischen Zuganges zur Religion.
[28] Sarvepalli Radhakrishnan und Charles Moore (1957, S. 91).

Handeln. Das ist der klassische Gegensatz zwischen dem »Weg des Erkennens« und dem »Weg des Handelns« (*Inana-marga* und *Karma-marga*), dessen berühmtester Ausdruck sich in der Bhagavat Gita findet.[29] Wie auch die praktischen Folgerungen sein mögen, die der *Maya* als Kategorie innewohnende Relativierung läßt die soziokulturelle Welt ebenfalls als eine zufällige historische Konstruktion von Menschen erscheinen – zweifellos ein humanisierender und zumindest potentiell ein »ent-entfremdender« Effekt.[30]

Mit ihrer totalen Geringschätzung nicht nur des Wertes, sondern auch des Wirklichkeitsstatus der empirischen Welt besitzt auch die religiöse Mystik die Macht, Entfremdung aufzuheben. Der Mystiker relativiert diese Welt und alle ihre Werke, einschließlich »gewöhnlicher« religiöser Betätigung. Im Extremfall führt diese Relativierung zu religiös legitimierter Anarchie, z. B. in den antinomischen Strömungen des Judentums und des Christentums. Häufiger kommt es zu einer »Als ob«-Beteiligung an den etablierten »Zeremonien und Riten«, entweder aus bloßer Bequemlichkeit oder mit Rücksicht auf die unwissenden Massen, die das Bedürfnis nach religiöser Betätigung haben. Folgendes Zitat aus der *Theologia germanica* ist bezeichnend für die letztere Einstellung:

Darum sind Ordnung, Gesetze, Gebot und dergleichen nur eine Unterweisung für die Menschen, die nichts Besseres verstehen oder andres wissen und erkennen, deswegen sind Gesetz und Ordnung gemacht. Und die vollkommenen Menschen greifen es an mit solchen einfältigen Menschen, die nichts anderes noch Besseres verstehen und wissen, und üben es mit ihnen, auf daß man sie dabei halte, damit sie nicht zu bösen Dingen kommen oder ob man sie möchte zu einem Höheren bringen.[31]

Auch aus einer solchen Perspektive lassen sich unterschiedliche praktische Aufträge herleiten. Ein antinomischer Auftrag hätte wahrscheinlich

---

[29] Webers Hauptinteresse bei der Analyse indischer Erlösungslehren konzentrierte sich natürlich auf die Implikationen für das alltägliche soziale und wirtschaftliche Verhalten. Für eine ausführliche Übersicht über die hinduistischen Ethiksysteme vgl. Kane (1930–1962). Zur theoretischen Entwicklung des *Maya*-Begriffs im Wedanta-Denken siehe Deussen (1921) sowie Chandhuri (1950).

[30] Dies muß keineswegs ein ethisches Interesse an der Verbesserung des menschlichen Lebens in der Gesellschaft zur Folge haben – wie z. B. die sogenannten *Arthashastras* (Abhandlungen über den Umgang mit sozialen Angelegenheiten, in erster Linie geschrieben zum Gebrauch für Prinzen) beredt bezeugen.

[31] Bernhart (Hrsg.) (1922, S. 134).

potentiell revolutionäre Konsequenzen, während die Anschauung, die in dem obigen Zitat zum Ausdruck kommt, sich eher konservativ auswirken dürfte. Diese unterschiedlichen Möglichkeiten sind zwar für eine allgemeine Religionssoziologie von großem Interesse, doch wir können sie hier nicht weiter verfolgen. Uns geht es jetzt darum, daß Religion und Religiosität den Institutionen einen Status der Heiligkeit, der ihnen zuvor durch religiöse Legitimationen verliehen worden war, auch wieder *entziehen* können.

In der biblischen Überlieferung wurde die Gesellschaftsordnung durch die Konfrontation mit der Majestät des transzendenten Gottes derartig relativiert, daß man tatsächlich von Aufhebung der Entfremdung sprechen kann – in dem Sinne, daß sich vor dem Antlitz Gottes die Institutionen als nichts denn *Menschenwerk* ohne inhärente Heiligkeit und Unsterblichkeit entpuppen. Genau diese Relativierung der Gesellschaftsordnung und das sie begleitende Auseinanderbrechen des göttlichmenschlichen Kontinuums hoben das alte Israel von den Nachbarkulturen des Vorderen Orients so scharf ab.[32] Ein bezeichnendes Beispiel dafür ist die jüdische Form des Königtums, das, verglichen mit den Institutionen heiligen Königtums in den Nachbarkulturen, eine Art von Profanierung bedeutete.[33] Die Episode der Verurteilung König Davids durch Nathan (2. Samuel 12, 1–7) zeigt z. B., wie humanisierend und »entfremdend« diese Profanierung sich auswirkt – David wird das königliche Vorrecht auf »mauvaise foi« bestritten; Nathan behandelt ihn wie irgendeinen Menschen, der *als* Mensch für seine Taten verantwortlich ist.[34] »Entzauberung« dieser Art zieht sich durch die gesamte biblische Tradition. Sie steht in direkter Beziehung zur totalen Transzendentalisierung Gottes und kommt in klassischer Weise bei den Propheten zum Ausdruck, um dann in vielerlei Form in den drei großen Religionen biblischer Nachfolge fortzuleben. Das Entzauberungsmotiv ist dafür verantwortlich zu machen, daß Revolutionäre sich immer wieder auf biblische Überlieferung berufen können und sich gegen ihre (natürlich auch immer wieder vorkommende) Benützung für konservative Legitimierungszwecke wenden. Wenn die Könige auch ihr Handeln immer wieder durch biblische Symbole mystifiziert haben, so tauchte doch auch immer wieder ein Nathan auf, der sie als allzumenschliche Roßtäuscher

---

[32] Vgl. Voegelin (1956).
[33] Vgl. de Vaux (1961, Bd. 1, S. 141 ff.).
[34] Diesen Punkt habe ich deutlich zu machen versucht, vgl. Berger (1961, S. 219 ff.).

entlarvte, und zwar im Namen derselben Überlieferung, aus der die Legitimationssymbolik hergeleitet wurde.[35]

Genau wie sich die *sub specie aeternitatis* verstandenen Institutionen relativieren und somit humanisieren lassen, so auch die solche Institutionen repräsentierenden Rollen. Falsches Bewußtsein und mauvaise foi, sofern sie religiös legitimiert sind, können auch religiös als solche entlarvt werden. Schließlich und paradoxerweise läßt sich das ganze Gespinst religiöser Mystifikationen, das die Gesellschaftsordnung verschleiert, gelegentlich höchst drastisch zerreißen – durch dieselbe Religion, so daß wieder einmal nichts weiter übrigbleibt als ein Artefakt. Sowohl die totale Geringschätzung der empirischen Welt bei verschiedenen mystischen Religionen als auch die radikale Transzendentalisierung Gottes der biblischen Religion haben zu diesem Ergebnis geführt. Wir werden zu beweisen versuchen, daß gerade die letztere Entwicklung dazu beigetragen hat, die weltweite Säkularisierung des Bewußtseins heraufzubeschwören, in der alle »ent-entfremdenden« Perspektiven des abendländischen Denkens (einschließlich übrigens der soziologischen) ihre Wurzeln haben.

So kann man also sagen, daß Religion in der Geschichte als welterhaltende und als welterschütternde Macht auftritt. In beiderlei Gestalt hat sie sowohl entfremdend gewirkt als auch Entfremdung aufgehoben. Häufiger hat sie einer ihr immanenten Qualität wegen entfremdend gewirkt; aber unter besonderen historischen Umständen war auch das Umgekehrte der Fall. In allen ihren Manifestationen ist Religion eine gigantische Projektion menschlicher Sinnhaftigkeit in die öde Leere des Universums – eine Projektion freilich, die als fremde Wirklichkeit in die Menschenwelt zurückkehrt und ihre Hervorbringer heimsucht. Daß sich im Rahmen einer wissenschaftlichen Theorie jede positive oder negative Aussage über den ontologischen Status dieser vermeintlichen Wirklichkeit verbietet, erübrigt sich fast zu sagen. Wir müssen uns auf die religiösen Projektionen als solche beschränken: auf die Produkte menschlichen Handelns und Bewußtseins. Die Frage, wieweit bzw. ob diese Projektionen nicht *auch* noch etwas anderes anpeilen als die menschliche Welt, in der sie empirisch angesiedelt sind, muß ausgeklammert bleiben. Mit anderen Worten: Jede Erforschung religiöser Phänomene, die sich

---

[35] »Dans son ensemble la perspective biblique n'est pas dirigée vers la conservation du monde, mais vers sa transformation.« (Als Ganzes ist die biblische Perspektive nicht auf die Erhaltung der Welt, sondern auf ihre Transformation gerichtet. – Jacob, 1955, S. 184.)

auf das empirisch Zugängliche beschränkt, stützt sich zwangsläufig auf einen »methodologischen Atheismus«.[36] Aber auch wenn wir uns unweigerlich so einschränken müssen, möchten wir doch noch einmal darauf hinweisen, daß die Religionen der Menschheitsgeschichte die drückende Notwendigkeit und Intensität menschlicher Suche nach Sinnhaftigkeit offenbaren. Die gigantischen Projektionen des religiösen Bewußtseins, was immer sie sein mögen, sind die historisch bedeutendste Anstrengung des Menschen, die Wirklichkeit um jeden Preis sinnvoll zu gestalten. Bei der Erörterung des religiösen Masochismus haben wir gezeigt, welchen Preis Menschen schon dafür gezahlt haben. Das große Paradoxon der religiösen Entfremdung besteht darin, daß die ganze Enthumanisierung der soziokulturellen Welt ihren Ursprung in dem elementaren Wunsch hat, die Wirklichkeit als Ganzes möge dem Menschen einen sinnvollen Platz zuweisen. So ist denn am Ende auch Entfremdung ein Preis, den das religiöse Bewußtsein auf der Suche nach einem menschlich sinnvollen Universum gezahlt hat.

[36] Für diesen sehr überzeugenden Ausdruck danke ich Anton Zijderveld. Zur weiteren Erörterung siehe Anhang 2.

II. TEIL

Historische Elemente

5. KAPITEL

Der Säkularisierungsprozeß

Unsere Überlegungen waren bisher eine Art Exerzitium im Theoretisieren. Historisches Material diente lediglich dazu, allgemeine theoretische Gesichtspunkte zu veranschaulichen, nicht jedoch sie speziell »anzuwenden«, geschweige denn zu »sanktionieren«. Es ist natürlich in den Sozialwissenschaften eine strittige Frage, inwieweit Theorien von einem so hohen Grad der Generalisierung überhaupt »sanktioniert« werden und mithin überhaupt einen Platz im Bereich der empirischen Disziplin haben können. Auf dieses methodologische Problem einzugehen, ist hier nicht der geeignete Ort. Für unsere Zwecke macht es wenig aus, ob der erste Teil dieses Buches als bloße Präambel zum *opus proprium* des Soziologen oder als soziologische Theorie gewürdigt wird. Freilich würden wir den weiteren Blickwinkel vorziehen, denn er gestattet es, unsere Erörterungen eher als soziologische Theorie denn als Prolegomena zu einer solchen zu betrachten. Welchen Anwendungsbereich man der Soziologie auch zubilligen mag, es wird in jedem Fall von Nutzen sein zu prüfen, ob die theoretischen Perspektiven zur Klärung einer empirisch gegebenen historischen Situation beitragen können, mit anderen Worten, zu sehen, ob sie »angewandt« werden können. In diesem und den folgenden Kapiteln werden wir also versuchen, die gegenwärtige Situation der Religion vom Ansatzpunkt unserer theoretischen Perspektive aus zu betrachten. Es erübrigt sich zu sagen, daß wir nicht beanspruchen, alles, was hier über diese Situation gesagt wird, sei nur auf unserem eigenen Acker gewachsen. Eine Vielzahl theoretischer und empirischer Quellen liegen unserer Darstellung zugrunde. Wir möchten jedoch behaupten, daß unsere theoretische Perspektive ihre Nützlichkeit erweist, indem sie verschiedene Aspekte der gegenwärtigen religiösen Situation in ein neues Licht rückt und möglicherweise einige bisher vernachlässigte Aspekte der soziologischen Prüfung zugänglich macht.

Der Terminus »Säkularisierung« hat eine etwas abenteuerliche Geschichte.[1] Ursprünglich wurde er in den Wirren der Religionskriege benutzt, um die Entlassung von Land und Eigentum aus kirchlicher Kontrolle zu bezeichnen. Im kanonischen Recht bezeichnete er die Rückkehr einer Ordensperson in die »Welt«. In beiden Verwendungsweisen konnte er jedoch, bei welcher Streitfrage im Einzelfall auch immer, rein deskriptiv und wertfrei gebraucht werden. Das ist in jüngerer Zeit nicht der Fall gewesen. »Säkularisierung«, und mehr noch der abgeleitete Begriff »Säkularismus«, wurde zum ideologischen Begriff und mit wertenden Nebenbedeutungen, manchmal positiven, manchmal negativen, befrachtet.[2] In antiklerikalen und »fortschrittlichen« Kreisen stand er für die Befreiung des modernen Menschen von religiöser Vormundschaft, während er im konservativen, kirchentreuen Lager als gleichbedeutend mit »Entchristlichung«, »Paganisierung« und dergleichen angegriffen wurde. Beide ideologisch belasteten Perspektiven, bei denen dasselbe empirische Phänomen mit umgekehrten Vorzeichen erschien, lassen sich ziemlich unterhaltsam in den Werken von Religionssoziologen nachlesen, die durch marxistische bzw. christliche Standpunkte inspiriert wurden.[3] Die Situation hat auch nicht an Klarheit dadurch gewonnen, daß eine Reihe von Theologen, hauptsächlich Protestanten, sich seit dem Zweiten Weltkrieg gewisse Gedankengänge des späten Dietrich Bonhoeffer zu eigen machten, um die bisherige christliche Bewertung der »Säkularisierung« auf den Kopf zu stellen und sie als Verwirklichung wesentlicher Motive des Christentums selbst zu preisen.[4] Es überrascht nicht, daß der Vorschlag gemacht wurde, den Terminus angesichts solch ideologischen Eifers als verwirrend, wenn nicht ganz und gar sinnlos aufzugeben.[5]

Wir möchten uns diesem Vorschlag nicht anschließen, obwohl die Ideologiekritik, auf die er sich stützt, berechtigt ist. Der Begriff »Säkularisierung« bezieht sich auf empirisch zugängliche Prozesse von großer Bedeutung in der modernen abendländischen Geschichte. Ob diese Prozesse zu beklagen oder zu begrüßen sind, ist natürlich für den Historiker

[1] Vgl. Lübbe (1965).
[2] Ibid., passim.
[3] Vgl. zum Beispiel Klohr (1966) und Acquaviva (1961).
[4] Vgl. Bethge (1955–1956). Ein ähnlicher Standpunkt, wenn auch mehr im Barthschen Sinne, findet sich bei Loen (1965). Die positive christliche Bewertung der »Säkularität« ist von Cox (1965) in den Vereinigten Staaten popularisiert worden. Eine mehr soziologisch fundierte Auffassung dieser christlichen Position vertritt von Oppen (1960).
[5] Vgl. Matthes (1964), ferner den Beitrag von Rendtorff und Martin (1966) in *International Yearbook for the Sociology of Religion*, 2.

oder den Soziologen völlig irrelevant. Man kann das empirische Phänomen ohne allzu große Mühe beschreiben, ohne dabei einen wertenden Standpunkt einzunehmen. Auch zu seinen historischen Ursprüngen, *einschließlich* seiner historischen Verbindung zum Christentum, kann man vordringen, ohne damit zu behaupten, es repräsentiere die Erfüllung oder Entartung des Christentums. Das sollte besonders in Anbetracht der im Gang befindlichen Auseinandersetzung in der Theologie betont werden. Daran festzuhalten, daß ein historisches Kausalverhältnis zwischen dem Christentum und bestimmten Zügen der modernen Welt besteht, ist *eine* Sache. Eine völlig andere ist es zu behaupten, »deshalb« müsse die moderne Welt, einschließlich ihres säkularen Charakters, als eine Art logischer Verwirklichung des Christentums gewertet werden. In diesem Zusammenhang ist es heilsam, wenn man sich auf die oft beschworene Ironie der Geschichte besinnt, oder, um es anders zu sagen: Der Gang der Geschichte hat mit der inneren Logik der Ideen, die ihm als Kausalfaktoren gedient haben, recht wenig zu tun.[6]

Eine einfache Bestimmung des Begriffs Säkularisierung für unsere Zwecke ist nicht schwer zu finden. Wir verstehen darunter einen Prozeß, durch den Teile der Gesellschaft und Ausschnitte der Kultur aus der Herrschaft religiöser Institutionen und Symbole entlassen werden. Wenn wir von Gesellschaft und Institutionen der modernen abendländischen Geschichte sprechen, verstehen wir Säkularisierung natürlich als Rückzug der christlichen Kirchen aus Bereichen, die vorher unter ihrer Kontrolle oder ihrem Einfluß gestanden haben – als Trennung von Kirche und Staat, als Enteignung von Kirchengut oder als Emanzipation der Erziehung von der Autorität der Kirchen. Wenn wir jedoch von Kultur und Symbolen sprechen, implizieren wir, daß es sich um mehr als einen soziostrukturellen Prozeß handelt. Säkularisierung wirkt sich auf die Totalität des kulturellen Lebens und der Ideation aus und läßt sich am Verschwinden religiöser Inhalte aus den Künsten, der Philosophie und Literatur sowie – und dies ist am wichtigsten – am Aufkommen der Naturwissenschaften als autonome, durch und durch säkulare Weltansicht beobachten. Mehr noch, wir implizieren, daß der Säkularisierungsprozeß auch eine subjektive Seite hat. Wie eine Säkularisierung der Kultur und Gesellschaft, so gibt es auch eine Säkulari-

---

[6] Dieser Punkt gewinnt an Schärfe, wenn man sich an die Bedeutung der Arbeiten von Max Weber für die Diskussion erinnert. Jeder, der Weber in diesem Zusammenhang zitiert, sollte an seine Auffassung vom ironischen Verhältnis zwischen menschlichen Intentionen und ihren historischen Konsequenzen denken.

sierung des Bewußtseins. Das heißt also, daß mindestens in Europa und den Vereinigten Staaten heutzutage eine ständig wachsende Zahl von Menschen lebt, die sich die Welt und ihr eigenes Dasein auch ohne religiösen Segen erklären können.

Man kann Säkularisierung zwar als ein globales Phänomen der modernen Gesellschaften bezeichnen, doch sie ist innerhalb dieser Gesellschaften nicht gleichmäßig verteilt. Verschiedene Bevölkerungsgruppen sind unterschiedlich von ihr betroffen.[7] So hat man herausgefunden, daß sie sich stärker auf Männer als auf Frauen ausgewirkt hat, auf Menschen im mittleren Alter mehr als auf ganz junge und alte, in den Städten mehr als auf dem Lande, auf unmittelbar mit dem modernen industriellen Arbeitsprozeß befaßte Klassen (besonders die Arbeiter) stärker als auf traditionellere Berufsgruppen (wie Handwerker oder kleine Kaufleute), auf Protestanten und Juden mehr als auf Katholiken usw. Zumindest für Europa kann man aufgrund dieser Angaben mit einiger Sicherheit sagen, daß Kirchenfrömmigkeit am häufigsten (und soziostrukturelle Säkularisierung also am seltensten) an den Rändern der modernen Industriegesellschaft zu finden ist, sowohl in marginalen Klassen (wie den Überresten des alten Kleinbürgertums) wie auch bei marginalen Individuen (wie Leuten, die aus dem Arbeitsprozeß ausgeschieden sind).[8] In den Vereinigten Staaten, wo die Kirchen noch immer eine zentralere Symbolfunktion haben, ist es anders; aber man darf ruhig annehmen, daß sie ihre Position nur erfolgreich halten konnten, weil sie sich selbst in hohem Maße der Säkularisierung geöffnet haben. Die europäische und die amerikanische Situation sind also

[7] Die wahrscheinlich größte Menge an Daten über die soziale Differenzierung religiöser Identifikationen haben Gabriel LeBras und jene (meistens katholischen) Soziologen gesammelt, die seiner Methode gefolgt sind. Vgl. LeBras (1955), ferner Pin (1956) und Isambert (1961). Die Arbeiten von Fichter (1951) spiegeln eine sehr ähnliche Orientierung in der amerikanischen katholischen Soziologie wider. Die klassische Arbeit über die allgemeine Problematik der Religionssoziologie in den Vereinigten Staaten stammt von Niebuhr (1929), der eine Anzahl von empirischen Fallstudien angeregt hat; vgl. Demerath (1965). Die gründlichste Studie dieser Art in den Vereinigten Staaten stammt von Lenski (1961).
[8] Dies ist von Thomas Luckmann kurz und bündig zusammengefaßt worden: »Dagegen ist aus den Forschungsergebnissen zu entnehmen, daß Kirchlichkeit zu einem Randphänomen in der modernen Gesellschaft geworden ist. In Europa charakterisiert Kirchlichkeit nur einen geringen Bruchteil der Bevölkerung, und zwar bezeichnenderweise jenen Teil, der selbst sozusagen am Rand der modernen Gesellschaftsentwicklung steht, so vor allem die Bauern, das Kleinbürgertum, die Überbleibsel ›ständischer‹ Herkunft innerhalb der Mittelschicht, die noch nicht in den Arbeitsprozeß Eingeschalteten oder die aus dem Arbeitsprozeß schon Ausgeschalteten« (1963, S. 20). Vgl. ferner Koester (1959).

praktisch zwei Variationen desselben Grundthemas globaler Säkularisierung.[9] Darüber hinaus scheint es heute, als hätten die gleichen säkularisatorischen Kräfte im Verlauf der allgemeinen »Verwestlichung« und Modernisierung weltweite Ausmaße angenommen.[10] Die meisten der erreichbaren Daten betreffen freilich die soziostrukturellen Manifestationen der Säkularisierung, nicht so sehr die Säkularisierung des Bewußtseins. Aber auch für deren massive Präsenz in der westlichen Welt stehen uns genügend Unterlagen zur Verfügung.[11] Wir können hier der interessanten Frage nicht nachgehen, in welchem Maße sich diese beiden Dimensionen der Säkularisierung sozusagen asymmetrisch zueinander verhalten, so daß nicht nur Säkularisierung des Bewußtseins innerhalb der überlieferten religiösen Institutionen, sondern umgekehrt auch ein Fortwirken mehr oder weniger traditioneller Motive religiösen Bewußtseins außerhalb der früheren institutionellen Zusammenhänge zu finden ist.[12]

Lassen wir uns in heuristischer Absicht einmal kurz auf so etwas wie »Seuchenforschung« ein und stellen wir uns die Frage nach den »Trägern« der Säkularisierung.[13] Mit anderen Worten, welche soziologischen Prozesse und Gruppen sind Vehikel oder Vermittler der Säkularisierung? Für Menschen außerhalb der westlichen Zivilisation (sagen wir, für einen besorgten glaubensfesten Hindu) liegt es auf der Hand, daß diese Zivilisation sich über die ganze Erde ausbreitet (und es bedarf keiner besonderen Betonung, daß aus dieser Sicht Kommunismus und moderner Nationalismus genauso Manifestationen der Verwestlichung sind wie ihre »imperialistischen« Vorgänger). Aus der Sicht der westlichen Zivilisation (sagen wir, eines spanischen Landpfarrers) wird die moderne Wirtschaft, d. h. die Dynamik des Industriekapitalismus, zum ursprünglichen »Träger« der Säkularisierung. Sicherlich, es mögen »Sekundäreffekte« dieser Dynamik sein, die das unmittelbare Problem bilden (gottlose Sendungen der Massenmedien oder die Einflüsse des Massentourismus, den die modernen Verkehrsmittel ins Land tragen).

9 Auch dies hat Luckmann klar zum Ausdruck gebracht (op. cit.). Zur Säkularisierung *innerhalb* institutioneller Religion vgl. Herberg (1955) und Berger (1961 b).
10 Vgl. Lerner (1958), Bellah (1965) und Smith (1966).
11 Das von katholischen Soziologen gesammelte Material bezieht sich hauptsächlich auf die institutionellen Aspekte der Säkularisierung (die besonders in den Äußerlichkeiten der religiösen Praxis zum Ausdruck kommt), doch es enthält auch eine Menge an Daten über die subjektiven Korrelate. Vgl. Acquaviva, op. cit., und Carrier (1960), ferner Allport (1950), Wölber (1959) und Goldsen et al. (1960).
12 Zu der letzteren Möglichkeit siehe Stammler (1960).
13 Der Ausdruck »Träger« ist hier im Weberschen Sinne verwandt.

Aber man braucht nicht lange nachzudenken, um die »Sekundäreffekte« auf ihren Ursprung in der expandierenden kapitalistischen Wirtschaft zurückführen zu können. Wo die industrialisierte westliche Welt sich sozialistischer Organisationsformen bedient, ist die enge Verbindung zur industriellen Produktion mit den sie begleitenden Lebensformen noch immer die ausschlaggebende Determinante der Säkularisierung.[14] Heute scheint es, als wirke sich die industrielle Gesellschaft selbst säkularisierend aus, wobei die gegensätzlichen ideologischen Legitimationen nur als Modifikationen des weltweiten Säkularisierungsprozesses zu sehen sind. Antireligiöse Propaganda und repressive Maßnahmen der marxistischen Regime beeinflussen den Prozeß natürlich (wenngleich nicht immer im Sinne ihrer Initiatoren), desgleichen die pro-religiöse Politik verschiedener Regierungen außerhalb der marxistischen Sphäre. Wahrscheinlich müssen beide politisch-ideologischen Haltungen mit gesellschaftlichen Unterströmungen rechnen, welche der aktuellen Politik vorauseilen und über die die Regierungen nur eine begrenzte Kontrolle besitzen. Diese Situation wird besonders auffällig, wenn sehr ähnliche soziologische Daten für sozialistische und nicht-sozialistische Länder (sagen wir, hinsichtlich der Irreligiosität der Arbeiter und der Religiosität der Bauern) von marxistischen Beobachtern als Anlaß genommen werden, die begrenzte Wirksamkeit »wissenschaftlich-atheistischer« Agitation zu beklagen, von christlichen Beobachtern dagegen, um das Versagen der religiösen Verkündigung zu bejammern, und zwar derart übereinstimmend, daß man versucht ist, den beiden Gruppen vorzuschlagen, sich zusammenzuschließen und sich gegenseitig zu helfen.

Daß ein Phänomen von solcher Tragweite nicht monokausal erklärt werden kann, gilt uns als unumstößlich. Deshalb soll auch keiner der verschiedenen Faktoren, die man heute für die Ursachen der Säkularisierung hält (den alles durchdringenden Einfluß der Naturwissenschaften z. B.), auf irgendeine Weise in seiner Bedeutung geschmälert werden. Auch wollen wir nicht etwa auf eine Hierarchie der Ursachen hinaus. Was uns interessiert, ist vor allem die Frage, wieweit die religiöse Tradition des Abendlandes den Keim der Säkularisierung schon in sich trägt. Wenn wir die Tatsache als solche festhalten – und das können wir wohl –, so ergibt sich aus unseren systematischen Überlegungen, daß man den Faktor Religion *nicht* isoliert sehen darf, sondern immer nur in seiner dialektischen Beziehung zur »praktischen« Infrastruktur des

[14] Vgl. Klohr, op. cit. Als amüsanten Vergleich mit neueren Daten aus einem entschieden nicht-sozialistischen Kontext vgl. Bayés (1965). Dieser Vergleich hätte Veblen erfreut!

gesellschaftlichen Lebens. Nichts ist also ferner von uns als eine »idealistische« Erklärung der Säkularisierung. Aber es liegt auch auf der Hand, daß bloßes Aufzeigen säkularisatorischer Konsequenzen der religiösen Tradition des Westens über die Absichten, die sie begründet und weitergetragen haben, noch gar nichts aussagt.[15]

Der Verdacht, daß eine inhärente Verbindung zwischen dem Wesen der modernen westlichen Welt und dem Christentum bestehen könnte, ist keineswegs neu. Mindestens seit Hegel wird diese Verbindung immer wieder von Historikern, Philosophen und Theologen bekräftigt, wenngleich die Bewertung natürlich ganz verschieden ausfällt. Die moderne Welt erscheint einerseits als eine höhere Realisierung des christlichen Geistes (wie bei Hegel), oder das Christentum wird als eigentlich pathogener Faktor für den angeblich trostlosen Zustand der modernen Welt angeprangert (wie bei Nietzsche und Schopenhauer). Der Gedanke, der Protestantismus habe eine besondere Rolle für das Aufkommen der modernen Welt gespielt, wird von Soziologen und Historikern seit etwa fünfzig Jahren so eifrig diskutiert, daß wir uns hier auf eine Kurzfassung beschränken können.[16]

Verglichen mit der »Fülle« der katholischen Sinnwelt, wirkt der Protestantismus wie eine radikale Verstümmelung, wie eine Reduktion auf das »Wesentliche«, um den Preis eines immensen Reichtums religiöser Inhalte. Das gilt besonders für die calvinistische Version des Protestantismus, kann aber auch für die lutherische und sogar für die anglikanische Reformation gesagt werden. Natürlich ist auch diese Behauptung rein deskriptiv – wir plädieren hier weder für die katholische *pleroma* noch für die Kargheit des Protestantismus. Bei näherer Betrachtung der beiden Versionen des Christentums erkennt man jedoch, daß im Protestantismus die Bedeutung des Heiligen für die Wirklichkeit im Vergleich zum Katholizismus außerordentlich abgenommen hat. Die Sakramente sind auf ein Minimum reduziert und dazu ihrer numinosen Qualitäten entkleidet. Das Meßwunder ist völlig verschwunden. Weniger regelmäßig auftretende Wunder haben, wenn sie nicht überhaupt geleugnet werden, jede reale Bedeutung für das religiöse Leben verloren. Das gewaltige Geflecht der Fürbitte, das die Katholiken in dieser Welt mit den Heiligen und allen dahingeschiedenen Seelen verknüpft, ist eben-

---

[15] Diese beiden Punkte sind natürlich von entscheidender Bedeutung für das Verständnis der Weberschen Arbeiten auf diesem Gebiet und zur Religionssoziologie allgemein.
[16] Das folgende Resümee hält sich eng an Weber, besonders an *Die protestantische Ethik und der Geist des Kapitalismus*. Vgl. auch Troeltsch (1911) und Holl (1932). Für den Zusammenhang mit der Problematik der Säkularisation vgl. Becker (1932).

falls verschwunden. Der Protestantismus hat auf das Gebet für die Toten verzichtet. Auch auf die Gefahr einer Simplifizierung hin kann man sagen, daß sich der Protestantismus von den drei ältesten und mächtigsten Begleitern des Heiligen – dem Mysterium, dem Wunder und der Magie – so weit wie möglich entfernt hat. Man trifft den ganzen Vorgang nicht besser als mit dem Wort von der »Entzauberung der Welt«.[17] Der protestantische Gläubige lebt nicht mehr in einer Welt, die beständig von heiligen Wesen und Mächten durchdrungen ist; seine Wirklichkeit ist polarisiert in eine radikal transzendente Göttlichkeit und eine radikal »gefallene« Menschheit, d. h. sie ist *ipso facto* bar alles Heiligen. Zwischen den beiden Polen liegt ein durch und durch »natürliches« Universum, zwar Gottes Schöpfung, aber alles Numinosen beraubt. Der radikalen Transzendenz Gottes steht also ein Universum von radikaler Immanenz gegenüber, eine Welt der »Verschlossenheit« gegenüber dem Heiligen. Religiös ausgedrückt, die Welt ist tatsächlich sehr »verlassen«.

Der Katholik dagegen lebt in einer Welt, in der ihm das Heilige durch viele Kanäle vermittelt wird – durch die Sakramente, die Fürbitte der Heiligen, den Einbruch des »Übernatürlichen« als Wunder –, eine fließende Grenze zwischen dem Sichtbaren und dem Unsichtbaren. Der Protestantismus hat die meisten dieser Vermittlungen verbannt. Er hat die Nabelschnur zwischen Himmel und Erde zerschnitten und damit den Menschen in historisch nie dagewesener Weise auf sich selbst zurückgeworfen. Daß dies nicht seine Absicht war, bedarf keines Wortes. Er wollte die Welt nur deshalb der Göttlichkeit entkleiden, um die schreckliche Majestät des transzendenten Gottes zu betonen, und er warf den Menschen nur deshalb in die totale »Gefallenheit«, um ihn zu öffnen für den Einfall der souveränen Gnade Gottes, für das einzig wahre Wunder im Protestantismus. Damit begrenzte er jedoch die Verbundenheit des Menschen mit dem Heiligen auf einen äußerst engen Kanal, den er das Wort Gottes nennt (nicht im Sinne einer fundamentalistischen Bibelauffassung, sondern im Blick auf die einzigartige Erlösertat göttlicher Gnade – die *sola gracia* der lutherischen Konfessionen). Solange die Plausibilität dieser Vorstellung erhalten blieb, ließ sich die Säkularisierung noch aufhalten, wenngleich alle ihre Bestandteile in der protestantischen Sinnwelt bereits präsent waren. Sobald der eine enge Kanal abgeschnitten war, öffneten sich die Schleusen der Säkularisierung. Mit

[17] Die Formulierung stammt von Max Weber.

anderen Worten: als nichts mehr »zwischen« einem radikal transzendenten Gott und einer radikal immanenten Welt blieb *außer* dem Wort Gottes, konnte bei dessen Plausibilitätsschwund nur eine empirische Wirklichkeit übrigbleiben, in der »Gott tot ist«. Dann öffnete sich diese Wirklichkeit jener systematischen, rationalen Durchdringung, sowohl durch Denken wie durch Handeln, die wir mit moderner Wissenschaft und Technologie assoziieren. Ein Himmel ohne Engel wurde offen für den Zugriff von Astronomen und schließlich von Astronauten. Wie wichtig noch andere Faktoren gewesen sein mögen, der Protestantismus war ein historisch entscheidendes Präludium der Säkularisierung.

Wenn man diese Interpretation des historischen Nexus zwischen Protestantismus und Säkularisierung akzeptiert (wie heute wahrscheinlich die meisten Forscher), dann erhebt sich unweigerlich die Frage, ob die potentielle Säkularisierungstendenz des Protestantismus ein *novum* war oder in älteren Elementen der biblischen Überlieferung wurzelte. Wir halten das letztere für zutreffend und glauben in der Tat, daß die Ursprünge der Säkularisierung sich bereits in den ältesten erreichbaren Quellen zur Religion des alten Israel nachweisen lassen. Wir glauben also, daß die »Entzauberung der Welt« bereits im Alten Testament beginnt.[18]

Um dieser Auffassung folgen zu können, muß man Israel im Zusammenhang der Kulturen sehen, in deren Mitte es erstand und *gegen* die es sich definierte.[19] Es wäre zwar falsch, die beträchtlichen Differenzen zwischen diesen Kulturen (vor allem zwischen den beiden kulturellen Brennpunkten Ägypten und Mesopotamien) zu unterschätzen, doch allen gemeinsam war doch ein Zug, der treffend »kosmologisch« genannt wird.[20] Das soll heißen, daß die menschliche Welt (d. h. alles, was

[18] Dieser Punkt wird ganz explizit in Webers *Das antike Judentum* (1920) betont, wenngleich der Ausdruck »säkularisiert« nur ein einziges Mal vorkommt (allerdings an einer interessanten Stelle, wo Weber die Auswirkung der Zentralisierung des Kults in Jerusalem auf die religiöse Bedeutung des Clans behandelt). Webers Hauptinteresse am Alten Testament galt jedoch einer verwandten, allerdings unterschiedlichen Frage – nämlich der nach der Entwicklung der jüdischen Wirtschaftsethik und ihren Beziehungen zu den Ursprüngen des modernen Kapitalismus (die Weber für gering hielt). Wie dem auch sei, Webers Arbeit zum Alten Testament ist von großer Bedeutung auch für unsere gegenwärtige Fragestellung. Theologen haben wiederholt auf die »entsakralisierenden« und »entmythologisierenden« Tendenzen des Alten Testaments hingewiesen, zumindest seit Wellhausen (der beim Vergleich Israels mit den benachbarten nahöstlichen Religionen von »Denaturalisierung« sprach). Eine klare Darstellung dieses Gesichtspunktes (wenngleich eher aus theologischer als historischer Absicht) findet sich bei Gogarten (1953).
[19] Vgl. Frankfort et al. (1946), Frankfort (1948) und Voegelin (1956).
[20] Dieser Ausdruck stammt von Voegelin.

wir heute Kultur und Gesellschaft nennen) als in eine kosmische Ordnung eingebettet verstanden wurde, in eine Ordnung, die das ganze
Universum umfaßte. Dieser Ordnung fehlt nicht nur die scharfe Trennung zwischen menschlichen und nichtmenschlichen (»natürlichen«)
Sphären empirischer Realität, sondern – und das ist wichtiger – sie
postuliert auch ein Kontinuum zwischen der empirischen und der über-
empirischen Welt, zwischen der Menschenwelt und der Welt der Götter.
Dieses Kontinuum, ein ständiger Verbund menschlicher Ereignisse und
göttlicher Kräfte, die das Universum durchfluten, wird immer wieder
im religiösen Ritus realisiert (nicht nur bestätigt, sondern buchstäblich
wiedererrichtet). In den großen Neujahrsfeierlichkeiten im alten Mesopotamien z. B. wurde die Erschaffung der Welt nicht nur »vorgestellt«
(in symbolischer Form, wie wir heute sagen würden), sondern erneut
realisiert, zur Wirklichkeit gemacht, womit menschliches Leben zu seinen
göttlichen Ursprüngen zurückkehrte. Alles was sich »hienieden« auf der
irdischen Ebene abspielt, hat »da droben« auf der Ebene der Götter sein
Analogon, und alles, was »jetzt« geschieht, ist verknüpft mit den kosmischen Ereignissen »zu Anbeginn«.[21] Diese Kontinuität zwischen dem
menschlichen Mikrokosmos und dem göttlichen Makrokosmos kann natürlich zerbrechen, besonders durch menschliche Verfehlungen. Diese können nach heutigen Begriffen »unsittlich« oder »sündhaft«, aber auch von
ganz anderer Art sein, wie der Bruch eines Tabus oder mangelhafte Ausführung der heiligen Zeremonien. In solchen Fällen war die kosmische
Ordnung »gestört« und mußte durch geeignete Riten und moralische
Werke wieder »entstört« werden. Ungehorsam z. B. gegen den Gott-
König von Ägypten war nicht nur ein politisches oder moralisches
Unrecht, sondern eine Störung der kosmischen Ordnung der Dinge (von
den Ägyptern *ma'at* genannt), die sich auf die jährliche Überschwemmung des Nils, die gesellschaftlichen Verhältnisse oder die Sicherheit der
Grenzen auswirken konnte. Ihre »Berichtigung« war also nicht nur
Strafe für einen Missetäter, sondern Wiederherstellung der guten Beziehungen des Landes Ägypten zu der kosmischen Ordnung, auf der es
beruhte. So wurden, um auf bereits erläuterte Ausdrücke zurückzukommen, menschliche Angelegenheiten durch Kosmisierung nomisiert, d. h.
in die kosmische Ordnung zurückgeholt, außerhalb derer nichts ist als
Chaos.[22]

[21] Vgl. Eliade (1959).
[22] Der Ausdruck »Kosmisierung« [*cosmization*] stammt von Eliade.

Ein solches Universum bietet dem einzelnen große Sicherheit, oder um es anders auszudrücken: es bietet höchst wirksame Schranken gegen Anomie. Das bedeutet durchaus nicht, daß dem Menschen nichts Schreckliches zustoßen kann oder daß ihm ewiges Glück bestimmt sei. Es bedeutet, daß alles, was auch kommen und wie schrecklich es auch sein mag, *Sinn* für ihn hat, weil es auf den letzten Sinn aller Dinge bezogen ist. Nur wenn dieser Punkt klar ist, kann man die ständige Anziehungskraft verstehen, die verschiedene Versionen dieser Weltansicht auf die Israeliten gehabt haben, und zwar noch lange, nachdem ihre eigene Religion damit völlig gebrochen hatte. So wäre es z. B. irreführend, die anhaltende Anziehungskraft der heiligen Prostitution (gegen die Jahwes Verkünder jahrhundertelang wetterten) als weltliche Begierde zu verstehen. Schließlich wird es genug *nicht*-heilige Prostitution gegeben haben (gegen die Jahwe offenbar wenig einzuwenden hatte). Die Anziehungskraft lag in einem zutiefst religiösen Wunsch begründet, nämlich in der Sehnsucht nach einem Kontinuum zwischen Mensch und Kosmos, das durch heilige Sexualität sakramental vermittelt wurde.

Von tiefer Bedeutung ist, daß Überlieferungen, die später in den Kanon des Alten Testamentes aufgenommen wurden, die Anfänge Israels als einen *zweifachen* Exodus interpretierten – den der Erzväter aus Mesopotamien und den der Kinder Israels aus Ägypten unter Moses. Der prototypische israelitische Exodus war nicht nur eine geographische und politische Bewegung, sondern vielmehr Bruch mit einer ganzen Sinnwelt. Auf dem Grunde der Religion des alten Israel liegt die leidenschaftliche Verwerfung der ägyptischen wie der mesopotamischen Version der kosmischen Ordnung, eine Verwerfung, die dann natürlich auch auf die vorisraelitische Kultur der neuen Heimat in Syrisch-Palästina ausgedehnt wurde. Die »Fleischtöpfe Ägyptens«, von denen fort Jahwe sein Volk in die Wüste führte, standen vor allem für die Sicherheit der kosmischen Ordnung, in der die ägyptische Kultur wurzelte. Israel definierte sich selbst als Trennung von jener kosmischen Einheit, welche die memphistische Theologie (in gewissem Sinne die *magna charta* der ägyptischen Zivilisation) mit der Gottheit Ptah identifizierte – »denn alles kam aus ihm, Speise und Vorrat, die Opfer für die Götter, und alles, was wohlgetan war«.[23] Diese große Verweigerung der israelitischen Religion läßt sich nur im Sinne dreier durchgängiger Motive

---

[23] Pritchard (1955). Einen Kommentar zu diesem faszinierenden Text gibt Wilson (1951).

begreifen – Transzendentalisierung, Historisierung und Rationalisierung der Ethik.[24]

Das Alte Testament setzt einen Gott, der *außerhalb* des Kosmos seiner eigenen Schöpfung steht. Er ist in diese seine Schöpfung nicht eingegangen, sondern ist ihr Gegenüber. Es läßt sich kaum nachweisen, wann in der religiösen Geschichte Israels diese Gotteskonzeption auftauchte, die wir heute mit dem jüdisch-christlichen Monotheismus verbinden. Spätestens im 8. Jahrhundert war sie voll entwickelt und radikal unterschieden von den allgemeinen religiösen Konzeptionen des Vorderen Orients. Der jüdisch-christliche Gott ist absolut transzendent und mit keinem natürlichen oder menschlichen Phänomen identifizierbar. Er ist nicht nur der Weltenschöpfer, sondern auch der *alleinige* Gott – wenn nicht überhaupt der einzige existierende, so doch der, der für Israel Bedeutung hat. Er hat keine Begleiter, keine Nachfahren und kein Pantheon. Sein Handeln ist eher historisch als kosmisch, er handelt vor allem, wenn nicht ausschließlich, in der Geschichte Israels, und er ist ein Gott der radikalen ethischen Forderungen. Auch wenn wir die ältesten israelitischen Gottesvorstellungen nicht vollständig mit dem einen Gott identifizieren können, der sich im 8. Jahrhundert durch Amos, Hosea und Jesaja kundtat, so finden sich doch bestimmte Züge, die dieser Gott von den ältesten Zeiten an besaß, wahrscheinlich bereits vor der Einwanderung der Stämme Israels nach Palästina. Was immer Jahwe vor seiner »Erwählung« durch Israel (die sich für Israel natürlich als »Erwählung« durch ihn darstellte) gewesen sein mag, für Israel war er ein Gott der weiten Ferne. Er war kein lokaler oder Stammesgott, nicht »natürlich«, sondern »künstlich«, d. h. historisch, mit Israel verbunden. Der Bund mit Israel war ein Vertrag zwischen Jahwe und Israel, ein Bund, der sehr spezifische Verpflichtungen für Israel zur Folge hatte und aufgehoben werden konnte, wenn sie nicht erfüllt wurden (*dies* war tatsächlich die furchtbare Botschaft der Propheten des 8. Jahrhunderts). Jahwe war also ein »beweglicher« Gott, der sich weder geographisch noch institutionell festlegen ließ – er hatte Palästina zum Lande Israels *erwählt*, war aber nicht an Palästina gebunden. Er hatte Saul und David als Könige über Israel *erwählt*, aber die Monarchie war keineswegs eine göttliche Institution im ägyptischen oder (modifizierten) mesopotamischen Sinne. Diese »Beweglichkeit« Jahwes fand ihren Aus-

[24] Der letzte dieser drei Begriffe stammt von Weber. Die Begriffe »Rationalisierung« und »Rationalität« sind durchaus im Weberschen Sinne gemeint. Zu unserer allgemeinen Auffassung der israelitischen Religion vgl. Jacob (1955), Voegelin, op. cit., und von Rad (1957, 1960).

druck in der Tragbarkeit der Bundeslade, die nur »zufällig« in diesem oder jenem Heiligtum untergebracht war. Selbst als sie schließlich im Jerusalemer Tempel Ruhe fand, wurde der Tempel nicht als Gottes notwendige Wohnung betrachtet (was die höchst wichtige Konsequenz hatte, daß Israel die Zerstörung Jerusalems durch die Babylonier und später in anderer Form durch die Römer überlebte). Dieser Gott verlangte Opfer, aber er war nicht auf sie angewiesen. Deshalb war er gegen jede magische Manipulation immun.[25]

Die radikale Transzendentalisierung Gottes zeigt sich am deutlichsten an jenen Stellen des Alten Testamentes, wo Elemente außer-israelitischer Religionen aufgenommen wurden. Die Schöpfungsgeschichte im 1. Buch Mose enthält z. B. eine Reihe kosmogonischer Elemente der mesopotamischen Mythologie. So interessant diese für den Religionshistoriker sein mögen, selbst ein flüchtiger Vergleich mit der Enuma Elish, dem großen akkadischen Schöpfungsepos, zeigt deutlich die Transformierung dieser Elemente durch die israelitischen Adaptoren. Dort sehen wir eine üppige Welt der Götter und ihrer Taten – hier nur die einsame Tat des Schöpfergottes. Dort brechen die göttlichen Kräfte der Schöpfung aus einem Urchaos hervor – hier ist nichts vor Gott, dessen Schöpfungsakt der Uranfang aller Dinge ist, während das Chaos (das *Tohuwabohu* des Genesis-Textes) auf die reine Negativität in Erwartung des göttlichen Werkes reduziert ist. Sogar an der einzigen Stelle, wo sich deutlich ein mythologischer Name erhalten hat – *tehom*, die »Tiefe« (»und es war finster auf der Tiefe«), eine hebräische Abwandlung des Namens der mesopotamischen Urgöttin Tiamat, der Gottheit des salzigen Meerwassers, aus dem die Götter stammen –, ist die mythische Personifizierung zur abstrakten metaphysischen Kategorie reduziert worden. Bezeichnenderweise endet die biblische Schöpfungsgeschichte mit der Erschaffung des Menschen, eines von aller anderen Kreatur total unterschiedenen Wesens, d. h. in ausdrücklicher *Dis*kontinuität nicht nur zu Gott, sondern auch zur übrigen Schöpfung. Die fundamentale biblische Polarisierung des transzendenten Gottes und des Menschen, zwischen denen ein gänzlich »entmythologisiertes« Universum liegt, zeigt sich hier in aller Deutlichkeit.[26]

[25] Weber hat die meisten dieser Punkte klargestellt. Es ist in der Tat erstaunlich wenig zu seiner Darstellung des israelitischen Gottesbegriffes hinzuzufügen, trotz der seither gewonnenen zahlreichen Kenntnisse nahöstlicher Zusammenhänge. Zur neueren Darstellung der Frühgeschichte des Jahwismus vgl. Alt (1929) und Nystroem (1946).
[26] Vgl. Gunkel (1921) und von Rad (1964). Der Text der Enuma Elish steht bei Pritchard, op. cit. Vgl. auch Esnoul et al. (1959).

In dieser Polarisierung ist auch bereits das Motiv der Historizität enthalten. Die ihrer mythisch begriffenen göttlichen Kräfte beraubte Welt wird zur Arena, einerseits für Gottes große Werke (d. h. zur Arena der Heilsgeschichte), andererseits für das Handeln höchst individualisierter Menschen (d. h. zur Arena der »Weltgeschichte«), die das Alte Testament in einer Weise bevölkern, die völlig einzigartig in der religiösen Literatur des Altertums ist. Israels Glaube war von den ältesten Quellen bis zur kanonischen Kodifizierung *historisch*.[27] Er bezog sich in erster Linie auf eine Reihe historisch spezifischer Ereignisse – Exodus aus Ägypten, Bund auf dem Berge Sinai, Landnahme in Palästina. Das erste bekannte »Glaubensbekenntnis« der Israeliten, wie es im 5. Buch Moses (26, 5–9) vorliegt, ist eine Aufzählung historischer Ereignisse, die natürlich dem Wirken Gottes zugeschrieben werden. Ohne allzu große Übertreibung darf man sagen, daß das gesamte Alte Testament – »Thora, Propheten und ›Schriften‹« – lediglich eine gewaltige Ausarbeitung dieses ersten Glaubensbekenntnisses ist. Im Alten Testament, wie wir es kennen, gibt es kaum ein Buch ohne direkte historische oder kultisch-historische Orientierung (die beiden Ausnahmen, Prediger Salomon und Hiob, entstanden bezeichnenderweise sehr spät). Etwa die Hälfte des gesamten Corpus nehmen »historiographische« Werke ein – Hexateuch, Könige und Chroniken, wozu rein »historische« wie Esther kommen. Die prophetischen Bücher sind in höchstem Maße historisch orientiert. Die Psalmen gründen in einem Kult, der sich ständig auf historische Werke Gottes beruft, was am klarsten im jährlichen Zyklus der jüdischen Feste zum Ausdruck kommt. Das Alte Testament rankt sich um die Geschichte wie kein anderes großes Buch der Weltreligionen (auch *nicht* das Neue Testament).

Die Transzendentalisierung Gottes und die gleichzeitige »Entzauberung der Welt« haben also einen »Raum« der Geschichte als Schauplatz für göttliche und menschliche Werke geöffnet. Ein Gott, der ganz außerhalb der Welt steht, wirkt hinein in die Welt. Menschen von beachtlicher Individualität wirken innerhalb der Welt. Der Mensch ist zum historischen Akteur im Angesichte Gottes geworden (ganz anders übrigens als der Akteur im Angesicht des Schicksals wie in der griechischen Tragödie). Individuelle Menschen sind immer weniger Repräsentanten mythischer Gesamtheiten wie im archaischen Denken, sondern personale und ein-

---

[27] Vgl. Weiser (1931), Jacob (1946) und North (1946). Dieselbe Auffassung von der Historizität des Alten Testamentes hat von Rad in seiner bereits zitierten Arbeit *Theologie des Alten Testaments* in aller Ausführlichkeit dargestellt. Vgl. ferner Cullmann (1947).

malige Individuen, die *als* Individuen bedeutende Taten vollbringen. Man braucht nur an so stark profilierte Figuren wie Moses, David, Elias usw. zu denken. Das gilt auch für Figuren, die möglicherweise »Entmythologisierungen« von Halbgöttern darstellen, wie die Erzväter oder Heroen wie Samson (der vielleicht vom kanaanitischen Gott Shamash hergeleitet ist). Damit wollen wir dem Alten Testament *nicht* etwa einen modernen »Individualismus« unterstellen, ja, nicht einmal eine Konzeption des Individuums im Sinne der griechischen Philosophie. Aber das Alte Testament hat einen religiösen Rahmen für die Konzeption des Individuums geschaffen, für seine Würde und Handlungsfreiheit. Die welthistorische Bedeutung dieser Leistung brauchen wir nicht eigens zu betonen. Entscheidend ist jedoch, sie in Zusammenhang mit den Ursprüngen der Säkularisierung zu sehen, die uns hier beschäftigen.

Die Tatsache, daß die prophetische Literatur des Alten Testaments eine großartige Theologie der Geschichte entwickelte, ist zu bekannt, als daß sie hier eingehend gewürdigt werden müßte. Aber auch Kult und Recht sind von der gleichen Historizität durchdrungen. Die beiden höchsten Feste des Alten Testaments sind Historisierungen früher mythologisch legitimierter Anlässe. Passah oder Pessach, ursprünglich (d. h. in vorisraelitischer Zeit) ein Fest zu Ehren göttlicher Fruchtbarkeit, wird zur Gedenkfeier an den Exodus. Das Neujahrsfest (einschließlich Jom Kippur), ursprünglich eine Reaktivierung kosmogonischer Mythen, wird zum Fest Jahwes als dem König über Israel. Die gleiche Historizität enthalten natürlich auch kleinere Feste. Auch das alttestamentarische Recht und seine Ethik stehen in einem historischen Rahmen und verweisen auf Pflichten, die sich für Israel und den einzelnen Israeliten aus dem Bunde mit Jahwe ergeben. Im Gegensatz zum übrigen Vorderen Orient gründen sie *nicht* in einer zeitlosen kosmischen Ordnung (wie im ägyptischen *ma'at*), sondern in den konkreten, historisch vermittelten Geboten des »lebendigen Gottes«. In diesem Sinne ist die übliche Formel der Urteilsverkündung zu verstehen: »Dergleichen ward in Israel nicht getan.« Ähnliche Formeln finden sich natürlich auch in anderen Kulturen. Hier beziehen sie sich jedoch direkt auf das Gesetz, das, historisch, »Moses gegeben« worden war.

Das Motiv der ethischen Rationalisierung im Alten Testament (im Sinne der Überlagerung des Lebens mit Rationalität) ist eng mit den beiden soeben behandelten Motiven verbunden.[28] Ein rationalisierendes Ele-

---

[28] Die folgende Darstellung ist weitgehend von Weber beeinflußt. Zum Verhältnis von israelitischer Ethik und israelitischer Geschichte vgl. Lods (1969) und Causse (1938).

ment war von Anfang an vorhanden, vor allem wegen des magie-
feindlichen Geistes des Jahwismus. Priester und Propheten waren die
»Träger«-Gruppen. Die priesterliche Ethik (die im 5. Buch Mose monu-
mentalen Ausdruck findet) wirkte rationalisierend durch die Säuberung
des Kultes von allen magischen und orgiastischen Elementen, aber auch
durch die Entwicklung eines religiösen Rechtes *(Thora)* als Grundordnung des Alltagslebens. Die prophetische Ethik wirkte rationalisierend durch ihr Bestehen auf der Totalität des ganzen Lebens als eines
Dienstes vor Gott; damit überlagerte sie das gesamte Spektrum des
Handelns im Alltag mit einer schlüssigen, also *ipso facto* rationalen
Struktur. Die prophetische Ethik sorgte auch für die besondere Theodizee der Geschichte (besonders im Buch Jesaja), die Israel die Katastrophe der babylonischen Gefangenschaft überleben ließ. Damit allerdings war ihre historische Wirkungskraft sozusagen »erschöpft«. Die
priesterliche Ethik (sicherlich von den Lehren der Propheten stark
beeinflußt) entwickelte dann die kultischen und rechtlichen Institutionen
weiter, um die herum das Gemeinwesen nach dem Exil unter Esra und
Nehemia wiederhergestellt werden konnte. Die rechtlichen Institutionen, auf welche die eigenartige Struktur dessen, was später das Judentum wurde, sich gründete, waren schließlich stark genug, sogar das Ende
des Kultes nach der Zerstörung des zweiten Tempels durch die Römer
zu überleben. Das Judentum in der Diaspora kann als Triumph der
Rationalität in einem spezifisch rechtlichen Sinne betrachtet werden.
Wegen seines marginalen Charakters im Rahmen der westlichen Kultur
kann es jedoch keine entscheidende Rolle für den Rationalisierungsprozeß an der Wurzel der modernen Welt gespielt haben. Die Präge-
kraft des Rationalisierungsmotivs für den Geist des Abendlandes ist
vielmehr auf seine Weitergabe durch das Christentum zurückzuführen.
Wir wollten auf den letzten Seiten gewiß keine Miniaturskizze der
Religionsgeschichte Israels vorlegen, sondern nur darauf hinweisen, daß
die »Entzauberung der Welt«, welche die westliche Welt vor so einzigartige Probleme gestellt hat, ältere Wurzeln hat als Reformation und
Renaissance, die im allgemeinen als ihr Beginn angesehen werden. Wir
können natürlich auch nicht im einzelnen darstellen, wie die säkularisierende Potenz der biblischen Religion, gemeinsam mit anderen Faktoren,
schließlich Frucht in der westlichen Moderne tragen mußte. Dazu können wir nur kurz einiges bemerken.[29]

[29] Mit unserer Auffassung der historischen Rolle des Christentums sind wir wiederum
Weber sehr verpflichtet. Unser Verständnis von der Beziehung des Christentums zu

Wie auch der religiöse Charakter des Jesus von Nazareth und seiner ersten Gefolgsleute gewesen sein mag, die endgültige Form des Christentums in Europa war hinsichtlich des Säkularisierungsmotivs fraglos ein Rückschritt gegenüber der Religion des Alten Testamentes (dies ist eine deskriptive, keine wertende Feststellung). Zwar wurde an der Transzendenz Gottes ausdrücklich festgehalten, aber die Idee der Inkarnation und mehr noch ihre Weiterentwicklung in der Trinitätslehre milderten doch die Radikalität der israelitischen Konzeption. Dies hat man im jüdischen und mohammedanischen Lager klarer erkannt als im christlichen. Die klassische mohammedanische Auffassung, das Wesen der christlichen »Apostase« vom wahren Monotheismus liege in der Lehre vom *hullul* – der »Inkarnation« –, in der Idee also, daß irgend etwas oder irgend jemand neben Gott stehe oder Mittler zwischen ihm und dem Menschen sein könne, ist nicht ganz ungerechtfertigt (wieder eine rein deskriptive Feststellung). Es kann nicht überraschen, daß diese zentrale christliche Idee noch viele andere Modifikationen der Transzendenz mit sich brachte und daß der Katholizismus die religiöse Wirklichkeit mit himmlischen Heerscharen und Heiligen bevölkerte – eine Modifizierung der Transzendenz, die schließlich in der Verherrlichung Mariens als Mittlerin und Mit-Erlöserin gipfelte. In dem gleichen Maße, wie die Transzendenz entradikalisiert wurde, gewann die Welt wieder an »Verzauberung« (oder, wenn man will, wurde sie »remythologisiert«). Wir möchten behaupten, daß es dem Katholizismus gelang, in einer gigantischen Synthese biblischer und außerbiblischer kosmologischer Vorstellungen eine neue Version kosmischer Ordnung aufzurichten. Die entscheidende katholische Lehre von der *analogia entis* zwischen Gott und dem Menschen, zwischen Himmel und Erde ist eine Nachbildung der Imitatio archaischer, vorbiblischer Religionen. Welches auch sonst die Unterschiede zwischen römischem und griechischem Katholizismus sein mögen, sie sind beide Nachbildungen im erwähnten Sinne. Aus eben diesem Grunde ist die katholische Sinnwelt so »sicher« für ihre »Bewohner« und übt bis auf den heutigen Tag eine so große Anziehungskraft aus. Der Katholizismus stellt in der modernen Welt die fortdauernde Präsenz der ältesten Sehnsüchte des Menschen dar. Durch die Modifizierung der Transzendenz hat der Katholizismus auch

dem mythologischen Kosmos einerseits und dem Judentum andererseits steht unter dem Einfluß von Rudolf Bultmann. Vgl. nicht nur seine Schriften über die »Entmythologisierung«, sondern auch *Theologie des Neuen Testaments* (1953) und *Das Urchristentum* (1949). Vgl. ferner Gogarten, op. cit.

den Prozeß der ethischen Rationalisierung aufgehalten. Freilich, in seiner römischen Fassung hat er vom antiken Rom einen ausgesprochen rationalen Legalismus übernommen und absorbiert. Aber sein alles durchdringender Sakramentalismus bot unzählige »Schlupflöcher« vor einer totalen Rationalisierung nach Art des alttestamentarischen Prophetentums und des rabbinischen Judentums. Der moralische Absolutismus prophetischer Herkunft wurde mehr oder weniger abgetrennt in die Institutionen des Mönchtums, damit das Fußvolk der Christenheit nicht »angesteckt« werden konnte. Die Starre der israelitischen Konzeption wurde also auch hier gemildert, außer für wenige Auserwählte, die sich für das asketische Leben entschieden. Auf theoretischer Ebene kann die katholische Naturrechtslehre als eine »Renaturalisierung« der Ethik bezeichnet werden. In gewissem Sinne bedeutet sie eine Rückkehr zum göttlich-menschlichen Kontinuum des ägyptischen *ma'at,* von dem das Volk Israel einst in die Wüste Jahwes fortgezogen war. Auf praktischer Ebene führten katholische Frömmigkeit und Sittenlehre zu einer Lebensweise, die jegliche radikale Rationalisierung der Welt überflüssig machte.[30]

Man kann also durchaus behaupten, daß das Christentum, besonders in seiner siegreichen katholischen Form, die säkularisierende Tendenz der Transzendentalisierung und ethischen Rationalisierung wenn nicht aufgehoben, so doch zumindest aufgeschoben hat. Das gilt allerdings nicht für das Motiv der Historisierung. Das römisch-katholische Christentum jedenfalls blieb in seiner Weltansicht durch und durch historisch. Es hielt an der spezifisch biblischen Theodizee der Geschichte fest und lehnte (außer in jenen mystischen Strömungen, die hier wie überall im Wirkungsbereich der Bibel aus dem Monotheismus hervorgingen und sich immer an den Rändern der Ketzerei bewegten) religiöse Konstruktionen ab, die an dieser Welt als dem Schauplatz der Erlösung zweifelten. So trug das katholische Christentum also schon einen revolutionären Keim in sich, auch wenn er unter dem »kosmisierenden« Einfluß der katholischen Sinnwelt lange schlummerte. In einer Fülle chiliastischer Bewegungen brach er immer wieder hervor. Um als eine Kraft von welthistorischen Dimensionen zu wirken, mußte er jedoch die Auflösung des Christentums als einer dauerhaften Plausibilitätsstruktur für den westlichen Menschen abwarten.

Noch eine andere ausgesprochene Eigentümlichkeit des Christentums,

---

[30] Auch hier folgen wir wiederum Weber. Vgl. auch Troeltsch (1961).

nämlich das gesellschaftliche Gebilde der christlichen Kirche, hat sich gelegentlich, wenn auch völlig unbeabsichtigt, in den Dienst des Säkularisierungsprozesses gestellt. Für die vergleichende Religionssoziologie stellt die christliche Kirche einen ungewöhnlichen Fall von institutioneller Spezialisierung der Religion dar, d. h. einer Institution, die im Gegensatz zu allen anderen Institutionen der Gesellschaft spezifisch mit Religion befaßt ist.[31] Das ist in der Religionsgeschichte ziemlich selten. Viel häufiger ist die Einbeziehung des religiösen Handelns und der Symbole in das institutionelle Gesamtgefüge. Einzigartig ist das Christentum darin allerdings nicht (in ganz anderer Weise ist z. B. auch die buddhistische *sangha* eine Form institutioneller Spezialisierung). Die Konzentration religiöser Handlungen und Symbole in *einer* institutionellen Sphäre definiert *ipso facto* den Rest der Gesellschaft als »die Welt«, als einen profanen Bereich, welcher der Hoheitsgewalt des Heiligen zumindest relativ entrückt ist. Das säkularisierende Potential dieser Konzeption konnte »gezügelt« werden, solange das Christentum mit seinem sensiblen Gleichgewicht des Heiligen und des Profanen gesellschaftliche Wirklichkeit war. Bei einer Desintegrierung dieser Wirklichkeit ließ sich jedoch »die Welt« um so rascher säkularisieren, als sie bereits als Bereich außerhalb des Heiligen im eigentlichen Sinne definiert war. Die logische Weiterentwicklung ist Luthers Lehre von den beiden Reichen, mit der die Autonomie der säkularen »Welt« tatsächlich eine *theologische* Legitimation erhielt.[32]

Wenn wir die großen Religionen, die sich vom Alten Testament herleiten, daraufhin untersuchen, finden wir sehr verschiedene Rückgriffe auf seine säkularisierende Mächtigkeit. Das Judentum war gewissermaßen eine Verkapselung dieser Kraft in einem höchst rationalen, aber geschichtlich ineffektiven theologischen Gebäude, dessen Wirkungslosigkeit äußerlich dem Schicksal der Juden als Fremde inmitten der Christenheit und innerlich dem konservativen jüdischen Legalismus zuzuschreiben ist. Was letzteren betrifft, so hat der Islam große Ähnlichkeit mit dem Judentum, nur daß er seine konservativen Strukturen nicht nur einer abgetrennten Subkultur, sondern einem ganzen Imperium von großer geographischer Ausdehnung aufprägen konnte.[33] Der römische wie der griechische Katholizismus kann als Aufschub und Rückschritt

---

[31] Diesen Punkt hat Luckmann, op. cit., ausgezeichnet herausgearbeitet.
[32] Vgl. Troeltschs *Die Soziallehren* wie auch die Erörterung des Luthertums in Max Webers *Die protestantische Ethik und der Geist des Kapitalismus.*
[33] Vgl. Watt (1961) und Levy (1962). Die hochinteressante Frage nach der allgemeinen Beziehung des Islams zur Säkularisierung kann hier natürlich nicht behandelt werden.

des Dramas der Säkularisierung angesehen werden, obwohl er sich das säkularisierende Potential (zumindest in der römischen Kirche) durchaus bewahrt hat, und sei es nur, weil er den alttestamentarischen Kanon beibehielt (worüber mit der Verwerfung der Irrlehre des Markion ein für allemal entschieden worden war). Die protestantische Reformation ist eine machtvolle Wiederbelebung jener säkularisierenden Kräfte, die der Katholizismus »gezügelt« hatte, wobei die Reformation dem Alten Testament nicht nur nacheiferte, sondern entschieden darüber hinausging. Wieweit das historische Zusammentreffen des Protestantismus mit der Renaissance und ihrer Wiedererweckung ganz anderer säkularisierender Impulse aus der klassischen Antike einfach ein Zufall oder wechselseitig bedingt war, kann hier nicht untersucht werden. Wir können nicht einmal den Versuch machen, die Bedeutung des Protestantismus für den allgemeinen Säkularisierungsprozeß der letzten vierhundert Jahre gegen die Bedeutung anderer »ideeller« und »materieller« Faktoren abzuwägen. Wir wollten lediglich andeuten, daß die Frage nach dem »Warum« des Phänomens Säkularisierung in der abendländischen Neuzeit zumindest teilweise mit dem Blick auf seine Wurzeln in der religiösen Tradition des Westens beantwortet werden muß.

Im Sinne der allgemeinen religionssoziologischen Prozesse, die wir im ersten Teil dieses Buches erörtert haben, hat die Säkularisierung für den modernen Menschen eine völlig neue Situation geschaffen. Vielleicht zum erstenmal in der Geschichte haben religiöse Legitimationen der Welt ihre Plausibilität nicht nur für eine Handvoll Intellektueller und anderer gesellschaftlicher Randfiguren verloren, sondern für die breiten Massen ganzer Gesellschaften. Das hat zu einer akuten Krise nicht nur für die Nomisierung der großen sozialen Institutionen, sondern auch der individuellen Biographien geführt. Das Problem der »Sinnhaftigkeit« stellt sich also nicht nur für Institutionen wie Staat und Wirtschaft, sondern reicht bis in die Routinen des Alltagslebens hinein. Verschiedenen Theoretikern (Philosophen, Theologen, Psychologen usw.) ist dies Problem natürlich bewußt, doch es besteht Grund zu der Annahme, daß es auch die Gedanken ganz »gewöhnlicher Leute« beherrscht, die sich normalerweise nicht auf theoretische Spekulationen einlassen und lediglich an der Lösung von Krisen ihres persönlichen Lebens interessiert sind. Entscheidend ist, daß die christliche Theodizee des Leidens ihre Plausibilität verloren hat; dadurch wurde die Bahn frei für eine Fülle innerweltlicher Erlösungslehren. Die meisten erwiesen sich als völlig unfähig, die Leiden des individuellen Lebens zu legitimieren, selbst wenn sie eine gewisse Plausibilität in der Legitimierung der Geschichte aufweisen. Der Zusammenbruch der entfremdeten Strukturen der christlichen Weltansicht löste schließlich Bewegungen kritischen Denkens aus, welche die gesellschaftliche Wirklichkeit radikal »humanisierten« und »ent-entfremdeten« (auch die soziologische Perspektive gehört dazu), Errungenschaften, die oft genug um den Preis schwerer Anomie und existentieller Angst erkauft wurden. Was all dies für die gegenwärtige Gesellschaft bedeutet, darin besteht das Hauptproblem einer empirischen Wissenssoziologie. Bei unseren Überlegungen können wir dieses Problem nur am Rande berücksichtigen. Die Frage, der wir uns jetzt zuwenden wollen, ist die nach der Bedeutung des Säkularisierungsprozesses für die traditionellen religiösen Inhalte und die Institutionen, die sie verkörpern.

6. KAPITEL

Säkularisierung und Plausibilitätsproblem

Die Säkularisierung hat auch den Mann auf der Straße als eine »Glaubwürdigkeitskrise« betroffen. Anders gesagt: Die Säkularisierung hat zu einem allgemeinen Plausibilitätsschwund der überlieferten religiösen Wirklichkeitsdefinitionen geführt. Dieser, wenn man will, »subjektiven Säkularisierung« des Bewußtseins entspricht eine »objektive Säkularisierung« der Sozialstruktur. Subjektiv fühlt sich der Mann auf der Straße religiös verunsichert. Objektiv bewerben sich die Verfechter einer Vielzahl religiöser und sonstiger Wirklichkeitsdefinitionen um seine Gunst oder zumindest um seine Aufmerksamkeit, ohne sie heute noch erzwingen zu können. Der sogenannte »Pluralismus« ist also ein soziostrukturelles Korrelat zur Säkularisierung des Bewußtseins. Diese Beziehung bedarf der soziologischen Analyse.[1]

Bei dieser Gelegenheit kann man die theoretisch behandelte dialektische Beziehung zwischen Religion und ihrer Infrastruktur *in concreto* demonstrieren. Man kann nämlich Säkularisierung als »Spiegelung« konkreter infrastruktureller Prozesse der modernen Gesellschaft analysieren. Das ist um so überzeugender, als Säkularisierung offenbar ein »negatives« Phänomen ist, d. h. Säkularisierung tritt nicht »an und für sich« auf, sondern scheint immer abhängig von Vorgängen zu sein, die sich außerhalb ihrer selbst abspielen. Solch eine Analyse überzeugt jedoch nur, solange man die gegenwärtige Situation losgelöst von ihrem historischen Hintergrund betrachtet. Religion im Zeichen der Säkularisierung läßt sich *heutzutage* überzeugend als »abhängige Variable« analysieren. Sobald man jedoch nach ihren historischen Ursprüngen forscht, zeigt das Problem sich von einer ganz anderen Seite. Wie wir

---

[1] Die Hauptthesen dieses Kapitels sind bereits früher vorgetragen worden. Vgl. Berger und Luckmann (1966). Zur spezielleren Frage von Pluralismus und Ökumene siehe Berger (1963). Meine Auffassung zur Sozialpsychologie der gegenwärtigen Religiosität ist Thomas Luckmann sehr verpflichtet. Vgl. Luckmann (1963).

nachzuweisen versucht haben, kommt man dann dazu, spezifische Elemente der abendländischen Religionsgeschichte als historische Kräfte, d. h. als »abhängige Variable« zu betrachten.

Das dialektische Verhältnis von Religion und Gesellschaft blockiert jeden »idealistischen« und »materialistischen« Zugang. Man kann an konkreten historischen Beispielen demonstrieren, wie religiöse »Ideen«, selbst sehr abstruse, zu empirisch nachweisbaren Veränderungen der Gesellschaftsstruktur geführt haben. Bei anders gelagerten historischen Konstellationen kann man nachweisen, wie empirisch greifbare Strukturveränderungen sich auf das religiöse Bewußtsein und die Ideation ausgewirkt haben. Nur bei einem dialektischen Verständnis dieser Beziehungen vermeidet man Verzerrungen einseitig »idealistischer« oder »materialistischer« Interpretationen. Solch ein dialektisches Verständnis beharrt darauf, daß jedes Bewußtsein, ob religiös oder nicht, in der *Praxis* der Alltagswelt wurzelt, wird sich aber zugleich davor hüten, diese Verwurzelung im Sinne eines mechanistischen Kausalverhältnisses zu interpretieren.[2]

Etwas ganz anderes ist die Mächtigkeit der Religion, in spezifischen historischen Situationen auf ihre Infrastruktur »zurückzuwirken«. Diese Fähigkeit ist offenbar je nach Situation unterschiedlich. So kann Religion in der einen Situation als formative Kraft auftreten, während sie in der historisch folgenden Situation als abhängiges Gebilde in Erscheinung tritt.[3] Einen solchen Wechsel kann man als »Umkehrung« der »Richtung« von Ursache und Wirkung zwischen der Religion und ihren jeweiligen Infrastrukturen bezeichnen. Das Phänomen, um das es hier geht, ist ein Fall, für den dies zutrifft. Religionen, die sich aus biblischer Überlieferung herleiten, können als Kausalfaktoren für das Entstehen der modernen säkularisierten Welt verstanden werden. Einmal gebildet, blockiert die moderne Welt jedoch das Weiterwirken der Religion als formative Kraft. Unserer Meinung nach ist dies die große Ironie der Geschichte im Verhältnis von Religion und Säkularisierung, eine Ironie, die, bildlich gesprochen, bedeutet, daß in historischer Sicht das Christentum sich sein eigenes Grab geschaufelt hat. Angesichts des Plausibilitätsschwundes der Religion in der Gesellschaft *hic et nunc* sollte

[2] Auf diese Weise lassen sich die Standpunkte von Marx und Weber zur Religion theoretisch integrieren, zumindest auf der Ebene der allgemeinen Theorie (d. h. wenn man die spezifischen Widersprüche der historischen Interpretation ausklammert) und vorausgesetzt, man differenziert zwischen Marx und dem doktrinären Marxismus.
[3] Webers Theorie des Charismas und der »Veralltäglichung« des Charismas liefert ein Beispiel für diese Art der differenzierten Analyse. Vgl. Berger (1954).

man logischerweise bei der Gesellschaftsstruktur ansetzen und sich erst dann dem Bewußtsein und der Ideation zuwenden, statt umgekehrt zu verfahren. Bei diesem Vorgehen, ganz unabhängig von seiner theoretischen Berechtigung, vermeidet man den Irrtum (dem ein der Religion geneigter Betrachter leicht verfällt), Säkularisierung irgendeinem seelischen oder geistigen Sturz aus der Gnade zuzuschreiben. Unser Verfahren wird vielmehr die Ursache dieses Sturzes aus der Gnade (der Ausdruck ist deskriptiv brauchbar) in empirisch faßbaren soziostrukturellen Prozessen aufdecken können.

Der eigentliche »Ort« der Säkularisierung lag, wie wir bereits andeuteten, im ökonomischen Bereich, besonders in jenen Sektoren der Wirtschaft, die von kapitalistischen und industriellen Prozessen geprägt werden. Dementsprechend wurden die verschiedenen Schichten der modernen Gesellschaft auch unterschiedlich von ihr betroffen, je nach Nähe oder Ferne zu diesen Prozessen. Auf diese Weise entstand in der modernen Industriegesellschaft ein zentral »gelegener« Ort, hinsichtlich der Religion eine Art »befreite Zone«. Von hier aus konnte die Säkularisierung in andere Zonen der Gesellschaft »ausschwärmen«. Eine interessante Konsequenz war eine »Polarisierung« der Religion zwischen öffentlichen und den privatesten »Orten« der institutionellen Ordnung, zwischen den Institutionen des Staates und der Familie. Selbst wo die Säkularisierung des Alltagslebens so weit reicht wie in der eigentlichen industriellen Arbeitswelt, haben sich an die Institutionen von Staat und Familie geheftete religiöse Symbole erhalten. Zu einem Zeitpunkt, da jedermann davon überzeugt ist, daß Religion »am Fabriktor aufhört«, steht nach wie vor fest, daß weder Krieg noch Ehe ohne traditionelle religiöse Symbolik begonnen werden.[4]

Nach international »soziologesischer« Sprachregelung besteht zwischen der Säkularisierung der Wirtschaft auf der einen und der von Staat und Familie auf der anderen Seite ein sogenannter »cultural lag« [»kulturelle Verzögerung«]. Was den Staat betrifft, so haben verschiedene Länder weiter an überkommenen religiösen Legitimationen ihrer politischen Ordnung festgehalten, obwohl sie längst unterwegs zur modernen Industriegesellschaft waren. Das war sicher der Fall bei England, dem ersten Land, das diese Reise antrat. Umgekehrt sind in Ländern, die in der kapitalistisch-industriellen Entwicklung nachhinkten, wie im Frankreich des späten 18. Jahrhunderts und in vielen unterentwickelten Ländern heute, säku-

---

[4] Zur besonderen soziologischen Situation des amerikanischen Protestantismus vgl. Berger (1961 b).

larisierende politische Kräfte am Werke gewesen. Zwischen sozio-
ökonomischer Modernisierung und politischer Säkularisierung besteht
also kein einfaches Verhältnis. Dennoch sind wir der Meinung, daß die
politische Ordnung zur Säkularisierung tendiert, was natürlich mit der
allgemeinen industriellen Entwicklung zusammenhängt. Besonders deutlich zeigt sich eine Tendenz zur institutionellen Trennung von Staat und
Kirchen. Ob das wie in den Vereinigten Staaten eine praktische Angelegenheit ist, ursprünglich nicht verbunden mit ideologischem Anti-
klerikalismus, oder wie in Frankreich mit einem antiklerikalen, ja anti-
religiösen »Laizismus« Hand in Hand geht, hängt von jeweils besonderen historischen Faktoren ab. Die globale Tendenz scheint jedenfalls die
Heraufkunft eines Staates zu sein, der sich von der Bevormundung
durch religiöse Institutionen oder von religiöser Rationalisierung politischen Handelns gänzlich emanzipiert. Das gilt selbst für so »alter-
tümliche« Fälle wie England und Schweden, deren säkularisierte Politik noch immer mit einer Symbolik aus den Zeiten der Eintracht von
Kirche und Staat dekoriert ist. Der Anachronismus der gravitätischen
Dekoration unterstreicht sogar geradezu die Tatsache, daß die Säkularisierung sich ihr zum Trotze dennoch durchsetzen konnte.
Eine der wichtigsten Konsequenzen ist, daß der Staat nicht länger als
Vollzugsorgan für die einst dominierende religiöse Institution dient.
Dies ist sogar eines der Kernstücke der politischen Lehre der Trennung
von Staat und Kirche, sowohl in der amerikanischen wie auch in der
französischen Version (was immer die sonstigen Unterschiede sein
mögen), und es kommt auch in den verschiedenen Doktrinen religiöser
Toleranz und Freiheit zum Ausdruck, selbst dort, wo sie, wie in Eng-
land, Deutschland und Skandinavien, nicht durch die Trennung von
Kirche und Staat legitimiert sind. Der Staat übernimmt jetzt eine Rolle
vis-à-vis den konkurrierenden religiösen Gruppen – im Grunde die
Rolle des Ordnungshüters zwischen unabhängigen und unter keinerlei
Zwang stehenden Konkurrenten. Wir werden bald sehen, daß die Ähn-
lichkeit zwischen wirtschaftlichem und religiösem »freien Unternehmer-
tum« alles andere als zufällig ist.
Natürlich gibt es nationale Unterschiede in der Einstellung des Staates
zur Religion. Aber angesichts der fundamentalen Tatsache, daß keine
wirkliche Zwangssituation mehr besteht, sind sie nicht allzu gewichtig.
So unterscheidet sich z. B. die Situation in Amerika, wo der Staat der
Religion besonders wohlgesonnen ist und die zahlreichen frommen
Gruppen und Grüppchen sich dank gesetzlich garantierter Steuerfreiheit

anteilig an der Futterkrippe des Fiskus mästen, von der im kommunistischen Europa, wo der Staat sich der Religion aus ideologischem Eigeninteresse in Theorie und Praxis alles andere als gewogen zeigt. Wichtiger als solche Unterschiede ist jedoch, daß beide Situationen, verglichen mit der in den alten »christlichen« Gesellschaften, sich darin gleichen, daß die Kirchen nicht mehr nach dem starken Arm des Staates rufen können, wenn ihnen ihre Schäflein davonlaufen. Hier wie dort sind sie ganz auf sich selbst gestellt. Hier wie dort muß der Hirte die Herde ohne staatlich gestellten Polizeihund zusammentreiben und beisammenhalten, eine Aufgabe, die ihm der amerikanische Staat allerdings ebenso erleichtert, wie der kommunistische sie zu erschweren sucht. Nicht weniger interessant sind mehr oder weniger mißlungene Versuche, die alte Schutzmachtstellung des Staates für die Religion unter modernen Bedingungen wiederherzustellen, wie heutzutage in Spanien und Israel. Aber in beiden Ländern zeichnet sich schon ab, daß der Mißerfolg nicht allzu lange auf sich warten lassen wird. Den Verfechtern des alten Schutz- und Trutzbündnisses zwischen Staat und Religion dürfte unserer Meinung nach nichts anderes übrigbleiben, als dem sozioökonomischen Modernisierungsprozeß in den Arm zu fallen und ihn abzuwenden, d. h. also zur vorindustriellen Gesellschaft zurückzukehren, eine Vorstellung, die jeder Kenner der Geschichte als aussichtslose Phantasterei abtun wird.

Die dahinterstehende Dynamik ist alles andere als mysteriös. Ihre Wurzeln liegen in den durch die Modernisierung ausgelösten Rationalisierungsprozessen (d. h. in der Errichtung zunächst einer kapitalistischen, dann einer industriellen sozioökonomischen Ordnung) in der Gesellschaft im allgemeinen und in den politischen Institutionen im besonderen.[5] Die oben erwähnte »befreite Zone« der säkularisierten Sektoren der Gesellschaft ist so zentral »lokalisiert«, so in und um die kapitalistisch-industrielle Wirtschaft angeordnet, daß jeder Versuch, sie im Namen des religiös-politischen Traditionalismus »zurückzuerobern«, das weitere Funktionieren dieser Wirtschaft gefährden würde. Eine moderne Industriegesellschaft benötigt große Kader von Wissenschaftlern und Technikern, deren Ausbildung und soziale Organisation einen hohen Rationalisierungsgrad voraussetzen, nicht nur auf infrastruktureller Ebene, sondern auch auf der des Bewußtseins. Jeder Versuch einer traditionalistischen »Gegenreformation« droht also die rationalen Fundamente der modernen Gesellschaft zu erschüttern. Darüber hinaus er-

[5] Der Begriff »Rationalisierung« wird auch hier im Weberschen Sinne verwandt.

neuert sich die säkularisatorische Potenz industriekapitalistischer Rationalisierung nicht nur selbsttätig, sondern zieht auch selbsttätig immer weitere Kreise. Mit der Ausdehnung des kapitalistisch-industriellen Komplexes weiten sich auch die von seinen Rationalisierungen beherrschten gesellschaftlichen Schichten aus, und es wird immer schwerer, sie im traditionellen Sinne zu kontrollieren. Da die Expansion dieses Komplexes international (und heute fast weltweit) ist, wird es zunehmend schwieriger, eine Nationalgesellschaft gegen seine rationalisierenden Wirkungen abzuschirmen, ohne sie zum wirtschaftlichen Rückschritt zu verurteilen. Die Wirkung der modernen Massenkommunikation und des Massenverkehrs (die sich beide im Phänomen des Tourismus konzentrieren) auf das heutige Spanien kann als Illustration dienen. Da der moderne Staat immer mehr mit den politischen und gesetzgeberischen Erfordernissen des gigantischen Produktions- und Wirtschaftsapparates befaßt wird, muß er wohl oder übel auch seine Struktur und Ideologie darauf einstellen. Auf struktureller Ebene braucht er eine durchrationalisierte Bürokratie, und auf der Ebene des Bewußtseins Legitimationen, die einer solchen Bürokratie entsprechen. So entsteht unvermeidlich, sowohl in der Struktur wie im »Geiste«, eine Affinität zwischen der ökonomischen und der politischen Sphäre. In einem fast unerbittlichen Prozeß der »Diffusion« greift die Säkularisierung von der ökonomischen Sphäre über in die politische. Die religiösen Legitimationen werden dann entweder liquidiert, oder sie bestehen, von sozialer Wirklichkeit entleert, als bloße dekorative Rhetorik weiter. Hinzuzufügen wäre, daß es bei fortgeschrittener Industrialisierung *in dieser Hinsicht* kaum eine Rolle spielt, ob die politische Ordnung unter kapitalistischem oder sozialistischem, demokratischem oder autoritärem Zeichen rationalisiert wird. Die entscheidende Variable der Säkularisierung ist offenbar weder die Institutionalisierung der Eigentumsverhältnisse noch die politische Verfassung, sondern eher der Rationalisierungsprozeß, der grundlegend für *jede* industrielle Gesellschaft von heute ist.

Während Religion innerhalb moderner politischer Institutionen also meistens eine Angelegenheit der ideologischen Rhetorik ist, kann man das vom »Gegenpol« nicht behaupten. In der Sphäre der Familie und in allen gesellschaftlichen Beziehungen, die mit ihr eng verbunden sind, hat die Religion immer noch ein beachtliches Wirklichkeitspotential, d. h. sie ist weiterhin für Motivationen und Selbstinterpretationen in dieser Sphäre des gesellschaftlichen Handelns relevant. Der symbolische Bund von Religion und Familie hat eine lange Vorgeschichte und beruht auf

dem hohen Alter der Verwandtschaftsinstitutionen überhaupt. Das Fort-
bestehen dieses Bundes kann also in gewissen Fällen einfach als ein insti-
tutionelles »Überleben« angesehen werden. Viel interessanter ist jedoch
die Tatsache, daß heutzutage in so weitgehend säkularisierten Schichten
wie z. B. den amerikanischen Mittelklassen religiöse Legitimationen der
Familie zu neuem Leben erwachen.[6] Unter diesen Umständen manifestiert sich die Religion in ihrem spezifisch modernen Gewande, d. h.
als ein legitimierender Komplex, den eine nicht unter Zwang stehende
Klientel freiwillig annimmt. Sein gesellschaftlicher Ort ist die private
Sphäre der Alltagswelt, er trägt alle Merkmale dieser Sphäre der modernen Gesellschaft.[7] Eines der wesentlichsten Merkmale ist die »Indivi-
dualisierung«. Die privatisierte Religion ist eine Sache der »Wahl« oder
der »Vorliebe« des einzelnen oder der Kernfamilie und hat *ipso facto*
wenig Allgemeinverbindlichkeit. Wie »wirklich« private Religiosität
auch für den einzelnen sein mag, die klassische Aufgabe der Religion,
eine gemeinsame Welt zu errichten, die dem ganzen gesellschaftlichen
Leben seinen letzten und für jedermann verbindlichen Sinn gibt, kann
sie nicht mehr erfüllen. Statt dessen beschränkt sie sich auf gesellschaftliche Enklaven des sozialen Lebens, die sich von den säkularisierten
Sektoren der modernen Gesellschaft abgesondert haben. Die Wertsetzungen der privaten Religiosität sind für institutionelle Zusammenhänge
außerhalb der Privatsphäre meistens ohne jede spezifische Relevanz.
Ein Kaufmann oder Politiker z. B. kann getreulich an den religiös
legitimierten Normen des Familienlebens festhalten und zugleich seine
Tätigkeit in der öffentlichen Sphäre ohne jede Rücksicht auf religiöse
Werte irgendwelcher Art betreiben. Es liegt auf der Hand, daß eine
solche Absonderung der Religion in der Privatsphäre »funktional« ist
für die Erhaltung der rationalisierten Ordnung moderner wirtschaft-
licher und politischer Institutionen. Die Probleme, welche diese Privati-
sierung der religiösen Traditionen den Theoretikern der religiösen
Institutionen aufgibt, brauchen uns im Augenblick nicht zu beschäftigen.

Der Gesamteffekt der oben genannten »Polarisierung« ist sehr merkwürdig. Religion manifestiert sich als öffentliche Rhetorik und private
Tugend. Insoweit sie also gemeinschaftlich ist, fehlt ihr »Wirklichkeit«,
und insoweit sie »wirklich« ist, fehlt ihr Gemeinschaftlichkeit. Diese

---

[6] Vgl. dazu Nash und Berger (1962).
[7] Zum allgemeinen Phänomen der öffentlichen und privaten Sphären in der modernen
Gesellschaft vgl. Gehlen (1957), Luckmann, op. cit., und Habermas (1962).

Situation stellt eine schwere Zerreißprobe für die traditionelle Aufgabe der Religion dar, die gerade in der Errichtung einer integrierten Sammlung von Wirklichkeitsbestimmungen bestand, die den Mitgliedern einer ganzen Gesellschaft als gemeinsame Sinnwelt diente. Die welterrichtende Kraft der Religion ist mithin beschränkt auf die Bildung von Subwelten, fragmentarischen Sinnwelten, deren Plausibilitätsstruktur oft nicht weiter reicht als die Kernfamilie. Da die moderne Familie jedoch als Institution notorisch zerbrechlich ist (ein Merkmal, das sie mit allen anderen Gebieten der Privatsphäre teilt), bedeutet dies, daß Religion, die auf einer so schwachen Plausibilitätsstruktur ruht, notwendigerweise selbst ein höchst zerbrechliches Gebilde ist. Einfach ausgedrückt: eine »religiöse Vorliebe« kann so leicht aufgegeben werden, wie sie angenommen wurde. Dieser Zerbrechlichkeit kann (ja, muß) mit der Suche nach breiter fundierten Plausibilitätsstrukturen begegnet werden. Bezeichnenderweise sind das die Kirchen oder andere größere Religionsgruppen. Als Vereinigungen auf freiwilliger Basis, die primär in der Privatsphäre »angesiedelt« sind, können jedoch auch die Kirchen die Kraft und Dauerhaftigkeit der geforderten Plausibilitätsstrukturen nur in sehr beschränktem Maße stärken.

Die durch die Säkularisierung entstandene »Polarisierung« und der damit verbundene Gemeinschaftlichkeits- bzw. »Wirklichkeits«-Verlust ist gleichbedeutend mit der Tatsache, daß Säkularisierung *ipso facto* zu einer pluralistischen Situation führt. Der Ausdruck »Pluralismus« wird im allgemeinen nur dann gebraucht, wenn der Staat (wie im prototypischen Fall der Vereinigten Staaten) verschiedene religiöse Gruppen toleriert, die zueinander im freien Wettbewerb stehen. Terminologische Streitereien sind müßig, und es ist daher auch nichts gegen den eingeschränkten Gebrauch des Begriffs »Pluralismus« einzuwenden. Wenn man jedoch die selbst dieser begrenzten Form von Pluralismus zugrunde liegenden gesellschaftlichen Kräfte unter die Lupe nimmt, wird das enge Bündnis zwischen Säkularisierung und Pluralismus deutlich erkennbar. Man kann mit gutem Gewissen sagen, daß Säkularisierung, wie wir gesehen haben, eine Entmonopolisierung der Religionen heraufbeschwört und *ipso facto* eine pluralistische Situation herbeiführt.

Während der längsten Zeit der Geschichte hat das religiöse »Establishment« Monopolstellungen in der Gesellschaft genossen und Monopole für die definitive Legitimierung alles individuellen und gesamthaften Lebens innegehabt. Religiöse Institutionen waren Institutionen erster

Ordnung, d. h. Regulativinstanzen für Denken und Handeln in der Welt. Die Welt, wie sie von den religiösen Institutionen definiert wurde, war *die* Welt schlechthin, erhalten nicht nur durch die weltliche Macht der Gesellschaft und ihre sozialen Kontrollapparate, sondern viel fundamentaler, durch den »gesunden Menschenverstand« jedes einzelnen in der Gesellschaft. Aus der religiös definierten Welt herauszutreten bedeutete chaotische Finsternis, Anomie, ja Wahnsinn. Die monopolistischen Institutionen brauchten deshalb die Durchsetzung ihrer Wirklichkeitsdefinitionen nicht durch äußere Tyrannei zu erzwingen. Religiöse »tyrannis« in diesem Sinne war in der Tat ein Vorrecht der Religionen aus dem biblischen Umkreis und fehlt im Bilde der großen Religionen Ostasiens. Aber die Tatsache, daß der Hinduismus z. B. keine Inquisition kennt, bedeutet noch nicht, daß er kein wirksames Monopol auf Wirklichkeitsdefinition und Legitimation in der klassischen indischen Gesellschaft innegehabt hätte. Konkurrierende Wirklichkeitsdefinitionen wurden entweder vom Hindusystem gesellschaftlich und gedanklich aufgesogen (indem sie neue Kasten oder Sekten *innerhalb* des Hinduismus bildeten) oder so definiert, daß sie religiös irrelevant blieben (so galten alle Nicht-Hindus z. B. als rituell unrein, was den »reinen« Hindus ermöglichte, ihre »wahnsinnigen« Ideen als natürlichen Ausdruck existentieller Unreinheit im Bewußtsein zu neutralisieren). Ganze Gruppen mit konkurrierenden Wirklichkeitsdefinitionen im Herrschaftsbereich des Systems wurden mit den nämlichen Tabus belegt und so von der Hindugesellschaft abgesondert, damit sie sie nicht »anstecken« konnten (z. B. die Parsen). In eine große Krise geriet der Hinduismus erst, als Indien von Fremden erobert wurde, mit denen er nicht mehr auf diese Weise umgehen konnte. Aber selbst unter mohammedanischer und christlicher Herrschaft hat er die alte Selbstabkapselung lange Zeit erfolgreich praktiziert und verhindern können, daß der Fremdherrschaft eine innere Desintegrierung folgte. Erst seit der Modernisierung Indiens in allerjüngster Zeit kann man auch dort von einem Pluralismus sprechen, der in der Selbstdefinition als weltlicher Staat zum Ausdruck kommt.

Im Westen beanspruchte das Christentum nach Konzeption und gesellschaftlicher Wirklichkeit das religiöse Monopol. Im Unterschied zum Hinduismus ging es rücksichtslos mit Waffengewalt gegen Ungläubige vor, und zwar nicht nur in den »christlichen Ländern« (mit Ketzer- und Judenverfolgungen), sondern auch nach außen (in den Kreuzzügen gegen den Islam). Der monopolistische Charakter des Christentums wurde nicht durch die Tatsache geschmälert, daß *zwei* Institutionen, nämlich Kirche und Reich, um die Ehre rangen, es zu verkörpern. Beide Institutionen repräsentierten *dieselbe* religiöse Welt. Ihr jahrhundertelanger Streit war ein innerer Konflikt und kein Kampf gegen fremde Rivalen. Er war, wenn die Analogie erlaubt ist, eher ein Fraktionskampf in einer großen Firma als ein Konkurrenzkampf *zwischen* Firmen. Wie dem auch sei, wenn wir oben erklärten, daß die besondere Institution der christlichen Kirche als solche potentiell säkularisatorisch war, so können wir jetzt hinzufügen, daß es auch in ihrem Wesen vorgegeben war, die Heraufkunft einer pluralistischen Situation zu befördern. Ihre pluralistischen Möglichkeiten traten nach den Wirren der Religionskriege offen zutage. Das Prinzip *cuius regio eius religio* schuf zwar noch keine pluralistische Situation. Im Gegenteil, die Protestanten versuchten nicht minder gewaltsam als die Katholiken, ihre Territorien monopolistisch zu kontrollieren. Aber mit dem Zusammenbruch der Einheit des Christentums kam doch ein Prozeß in Gang, der weiteres Abbröckeln wesentlich erleichterte und eher aus praktischen denn aus theologischen Gründen allmählich in beiden christlichen Lagern zu größerer Toleranz gegenüber religiöser Abweichung führte. Auf die historischen Details dieses Prozesses können wir hier nicht eingehen. Aus bekannten historischen Gründen kam der Pluralismus in den Vereinigten Staaten zuerst zum Zuge und hinterließ ein ganzes System einander tolerierender Konfessionen und Sekten [Denominationen], das bis auf den heutigen Tag besteht. Die Definition der typischen Denomination amerikanischer Prägung ist tatsächlich eine Kirche, die sich bei ständiger Anwesenheit anderer Kirchen in ihrem Wirkungsbereich auf eine friedliche Wettbewerbssituation mit diesen eingestellt hat.[8]

Im amerikanischen Denominationalismus (der sich im Unterschied zu anderen amerikanischen Institutionen als ein international beliebter Exportartikel erweist) haben alle religiösen Gruppen den gleichen Rechtsstatus, und *jede* steht mit *jeder* im Wettbewerb. Dabei ist der Pluralismus nicht allein auf innerreligiösen Wettbewerb beschränkt. Die Säkularisierung hat bewirkt, daß die Religionsgruppen, was Weltdefinition anbelangt, es auch mit *nicht*-religiösen Rivalen aufnehmen müssen, deren einige straff organisiert sind (revolutionäre und nationalistische), während andere Strömungen (der »Individualismus« etwa oder die sexuelle Emanzipation) institutionell überall und nirgendwo zu Hause

---

[8] Diese Definition der Konfession (Denomination) ist zuerst von Niebuhr (1929) eingeführt worden.

sind. Pluralismus amerikanischer Prägung besteht jedoch nicht nur in Nationalgesellschaften mit denominationalistischem System, sondern überall da, wo sich religiöse Exmonopolie mit gesetzlich geduldeten und gesellschaftlich einflußreichen Rivalen in Sachen Wirklichkeitsbestimmung abfinden müssen. Der französische Katholizismus z. B. ist *nicht* durch die relativ unbedeutende protestantische Minderheit zu pluralistischem Wettbewerb gezwungen worden, sondern durch die Macht nichtreligiöser Rivalen in verschiedenen Gesellschaftsschichten (straff organisiert in der Arbeiterbewegung, diffus im »Säkularismus« der Mittelklassen). So haben denn tatsächlich »amerikanische« Vorstellungen von Religionsfreiheit und von allgemeinem sozialethischem Auftrag der organisierten Religionen an Orten Echo gefunden, die selbst nie ein denominationalistisches System hatten. Das ist wohl allerdings kaum dem missionarischen Eifer des amerikanischen protestantischen Liberalismus zuzuschreiben, sondern der weltweiten Dynamik des Pluralismus überhaupt, der auf der Infrastruktur moderner Gesellschaften beruht.

Das Hauptkennzeichen jeder pluralistischen Situation, unabhängig von ihrem historischen Hintergrund, besteht darin, daß den religiösen Monopolen keine Anhängerschaft mehr garantiert wird. Die Religionszugehörigkeit ist freiwillig und mithin *per definitionem* Schwankungen ausgesetzt. Die Folge ist, daß Religionen, die früher herrschten, heute »verkauft« werden müssen, und zwar an einen Kundenkreis, der zu »kaufen« nicht genötigt ist. Die pluralistische Situation ist in erster Linie eine *Marktlage*. Die religiösen Institutionen sind »Werbeagenturen«, und die Religion selbst zum »Gebrauchsgut« geworden. Die Logik der Marktwirtschaft beherrscht auf diese Weise weite Bereiche des religiösen Handelns.

Es ist leicht einzusehen, daß eine solche Situation tiefgreifende Folgen für die Gesellschaftsstruktur der verschiedenen religiösen Gruppen haben muß. Was hier geschieht, ist ganz einfach die Tatsache, daß die Religionen aus Monopolen zu Wettbewerbsanstalten geworden sind. Früher waren sie so organisiert, wie es einer Institution zukommt, die ein Fußvolk von Bediensteten beaufsichtigt. Jetzt müssen sie sich so organisieren, daß sie im Wettbewerb mit anderen Gruppen um Konsumenten werben können. Als Monopole standen die sozioreligiösen Strukturen nicht unter dem Druck, »Resultate« einheimsen zu müssen – ihre Monopolsituation als solche nahm die »Resultate« vorweg. Das mittelalterliche Frankreich z. B. war *per definitionem* katholisch. Der Katholizismus im heutigen Frankreich hat die Faust einer überwältigenden Konterevidenz im Nacken. Gott in Frankreich bewohnt heute ein *pays de mission*. Die katholische Kirche hat dementsprechend ihre Gesellschaftsstruktur gründlich überprüfen müssen, um überhaupt »missionarische« Resultate erzielen zu können. Dieses Problem ist weitgehend für die Unruhe verantwortlich, in die der französische Katholizismus in jüngster Zeit geraten ist.[9]

Der Druck, in einer Wettbewerbssituation »Resultate« erzielen zu müssen, hatte eine Rationalisierung der sozioreligiösen Strukturen zur Folge. Wie immer diese seitens der Theologen legitimiert sein mögen, Leute, denen das weltliche Wohl der Religion anvertraut ist, müssen darauf bedacht sein, daß ihre Strukturen keine Hindernisse für eine möglichst reale »Missionsarbeit« sind. Wie in anderen institutionellen Sphären der modernen Gesellschaft hat die strukturelle Rationalisierung das Phänomen der Bürokratie in den Vordergrund gerückt.[10]

Der Einzug bürokratischer Strukturen in die religiösen Institutionen hat zur Folge, daß sich diese, ungeachtet ihrer theologischen Gegensätze, immer ähnlicher werden. Dieser Tatbestand wird gewöhnlich durch die überkommene Terminologie in Sachen »Kirchenverfassung« verdunkelt. So kann eine Position A in zwei Religionsgemeinschaften genau dieselbe bürokratische Funktion haben, obgleich sie in der einen mit der theologischen Formel B, in der anderen mit der Formel C legitimiert wird. Die Legitimationen B und C können sogar strikt das Gegenteil besagen, ohne die Funktionalität der Position A dadurch zu beeinträchtigen. In der ersten Gruppe kann z. B. die Kontrolle über Vermögensanlagen in den Händen eines Bischofs liegen, während in der zweiten der Vorsteher eines Laien-Ausschusses diese Funktion ausübt. Die aktuelle bürokratische Tätigkeit des jeweiligen Kontrollorgans hat jedoch wenig oder nichts mit den überkommenen Legitimationen von Laien-Autorität versus Episkopat zu tun. Allerdings sind die bürokratischen »Leitbilder« der Kirchen verschieden. Der Protestantismus neigt z. B. in

---

[9] Vgl. Godin und Daniel (1943), ferner Dansette (1957).
[10] Angesichts der bürokratischen Durchdringung der gegenwärtigen religiösen Szene und des allgemeinen Eingeständnisses dieser Tatsache durch jene, die damit befaßt sind, ist es bemerkenswert, wie wenig Aufmerksamkeit die religionssoziologische Forschung dieser Frage gewidmet hat, verglichen z. B. mit der Aufmerksamkeit für die lokale Pfarrgemeinde. Eine naheliegende Erklärung ist die Tatsache, daß viele dieser Untersuchungen von religiösen Bürokratien in Auftrag gegeben und finanziert werden. Deren pragmatisches Interesse richtet sich natürlich auf die Erreichung der Ziele »draußen« und *nicht* auf die Reflexion über ihre eigene Funktionalität. Als eine der wenigen Studien über die religiöse Bürokratie vgl. Harrison (1959). Zur Erörterung einiger ökonomischer Aspekte dieser Frage vgl. Johnson und Ackerman (1959).

Europa dank seiner langen Erfahrung im Staatskirchentum zu politischen Vorbildern der Bürokratie, während er in den Vereinigten Staaten eher Wirtschaftsbürokratien nacheifert. Die zentralistische Verwaltung der katholischen Kirche hat ihre alte administrative Überlieferung lange allen Neuerungsversuchen gegenüber behaupten können. Das Verlangen nach Rationalität ist jedoch überall das gleiche und übt überall seinen Druck auf die sozioreligiösen Strukturen aus.

Für die gegenwärtige Lage der Religion ist also die fortschreitende Bürokratisierung ihrer Institutionen charakteristisch. Ihr innerer Zustand und ihre Beziehungen nach außen werden durch diesen Vorgang geprägt. Die religionseigenen Institutionen werden nicht nur bürokratisch verwaltet, sondern tragen auch den Stempel bürokratischer »Logik« mit den für diese Logik typischen Problemen. Nach außen müssen sie sowohl mit anderen gesellschaftlichen Institutionen als auch untereinander nach den Regeln bürokratischer Interaktion verkehren, als da sind: »Public Relations« mit ihren »Kunden«, Lobbyismus bei Regierung und Wirtschaft, »Kapitalbeschaffung« bei Regierung und Wirtschaft, Beteiligung am Wirtschaftsleben (vorwiegend durch Kapitalanlage) – alle diese Aspekte ihrer »Mission« zwingen sie, »Resultate« einzubringen, und zwar mit Methoden, die denen anderer Bürokratien mit ähnlichen Problemen zwangsläufig gleichen. Besonders bezeichnend ist, daß die bürokratische »Logik« auch für die Beziehungen der religiösen Institutionen untereinander gilt.

Bürokratien brauchen einen besonderen Typ von Personal, das nicht nur spezifische Funktionen hat und entsprechend ausgebildet sein muß, sondern auch seine ganz eigene Psychologie entwickelt. Bürokratische Institutionen *wählen* und *formen* sich den Menschentypus, den sie brauchen.[11] Deshalb begegnet man in den Führungsgremien aller religiösen Institutionen, ungeachtet ihrer unterschiedlichen Überlieferung, sehr ähnlichen Figuren. Die bürokratischen Erfordernisse sind stärker als traditionelle Gegensätze wie »Prophet« und »Priester«, »Schriftgelehrter« und »Heiliger« usw. Es macht also nicht mehr viel aus, ob ein hoher Kirchenfunktionär aus der protestantischen Tradition des »Prophetentums« oder der katholischen Tradition des »Priestertums« kommt. Er muß sich in jedem Falle zuerst den Erfordernissen seiner Rolle als Bürokrat anpassen. Wenn möglich, werden die traditionellen Legitimationsformeln gegenüber dem neuen sozialpsychologischen Typus beibehalten; wenn nicht, müssen sie umformuliert werden, um neue Legi-

11 Vgl. Gerth und Mills (1953, besonders S. 165 ff.).

timationen zu ermöglichen. Früher gehörte z. B. zur Rolle des protestantischen Geistlichen ein gewisses Maß an »Gottesgelahrtheit«, d. h. an wissenschaftlicher Theologie. Heute ist das weitgehend irrelevant, sowohl für den »Großhandel« (Kirchenverwaltung) als auch für den »Kleinhandel« (den »Absatz« im Pfarrsprengel). Die Ausbildungsstätten für die protestantische Geistlichkeit – einschließlich ihres legitimatorischen Dekors – sind entsprechend »umprogrammiert« worden.[12] Der neue sozialpsychologische Typ religiöser Führungskräfte ist dem anderer institutioneller Gebilde zum Verwechseln ähnlich geworden. Er ist aktivistisch, pragmatisch orientiert, wenig zu administrativ irrelevanter Reflexion geneigt, geschult im Umgang mit Menschen, »dynamisch« und konservativ zugleich usw. Personen, die diesem Typ entsprechen, kommen gut miteinander aus, kennen einer des anderen Probleme und sprechen dieselbe Sprache. Die Bürokratisierung der Religionen ist somit eine gute sozialpsychologische Grundlage für »Ökumene« – eine Tatsache, die unserer Meinung nach nicht unterschätzt werden sollte.

Zur »Ökumene« im Sinne freundlicher Kooperation der verschiedenen Gruppen auf dem religiösen Markt nötigt jedoch schon der Pluralismus als solcher, nicht erst die sozialpsychologische Typenaffinität des bürokratischen Personals. Diese stellt immerhin sicher, daß religiöse Konkurrenten einander nicht so sehr als »Feinde«, sondern als Kollegen mit ähnlichen Problemen betrachten, was eine Zusammenarbeit natürlich wesentlich erleichtert. Aber der Zwang zur Kooperation ist allein schon durch den Zwang zur Rationalisierung des Wettbewerbs in der pluralistischen Situation gegeben. Da nun einmal eine Marktsituation entstanden ist, können Konkurrenten nicht mehr mit Hilfe des politischen Apparates der Gesellschaft eliminiert werden. Der Marktmechanismus tendiert zu einem System des freien Wettbewerbs, das dem des *Laissez-faire*-Kapitalismus sehr ähnlich ist. Dieses System erfordert mit der Zeit immer mehr Rationalisierung. Der freie Wettbewerb verschiedener Absatzorganisationen ohne von außen auferlegte oder durch Absprache untereinander erreichte Zurückhaltung wird jedoch irrational an dem Punkte, wo die Kosten dieses Wettbewerbs die daraus erzielten Gewinne aufzufressen beginnen. Kosten verschlingen in erster Linie »Politik« und »öffentliches Image«. Wenn mehrere Kirchen sich zu einer »konzertierten Aktion« zusammenschließen, statt einander zu über-

[12] Vgl. Berger (1962).

oder unterbieten, erreichen sie von einem religiös neutralen Regime um so leichter Gefälligkeiten. Wilder Wettbewerb um die Gunst des »Verbrauchers« kann sich leicht selbstmörderisch auswirken, weil er unter Umständen bestimmte »Verbraucherkreise« dem religiösen Markt ganz entfremdet. Aber auch rein ökonomisch gesehen ist ein ungezügelter Wettbewerb irrational, und das heißt, kostspielig. Der Absatz einer Ware, sei sie materieller Natur oder nicht, an ein modernes Massenpublikum ist immer eine schwierige und teure Angelegenheit. Ohne Kapitalaufwand kommt keine neue Aktion der Kirchen (besonders nicht ihre sogenannte »Expansion« in Amerika) zustande. Die mit der Durchführung von Aktionen betrauten Bürokraten müssen genau kalkulieren, was sie wiederum zwingt, möglichst geringe Risiken einzugehen. Die Ausbildung des Kirchenpersonals, Bau und Instandhaltung kirchlicher Bauwerke, die Herstellung und Versendung von Propagandamaterial, die steigenden Verwaltungskosten, das alles verschlingt enorme Summen, für deren rationelle Verwendung die Religionsbürokraten zuständig sind. Ihre Verantwortung wächst in dem Maße, in dem sie auf Zuschüsse und Spenden angewiesen sind. Die Erträgnisse aus Eigenkapital können sich verringern, die »Gebefreudigkeit« privater und freiwilliger Spender läßt sich schwerlich genau vorausberechnen. Damit schleichen sich Risikoelemente in die Kalkulation ein. Auch eine allgemeine Inflation vergrößert das Ausgabenrisiko (eine wichtige Komponente, die bei den »Expansionsprogrammen« der Kirchen in Amerika mitspricht). Ein naheliegender Weg für jede Religionsgruppe, ihr Kostenrisiko zu verringern, ist, Verständigung mit den Konkurrenten, d. h. eine Art »Preisbindung« anzustreben und den Wettbewerb durch Kartellbildung zu rationalisieren.

Ein gutes Beispiel für derartige Vorgänge ist die sogenannte »Comity«-Bewegung im amerikanischen Protestantismus.[13] Das Wort ist heute aus der Mode gekommen. Gemeint waren Gebietsabsprachen zwischen verschiedenen Denominationen für ihre Expansionsprogramme. Eine derartige »Raumplanung« (die sich heute einer expliziteren Terminologie vorwiegend aus der Stadt- und Gemeindeplanung bedient) muß besonders durchrationalisiert sein; sie stützt sich auf Volkszählungen, Grundstücks- und Bevölkerungsplanung sowie auf exakte soziologische Untersuchungen und Befragungen, die Kirchen bzw. Denominationen selbst vornehmen. Die Entscheidung, einer bestimmten Denomination

[13] Vgl. Lee (1960). Lee beschreibt die Entwicklung sehr gut, wenngleich mit wenig Gespür für die zugrunde liegenden sozioökonomischen Kräfte.

ein bestimmtes Expansionsgebiet (eine neue Vorstadtsiedlung z. B.) zuzu-
weisen, ist also nicht nur das Ergebnis politischer Verhandlungen, sondern
fußt auf höchst rationellen objektiven Informationsmethoden. Die Zunahme interdenominationaler Instanzen im amerikanischen Protestantismus auf örtlicher und überörtlicher Ebene (die sogenannte »conciliar«-
Bewegung) hat unmittelbar mit den Ansprüchen der Bürokratie zu tun;
und (unabhängig von der Rhetorik) steuert der größte Teil ihrer Aktivi-
täten weiter in diese Richtung. Jeder drastische Wandel dieses Ver-
haltensmusters könnte nur zu schweren wirtschaftlichen Schädigungen
der einzelnen Denominationen führen.

Kartellbildung, hier wie anderswo auf dem Wettbewerbsmarkt, hat
zweierlei zur Folge: Die Zahl der Konkurrenten wird durch Fusion
verringert, und die verbleibenden manipulieren den Markt durch wechselseitige Absprachen. Beides ist natürlich auch für die »Ökumene« in
der heutigen Gesellschaft charakteristisch. Im Protestantismus jedenfalls
haben die Denominationen sich in zunehmendem Maße zusammen-
geschlossen, und Verhandlungen im Hinblick auf weitere Zusammen-
schlüsse sind im Gange. Innerhalb wie außerhalb der Grenzen des Protestantismus haben wechselseitige Konsultation und Kooperation der
großen Religionsgemeinschaften zugenommen, die den Fusionierungs-
prozeß »überlebt« haben. Man darf dabei jedoch nicht übersehen, daß
die Kartellbildung *nicht* etwa auf eine neue Monopolsituation hinaus-
läuft. Die Idee einer »Weltkirche« wird sich kaum je praktisch verwirklichen lassen. Die allgemeine Tendenz scheint vielmehr auf eine Welt-
Kirchen-Oligarchie hinzuweisen, wobei weitere Fusionen nur nach Maßgabe ihres Wertes für den rationellen Wettbewerb zu erwarten sind.
Ganz abgesehen von der Überstrapazierung der theologischen Legitimationen, die sie mit sich brächten, wären sie im religionsbürokratischen
Interesse höchst unvernünftig und sicher auch nicht im Sinne des »Verbraucherwillens«. (Religions-»Verbraucher« pflegen nämlich ironischer-
weise oft anhänglicher zu sein als Religionsbürokraten.)

Die pluralistische Situation hat also ein ganzes Netz bürokratischer
Strukturen entstehen lassen, deren Aufgabe der rationelle Umgang mit
der Gesamtgesellschaft und untereinander ist. Soweit diese Situation
Kartellbildung mit sich bringt, treibt ihre gesellschaftliche, politische und
wirtschaftliche Dynamik sie in Richtung auf die »Ökumene«. Die Anführungsstriche sollen besagen, daß diese Tendenz *a priori* nichts mit
theologischen Inhalten des Begriffs zu tun haben muß. Sehr wahrscheinlich wäre die heutige ökumenische Bewegung auf jeden Fall aus

der pluralistischen Situation hervorgegangen, auch ohne die theologischen Konzeptionen, die sie jetzt legitimieren sollen. Der Soziologe jedenfalls wird neue Entwicklungen in der Theologie sowieso eher als Folge denn als Ursache der pluralistischen Infrastruktur ansehen, ohne dabei allerdings die Möglichkeit des »Rückwirkens« der Theologie auf die Infrastruktur zu unterschätzen. Eine solche Auffassung stellt natürlich die Aufrichtigkeit der Motive des einzelnen für ein Engagement in der ökumenischen Bewegung nicht im geringsten in Frage. »Verschwörungstheorien« als Erklärung für tiefgreifende gesellschaftliche Phänomene sind nie überzeugend, ganz besonders nicht, wenn es um religiöse Phänomene geht.

Die Wirkungen der pluralistischen Situation machen nicht etwa bei den soziostrukturellen Aspekten der Religion halt, sondern reichen tief hinein in die religiösen Inhalte, d. h. also in das Produkt der religiösen Absatzinstanzen. Warum das so sein muß, ist nach den vorangegangenen Darlegungen über Strukturveränderungen nicht schwer zu erkennen. Solange religiöse Institutionen eine Monopolstellung in der Gesellschaft einnahmen, ließen sich ihre theologischen Inhalte je nach Einsehbarkeit oder Zweckmäßigkeit auf die Interessen der obersten religiösen Führung abstimmen. Das heißt natürlich nicht, daß sie nicht auf Vorgänge in der Gesamtgesellschaft bzw. deren Machtzentren reagiert hätten. Religionen waren immer sehr empfänglich für weltliche Einflüsse, bis hinein in ihre subtilsten theologischen Konstruktionen. Die pluralistische Situation hat jedoch eine neue Art von weltlichen Einflüssen mit sich gebracht, die vielleicht größere Macht zur Modifizierung religiöser Inhalte besitzen als königliche Wünsche oder Klasseninteressen – nämlich die Dynamik des Verbraucherwillens.

Um es zu wiederholen, das entscheidende soziologische und sozialpsychologische Merkmal der pluralistischen Situation besteht darin, daß Religion nicht mehr befohlen werden kann, sondern auf den Markt gehen muß. Es ist fast ein *a priori*, daß man einer Verbraucherschaft, die nicht unter Kaufzwang steht, keine Ware mundgerecht anbieten kann, ohne ihre Wünsche hinsichtlich dieser Ware zu berücksichtigen. Die religiösen Institutionen können sicherlich noch immer auf alte Bindungen zählen, die bestimmte Bevölkerungsgruppen abhalten, von ihrer Wahlfreiheit zu drastisch Gebrauch zu machen – in der Sprache des Marktes, es gibt bei »alten Kunden« eine gewisse »Produkttreue«. Die religiösen Institutionen können darüber hinaus die Kaufunlust gerade bei diesen Gruppen auch durch geeignete Reklame in Grenzen halten. Desungeachtet bedeutet jedoch allein schon die Werbe-Haltung dem Verbraucher gegenüber, daß die Ware, die an den Mann gebracht werden soll, unter Verbraucherkontrolle steht.

Damit ist ein dynamisches Element in die Situation eingeführt worden, ein Prinzip der Wandelbarkeit, wenn nicht des Wandels, das dem religiösen Traditionalismus ein Dorn sein muß. In seinem Zeichen tut er sich immer schwerer damit, den religiösen Inhalten ihren alten Status der unwandelbaren Wahrheit zu erhalten. Statt dessen hat sich die Dynamik des Verbraucherwillens der religiösen Sphäre bemächtigt. Religiöse Inhalte sind »Modeartikel« geworden, was natürlich noch nicht heißt, daß sie sich in modischem Tempo »verbrauchen« müssen. Auch das Prinzip der Unwandelbarkeit hat die Waffen noch keineswegs gestreckt. Aber die *Möglichkeit* des Wandels ist aufgetaucht und damit ein für allemal gegeben. Früher oder später wird sich die Chance zur Verwirklichung des Möglichen und ihrer theologischen Legitimierung schon einstellen. Dieses Zukunftsbild ist für manche Gruppen (z. B. die Protestanten) aktueller als für andere (z. B. die Katholiken). Dem langen Schatten, den es vorauswirft, kann sich jedoch keine Gruppe gänzlich entziehen.

Die Dynamik des Verbraucherwillens setzt selbst keine neuen Inhalte. Sie enthält nur das Postulat der Empfänglichkeit für Wandel, ohne selbst dessen Richtung zu determinieren. Einige andere Faktoren der gegenwärtigen Situation nehmen jedoch auch inhaltlich Einfluß auf den Wandel. Der Grad der Säkularisiertheit einer Verbraucherwelt z. B. spiegelt sich auch in Verbraucherwünschen. Religiöse Produkte, die sich mit dem säkularisierten Bewußtsein in Einklang bringen lassen, werden solchen gegenüber, die das nicht oder nur schwer zulassen, bevorzugt werden. Das richtet sich natürlich auch nach der Schicht, der die Kunden religiöser Institutionen angehören. Die Nachfrage von Verbrauchern aus dem oberen Mittelstand amerikanischer *suburbs* nimmt sich anders aus als die im agrarischen Süden. Da der Grad der Säkularisiertheit nun einmal nach Schichten verschieden ist, muß auch der säkularisatorische Einfluß als Verbraucher nach Schichten verschieden sein. Der Zug zur Säkularisierung ist jedoch weltweit. Daher besteht auch eine weltweite Vorliebe für religiöse Inhalte, die sich in säkularisatorischer Richtung modifizieren lassen. In Extremfällen (wie im liberalen Protestantismus und im Judentum) kann das die vorsätzliche Ausmerzung aller, oder beinahe aller »übernatürlichen« Elemente der Religion und zugleich eine Legitimation für das Weiterleben der Institution nach sich ziehen, die doch einst nur ihre weltliche Gestalt gewesen war. In anderen Fällen verlieren die »übernatürlichen« Elemente an Gewicht oder treten in den Hintergrund, während die Institution mit einem Etikett »verkauft« wird, das dem säkularisierten Bewußtsein zusagt. So ist die katholische Kirche z. B. offensichtlich weniger als die meisten ihrer protestantischen Rivalinnen geneigt, ihre Inhalte zu »enttheologisieren«. Aber nicht anders als der »fortschrittliche« Protestantismus läßt sich der traditionsbewußte Katholizismus werbewirksam als moralisches Rückgrat der Nation oder Spender psychologischer Tröstungen (»Seelenfrieden« und dergleichen) an den Mann bringen.

Auch der institutionelle »Ort« der Religion in der heutigen Gesellschaft übt einen wesentlichen Einfluß aus. Da ihre gesellschaftlich bedeutsame »Relevanz« in der Privatsphäre liegt, spiegelt der Verbraucherwille den »Bedarf« dieser Sphäre wider. Das bedeutet, daß sich besser mit der »Relevanz« der Religion für das Privatleben als mit ihren spezifischen Folgen für die großen öffentlichen Institutionen werben läßt. Dies ist besonders wichtig für ihre moralischen und therapeutischen Funktionen. Infolgedessen haben sich die religiösen Institutionen auf die moralischen und therapeutischen »Bedürfnisse« der Privatperson eingestellt, was sich deutlich in der Vorrangstellung bekundet, die heute die private Problematik theoretisch und praktisch im kirchlichen Leben genießt. Die Akzente liegen auf Familien- und Nachbarschafts- bzw. Gemeinde-Seelsorge und auf den psychischen »Bedürfnissen« der Privatperson. In diesen Bereichen ist Religion weiterhin »relevant«, selbst in hoch säkularisierten Schichten, während die Anwendung religiöser Perspektiven auf politische und wirtschaftliche Probleme in denselben Schichten weithin als »irrelevant« abgetan wird. Daraus erklärt sich auch, warum die Kirchen einen relativ geringen Einfluß auf die wirtschaftlichen und politischen Vorstellungen selbst ihrer eigenen Mitglieder haben, die als Privatleute nach wie vor kirchentreu sind.

Die pluralistische Situation hat verständlicherweise eine Höherbewertung der Laien für die religiösen Institutionen mit sich gebracht. Das »Zeitalter des Laien-Christentums« oder der »Laienkirche«, wie es manche Theologen nennen, konnte nur anbrechen, weil Laien und Verbraucher identisch sind. Die theologischen Lehren über die Rolle des Laien sind, mit anderen Worten, nachträgliche Legitimationen innerkirchlicher Strömungen, die sich aus der Infrastruktur des Marktes erklären lassen. Auch auf diesem Gebiet ist der Wandel manchen Kirchen leichter gefallen als anderen. So konnten die Protestanten freikirchlicher

Richtung die Herrschaft und Kontrolle des Verbrauchers sogar mit ehr-
würdigen theologischen Vorstellungen legitimieren (obgleich diese sich
natürlich ursprünglich auf eine ganz andere Situation bezogen – das
»gelobte Land« der Puritaner z. B. war ganz gewiß keine Verbraucher-
genossenschaft). Um so interessanter ist demgegenüber die nämliche
»Wiederentdeckung der Laienkirche« auch in Religionen – sogar im
Katholizismus –, die einst mit den entsprechenden Legitimationen gebrochen hatten.[14]
Zwei weitere Wirkungen der Verbraucherkontrolle auf religiöse Inhalte
sind Standardisierung und Differenzierung – auch dies ein Echo auf
die allgemeine Dynamik des freien Marktes. Wenn der religiöse
»Bedarf« bestimmter Abnehmerschichten bzw. erhoffter neuer Ab-
nehmer ähnlich ist, können die religiösen Institutionen, die diesen »Bedarf« decken, ihre Produkte auch nur entsprechend ähnlich gestalten.
Alle religiösen Institutionen, die sich an dem Markt des oberen Mittel-
stands in den Vereinigten Staaten orientieren, unterliegen z. B. einem
Zwang zur Säkularisierung und Psychologisierung ihrer Produkte –
dem zu widerstehen eine drastische Verringerung des »Absatzes« bedeuten würde. Selbst der katholische Geistliche spricht wahrscheinlich
in der *suburb* weniger über die Marienerscheinung von Fatima, sondern
läßt sich eher auf einen »Dialog« über »Religion und seelische Gesundheit« mit einem Psychiater ein. Seine Kollegen aus dem protestantischen
und jüdischen Lager haben natürlich ihre gesamte Tätigkeit schon längst
als eine Form von Familien-Psychotherapie legitimiert. Diese Standardisierung religiöser Inhalte unter dem Druck der Verbraucher zeigt eine
Tendenz zur Bagatellisierung der traditionellen konfessionellen Spal-
tung. Infolgedessen erleichtert sie eine Kartellbildung, wie sie die
Struktur der pluralistischen Situation erfordert. Die Gruppe A kann
mit der Gruppe B verschmelzen oder »Preisabsprachen« treffen«, einfach als Folge der pragmatischen Schwierigkeiten, mit denen sich die
beiden Bürokratien herumplagen müssen. Der beiderseitige Betriebs-
aufwand verringert sich allerdings drastisch, sobald sich die Inhalte
A und B zum Verwechseln ähnlich geworden sind.
Der fruchtbare Schoß der pluralistischen Situation hat jedoch nicht nur
das »Zeitalter des ökumenischen Geistes«, sondern auch das der »Wiederentdeckung des konfessionellen Erbes« geboren, zwei Früchte, die
sich gegenseitig auszuschließen scheinen. Das ist oft bemerkt worden

14 Vgl. Congar (1953), dessen Arbeit einen entscheidenden Wandel im katholischen
Denken über diese Frage markiert.

und lediglich, je nach Standort, als »Ausgleichsbewegung« begrüßt oder beklagt worden.[15] Wir halten die neuen Akzente auf der Konfessionsidentität (besonders, wenn sie die Kartellbildung überlebt hat) allerdings ganz entschieden für einen Teil ein und desselben Rationalisierungsprozesses im Zeichen des Wettbewerbs. Die »Ausgleichsbewegung« verdankt ihr Entstehen einem Bedürfnis nach Differenzierung von Nebensachen angesichts der standardisierten Hauptsache. Einfacher ausgedrückt: Wenn Gruppe A *nicht* mit Gruppe B verschmilzt, obwohl beider Produkte auf einen Nenner gebracht worden sind, muß etwas getan werden, damit die Verbraucher sie überhaupt unterscheiden und zwischen ihnen wählen können. Die Betonung des »konfessionellen Erbes« ist dafür wie geschaffen. Zwar kann es geschehen, daß der Standardisierungsprozeß dadurch aufgehalten oder gar abgewendet wird. Viel häufiger ist aber doch wohl, daß es sich nur um Unterschiede der »Verpackung« handelt und daß das Paket noch dasselbe alte Standardprodukt enthält. In jedem Fall geht die Differenzierung von Nebensachen immer nur so weit, wie es die Dynamik des Verbraucherwillens auf einem speziellen Markt erfordert. Sie variiert also weniger ihr konfessionsspezifisches Überlieferungsgut als nach Maßgabe schichtenspezifischer »Nachfrage«. Deshalb ist »Ausgleichsbewegung zur Ökumene« eine unzutreffende Bezeichnung für »Wiederentdeckung des konfessionellen Erbes«. Sie kann vielmehr als deren strukturell bedingter Kontrapunkt verstanden werden. In diesem Sinne hat die Differenzierung religiöser Produkte auch ein sozialpsychologisches Korrelat. Das heißt, wenn Gruppe A sich mit ihrem »wiederentdeckten Erbe« ein Profil gegeben hat, verstehen Repräsentanten der Gruppe A sich gegenüber Repräsentanten anderer Gruppen als Erben der Überlieferung. Damit läßt sich die Dynamik von Identifizierung und Selbstidentifizierung im »Wer ist wer?« der ökumenischen Bewegung erklären – irgendwer muß schließlich jeder Teilnehmer *per definitionem* sein. Der gesamte sozialpsychologische Druck der Situation treibt ihn dann dazu, der zu werden, für den man ihn hält, nämlich ein Repräsentant des religiösen Erbes, das ihm zugeteilt ist.

Daß all dies den Theoretikern der verschiedensten Observanz Sorgen bereitet, d. h., daß sie theologische Legitimationsschwierigkeiten haben, ist leicht begreiflich. Wir wollen uns damit im nächsten Kapitel etwas ausführlicher beschäftigen. Vorerst gilt es jedoch, den grundsätzlichen

[15] Vgl. Lee, op. cit., S. 188 ff.

sozialpsychologischen Vorgang zu begreifen, um den es geht, nämlich einen »Ortswechsel« der Religion im Bewußtsein.[16]
Die Objektivität (d. h. die objektive Wirklichkeit) religiöser Welten wird, wie wir dargelegt haben, durch konkrete gesellschaftliche Prozesse errichtet und aufrechterhalten. Jede religiöse Welt stellt sich dem Bewußtsein aber nur so lange als Wirklichkeit dar, wie ihre Plausibilitätsstruktur intakt ist. Wenn diese kraftvoll und dauerhaft ist, bleibt auch die von ihr aufrechterhaltene religiöse Welt kraftvoll und dauerhaft wirklich für das Bewußtsein. Sobald die Plausibilitätsstruktur jedoch geschwächt ist, wirkt sich das auch auf ihre subjektive Wirklichkeit aus, und Ungewißheit ergreift das Bewußtsein. Was es vorher als selbstverständliche Wirklichkeit erfahren hatte, kann es jetzt nur durch eigene Besinnung erreichen, durch einen Akt des »Glaubens«, der *per definitionem* die Zweifel überwinden muß, die im Hintergrund des Bewußtseins lauern. Bei weitergehender Auflösung der Plausibilitätsstruktur kann das Bewußtsein die alten religiösen Inhalte nur noch als »Meinungen« oder »Gefühle« aufrechterhalten – oder wie es im Amerikanischen treffend heißt, als »religiöse Vorliebe« [*religious preference*]. Das hat einen »Ortswechsel« dieser Inhalte im Bewußtsein zur Folge. Sie »sikkern« gleichsam von den Höhen des Bewußtseins, auf denen jene fundamentalen »Wahrheiten« beheimatet sind, über die mindestens »gesunde« Menschen sich einig sind, in die Niederungen subjektiver »Ansichten«, über die gescheite Menschen ganz verschiedener »Meinung« sein können und deren man sich im Grunde selbst gar nicht so sicher weiß.
Daß sich mit der Religion etwas Derartiges im modernen Bewußtsein zugetragen hat, wird weithin zugegeben, und so hat man denn der Gegenwart auch die tönende Bezeichnung »das Zeitalter der Skepsis« gegeben. Was jedoch nicht so weithin erkannt wird, geschweige denn zugegeben, ist die Tatsache, daß die moderne »Skepsis« nicht irgendwelchen geheimnisvollen Metamorphosen des Bewußtseins an und für sich anzulasten ist, sondern vielmehr auf konkreten, der Empirie zugänglichen gesellschaftlichen Entwicklungen beruht. Die pluralistische Situation, wie wir sie oben geschildert haben, mußte nämlich als solche die Religion ganz einfach in eine Glaubwürdigkeitskrise treiben.

[16] Der folgende Gedankengang basiert auf Gehlens allgemeiner Theorie der modernen »Subjektivierung«, die er vor allem in *Die Seele im technischen Zeitalter* entwickelt hat. Zur Anwendung dieses Gedankens auf die Soziologie der heutigen Religion vgl. Schelsky (1957) und Luckmann, op. cit. Als empirische Studie über die »Meinungsreligion« vgl. Wölber (1959).

Das geschah in erster Linie dank ihres Zusammengehens mit der Säkularisierung. Die beiden weltweiten Prozesse der Pluralisierung und der Säkularisierung sind, wie wir zeigen konnten, eng miteinander verknüpft. Allein durch den Pluralismus wäre jedoch auch ohne eine Beziehung zu den »Trägern« der Säkularisierung eine Glaubwürdigkeitskrise als *soziostrukturelles* Problem entstanden. Die pluralistische Situation erschwert durch ihre Entmonopolisierung der Religion die Erhaltung oder gar Neuerrichtung religiöser Plausibilitätsstrukturen. Die vorhandenen erleiden schon dadurch Kraftverluste, daß sie sich nicht mehr der Gesamtgesellschaft zum Zwecke sozialer Bestätigung bedienen können. Es gibt heute eben immer »all die anderen«, die nicht geneigt sind, eine bestimmte religiöse Welt zu bestätigen. Einfacher ausgedrückt: Die »Bewohner« einer religiösen Welt haben es heute besonders schwer, »unter sich« zu bleiben, und man kann »seine Leute« kaum noch in sicherer Entfernung von der Verunsicherung – nicht nur einiger einzelner, sondern ganzer Schichten – halten. Die Plausibilitätsstrukturen verlieren sodann nicht nur an Kraft, sondern auch an Dauerhaftigkeit, und zwar als Folge der oben beschriebenen »Verbraucherkultur«. Wenn religiöse Inhalte »modeempfindlich« werden, kann man sie kaum als unwandelbare Wahrheiten ausgeben. Diese Vorgänge bleiben jedoch unverständlich, wenn man sie lediglich als Bewußtseinsphänomene betrachtet. Sie müssen vielmehr in ihrer ganzen Abhängigkeit von der spezifischen Infrastruktur der modernen Industriegesellschaft erkannt werden. Es wäre keineswegs eine Übertreibung, wenn jemand behauptete, die religiöse Glaubwürdigkeitskrise eher und besser an Hand ökonomischer Daten über industrielle Produktivität oder Expansion des Kapitals voraussagen zu können als mit Hilfe von Daten aus ihrer »Geistesgeschichte«.

Die pluralistische Situation vervielfacht die konkurrierenden Plausibilitätsstrukturen und relativiert *ipso facto* die religiösen Inhalte. Diese werden, genauer gesagt, »entobjektiviert«, d. h. ihres Gewißheits-Status und des Charakters objektiver Wirklichkeit im Bewußtsein beraubt. Sie werden »subjektiviert« in doppeltem Sinne. Einmal wird ihre »Wirklichkeit« zur »Privatangelegenheit«, d. h. verliert damit die Selbstverständlichkeit intersubjektiver Plausibilität, so daß »man wirklich nicht mehr von Religion sprechen kann«. Zweitens wird diese »Wirklichkeit«, soweit der einzelne sie sich bewahren kann, eher als begründet im Bewußtsein des einzelnen als in Sachverhalten der äußeren Welt verstanden, so daß Religion nicht mehr auf Weltall und Geschichte verweist, sondern auf die individuelle »Existenz« oder Psychologie.

Auf theoretischer Ebene ist dies eine Erklärung für die vielen Anleihen beim Existenzialismus und Psychologismus, die Theologen heute zu machen pflegen. Beider Terminologien sind insofern »empirisch angemessen«, als sie den »Ort« der Religion im heutigen Bewußtsein getreulich widerspiegeln, einen »Ort«, den sie doch erst theoretisch legitimieren sollen. Man sollte dabei nicht vergessen, daß diese Legitimationen sich auf vortheoretische Phänomene des Bewußtseins stützen, die ihrerseits auf der Infrastruktur der heutigen Gesellschaft beruhen. Das Individuum »entdeckt« die Religion tatsächlich »da drunten« im eigenen Bewußtsein – und der Existentialist oder der Freudianer erklärt diese »Entdeckung« dann nur noch in der Sprache seiner Theorie. Auch in diesem Falle erkühnen wir uns noch einmal zu behaupten, daß sich solche Phänomene genauer und besser mit Hilfe ökonomischer Daten voraussagen lassen als aufgrund sogenannter »Daten« über die Leistungen des »Unbewußten«, ja daß die Bewertung des »Unbewußten« in der modernen Gesellschaft selbst ein typisches Strukturphänomen ist.[17]

Die Entmonopolisierung der Religion ist also zugleich ein soziostruktureller und sozialpsychologischer Prozeß. Religion kann »die Welt« nicht mehr legitimieren. Statt dessen bemühen sich verschiedene religiöse Gruppen mit verschiedenen Mitteln, ihre je eigene Subwelt als eine unter vielen konkurrierenden Subwelten zu erhalten. Das Bewußtsein internalisiert den Konkurrenzkampf religiöser Legitimationen als rivalisierende Möglichkeiten, unter denen es wählen kann. Aber noch die Wahl, die es trifft, wird durch die pluralistische Situation relativiert, und ihre Gewißheit wird damit in Frage gestellt. Gewißheit kann nur noch aus der Binnenwelt des individuellen Bewußtseins hervorgeholt werden, da die gesellschaftliche Außenwelt, die jeder mit jedem teilt und deren jeder gewiß ist, sie auf diesem Gebiet nicht mehr bieten kann. Dieses »Heraufholen« wird dann als »Entdeckung« irgendwelcher angeblich existenzieller oder psychologischer Gegebenheiten legitimiert. Die Religion hat ihre überwölbende Symbolkraft für die Gesamtgesellschaft verloren. Integrationssymbolik muß heute anderswo gesucht und gefunden werden. Grüppchen und Gruppen, die weiter einer Welt anhängen, wie Religion sie definiert hatte, sehen sich alsbald in die Lage kognitiver Minderheiten versetzt – eine Situation, die ihre ganz besonderen sozialpsychologischen und theoretischen Tücken hat.

17 Vgl. Berger (1965).

Die pluralistische Situation bietet den religiösen Institutionen zwei idealtypische Optionsmöglichkeiten. Entweder sie passen sich der Situation an und machen gute Miene zum bösen Spiel des freien Unternehmertums. Mit dem Plausibilitätsproblem müssen sie dann »unternehmensgerecht« zu Rande kommen, d. h., sie müssen ihr Angebot nach der Nachfrage des Verbrauchers richten. Sie können es aber auch weit von sich weisen, sich zu akkommodieren, und sich hinter irgendwelche religiösen Strukturen, die sie erhalten bzw. errichten, verschanzen, d. h. sich so weit wie möglich zur alten Objektivität der Religion bekennen, als wäre alles beim alten und gar nichts geschehen. Zwischen den Idealtypen liegen viele Möglichkeiten, sich gradweise anzupassen oder intransigent zu bleiben, und nach beiden Richtungen ergeben sich theoretische Probleme und die praktische Frage der »gesellschaftlichen Steuerung«. Alle diese Probleme *zusammen* bilden die heutige »Krise der Theologie« und die »Krise der Kirche«. Damit wollen wir uns im folgenden auseinandersetzen.

7. KAPITEL

Säkularisierung und Legitimierungsproblem

Nach Lektüre der vorausgegangenen Seiten dürfte klar sein, daß wir weder eine »idealistische« noch eine »materialistische« Auffassung vom Verhältnis zwischen Theorie und Praxis religiöser Phänomene vertreten. Wenn man eine spezielle historische Situation der Religion untersucht, ist es weitgehend eine Sache der Bequemlichkeit (genauer, eine Frage des spezifischen Erkenntniszieles der Untersuchung), bei welcher der beiden Sphären man einsetzt. Je nach Ansatz kann man zeigen, wie sich eine theoretische Konstellation aus einer konkreten Infrastruktur entwickelt hat oder umgekehrt, wie eine soziale Struktur das Resultat geistesgeschichtlicher Entwicklungen ist. In unserem Falle können wir also genausogut sagen, daß Pluralismus Säkularisierung wie daß Säkularisierung Pluralismus hervorgebracht habe. Diese Behauptung zeugt nicht etwa von mangelnder Denkschärfe oder von terminologischer Mehrdeutigkeit, sondern beruht vielmehr auf der inneren Dialektik der untersuchten Phänomene und letzten Endes aller soziohistorischen Phänomene. Wenn wir also zum Schluß noch einen Blick auf bestimmte religionstheoretische Elemente werfen, behaupten wir *weder*, diese Elemente seien »nichts als« der Effekt der zuvor analysierten soziostrukturellen Prozesse, *noch* sie seien letztlich die »wirklichen« oder die der Situation »zugrunde liegenden« Kräfte. Einfach gesagt, dies scheint gerade der geeignete Ort zu sein, unsere Darstellung abzuschließen.
Die »Krise der Theologie« in der gegenwärtigen Situation der Religion beruht auf einer Plausibilitätskrise, die aller Theorie voraus ist. Das heißt, einfachen Leuten ohne Kenntnis von oder nicht einmal Interesse für Theologie ist die Plausibilität traditioneller religiöser Definitionen von Wirklichkeit fragwürdig geworden. Wir haben im vorigen Kapitel zu zeigen versucht, daß diese Krise der Religion auf der Ebene des gesunden Menschenverstandes nicht etwa mit geheimnisvollen Metamorphosen des Bewußtseins, sondern vielmehr mit empirisch zugäng-

lichen Entwicklungen in der Struktur und Sozialpsychologie moderner Gesellschaften erklärt werden kann. Wie wir gesehen haben, liegt das Grundproblem religiöser Institutionen darin, in einer Umwelt zu überdauern, die ihre Definitionen von Wirklichkeit nicht mehr als gesichert hinnimmt. Wir haben auch auf Anpassung und Widerstand hingewiesen: die beiden Wahlmöglichkeiten, auf den massiven Druck der Umwelt zu reagieren. Beide Möglichkeiten bereiten natürlich theoretische und praktische Schwierigkeiten. Das praktische und das theoretische Problem der Anpassung liegen in der Beantwortung der Frage: »Wie weit soll man gehen?«, das des Widerstandes darin, jederzeit abschätzen zu können, »wie stark man ist«. Praktische Schwierigkeiten müssen durch »gesellschaftliche Steuerung« bewältigt werden – bei der Anpassung durch Reorganisation der Institution, um sie für die moderne Welt »relevanter« zu gestalten; beim Widerstand durch Straffung und Umgestaltung der Institution, damit sie eine dauerhafte Plausibilitätsstruktur für solche Definitionen von Wirklichkeit abgeben kann, denen die Gesamtgesellschaft ihre Bestätigung versagt. Beide Möglichkeiten müssen natürlich theoretisch legitimiert werden. Genau in diesem Legitimierungsproblem liegt die »Krise der Theologie«.

In dem Maße, wie Säkularisierung und Pluralismus heute globale Phänomene sind, zeigt sich auch die theologische Krise weltweit, trotz der großen Unterschiede der religiösen Inhalte, die legitimiert werden müssen. Auch die Legitimatoren nichtreligiöser Weltanschauungen werden nicht von ihr verschont, ganz besonders nicht dogmatische Marxisten. Ja, man kann durchaus vermuten, daß allen anderen Religionen nur Varianten der Erfahrung, die der Protestantismus in der Neuzeit gemacht hat, bevorstehen. Die Ursache für das Prototypische am modernen Protestantismus ist, wie wir schon erwähnten, sein eigentümliches Verhältnis zu Entstehung und Wesen der modernen Welt. Im folgenden wollen wir uns auf die »Krise der Theologie« im Protestantismus konzentrieren, auch wenn wir dabei natürlich ein viel allgemeineres Phänomen im Auge haben. Wenn der Niedergang der Religion das Drama der Neuzeit ist, so ist der Protestantismus die Kostümprobe gewesen.

Bekanntlich war der frühe Protestantismus ebensowenig wie sein katholischer Widerpart bereit, dem säkularisierten Denken Zugeständnisse zu machen oder die Beschränkungen einer pluralistischen Situation zu akzeptieren.[1] Alle drei Hauptrichtungen der Reformation – Lutheraner,

---

[1] Für die allgemeine Entwicklung der protestantischen Theologie sind noch immer die klassischen Werke zur Dogmengeschichte von Albrecht Ritschl und Adolf v. Harnack

Anglikaner und Calvinisten – bemühten sich, in ihren Gebieten Abbilder der *una sancta ecclesia* darzustellen. Es kann eingewendet werden, daß es diesen Abbildern im Vergleich zu ihrem mittelalterlichen Modell an Plausibilität fehlte, einfach als Folge ihrer geringeren Größe und der fortgesetzten Konfrontation mit anderen Definitionen der Situation. Doch es dauerte eine geraume Zeit, bis dieser Realitätsverlust auf der Ebene der theologischen Legitimation reflektiert wurde. Lutheranische, anglikanische und calvinistische Orthodoxie bewahrte sich in Plausibilitätsstrukturen, die so geschlossen gehalten wurden, wie es die Umstände der Situation gestatteten – und häufig durch Methoden, die so repressiv waren wie die der Katholiken. Die theoretische Theologie des strenggläubigen Protestantismus erlebte vor dem 19. Jahrhundert zwei schwere Erschütterungen. Die erste war ein Schock, den ihr der Pietismus versetzte. Er trat in den drei protestantischen Lagern in verschiedener Gestalt auf: als reiner Pietismus im Luthertum, als Methodistenbewegung in der Kirche von England, und in einer Vielzahl von Erweckungsbewegungen im Calvinismus (die erste große in New England zur Zeit von Jonathan Edwards). Der Pietismus war ein solcher Schock, weil er die dogmatischen Strukturen protestantischer Rechtgläubigkeit auf verschiedene Art durch Emotionalismus »einschmolz«. Er wirkte also entobjektivierend bzw. »subjektivierend« (im Sinne der Ausführungen des vorigen Kapitels). Wesleys Wort vom »erwärmten Herzen« illustriert das ausgezeichnet. Die daraus resultierende »Subjektivierung« wirkte sich zweifach aus – subjektive Emotionalität trat als Kriterium religiöser Legitimität an die Stelle des objektiven Dogmas, womit der Grund für die spätere »Psychologisierung« des Christentums gelegt wurde; und derselbe Prozeß relativiert die religiösen Inhalte, weil das »Herz« des einzelnen anders fühlen kann als das »Herz« eines anderen. Aufgrund dieser pluralistischen Tendenz gefährdete der Pietismus die protestantischen Bemühungen um die Erhaltung einer Mikro-Christenheit. Seit der *ecclesia in ecclesia* von Spener und Zinzendorf neigte der Pietismus in allen seinen Formen zum Sektierertum sowohl innerhalb wie außerhalb der traditionellen Kirchen.

Der zweite Schock kam vom aufklärerischen Rationalismus, den die gesamte protestantische Welt als scharfe Herausforderung der Rechtgläubigkeit empfand. Sehr wahrscheinlich war dieser Rationalismus eine logische (wenngleich unbeabsichtigte) Folge der pietistischen Erosion der

von Bedeutung. Zur Entwicklung seit Schleiermacher vgl. Mackintosh (1937), Barth (1947) sowie Stephan und Schmidt (1960).

Orthodoxie – und tatsächlich haben Rationalismus und Pietismus seither immer eine auffällige Affinität gezeigt, bis hin zur totalen Fusion beider im Psychologismus unserer Tage. Der aufgeklärte Rationalismus im theologischen Denken war eine internationale Strömung und nahm im lutherischen, anglikanischen und calvinistischen Kontext sehr ähnliche Formen an. Eine exemplarische Figur dieser Bewegung war Lessing.

Es würde zu weit führen, wenn wir nun die infrastrukturellen Aspekte dieser beiden Entwicklungen untersuchen wollten, so wichtig das auch für eine historische Soziologie des Protestantismus wäre. Wir wollen uns hier mit dem Axiom begnügen, daß der »Sitz im Leben« auch dieser theologischen Strömungen nur gesellschaftliche Vorgänge allgemeiner Art im Bereich des Protestantismus gewesen sein können. Wie dem auch sei, im 19. Jahrhundert geriet der strenggläubige Protestantismus in seine eigentliche »Krise«. Die Hauptleistung der protestantischen Theologie des 19. Jahrhunderts war die Bildung eines in sich geschlossenen liberalen Protestantismus, der – obwohl ein kurzlebiges historisches Phänomen, zumindest in seiner klassischen Form – als Theorie eine beachtliche Reichweite entwickelte. Er ergriff alle Gebiete des theologischen Denkens – Bibelkunde, Kirchengeschichte, Ethik, systematische Theologie. Auf den beiden ersten Gebieten hat der liberale Protestantismus, vor allem in Deutschland, einige der bedeutendsten Werke der modernen Geschichtsschreibung hervorgebracht. Bei aller Unterschiedlichkeit der Begriffsapparate gelang dem liberalen Protestantismus eine theoretische Synthese, die durchaus mit der thomistischen verglichen werden kann.

Der »Vater« der liberalen Synthese war Friedrich Schleiermacher. In seinem Denken lassen sich bereits die Hauptzüge der späteren liberalen Theologie deutlich erkennen.[2] Das Hauptgewicht liegt bei ihm im religiösen »Erlebnis«, das als ein »Gefühl der Grenzenlosigkeit« und später als ein »Gefühl absoluter Abhängigkeit« verstanden wird. Auf dieser Grundlage werden alle dogmatischen Formeln relativiert. Alle »übernatürlichen« Elemente treten zurück zugunsten einer »natürlichen« Religion, die Verstand und Gefühl gleichermaßen zufriedenstellt. Die Geschichte der Religionen wird verstanden als Evolution, wobei das Christentum aufgrund seiner angeblich einmaligen Merkmale als »höchste« Religion interpretiert wird. Es besteht eine romantische (und in ihren Wurzeln pietistische) Faszination durch den Menschen Jesus. Die christ-

[2] Vgl. Stephan und Schmidt, op. cit., S. 92 ff.

liche Ethik wird optimistisch als Katalog positiver Werte sowohl für das Individuum wie für die Kultur begriffen, wobei der kulturelle Aspekt die Grundlage für das bildet, was treffend »Kulturprotestantismus« genannt wird – eine Liaison zwischen Protestantismus und liberaler Kultur des Bürgertums, die bereits auf die infrastrukturellen Wurzeln des protestantischen Liberalismus hinweist.

Beachtet werden sollte bei allem die Haltung der Verteidigung gegenüber den angeblich endgültigen Wahrheiten der Philosophie und der Naturwissenschaft, d. h. also gegenüber der aufklärerischen *ratio* außerhalb der christlichen Sphäre. Die Theologie appelliert geradezu an das säkularisierte Bewußtsein des Intellektuellen, an die »Gebildeten unter ihren Verächtern«, denen Schleiermacher seine berühmten Vorlesungen von 1799 gewidmet hat. *Sie*, eher als die eigenen Quellen, werden nun als Schiedsrichter über die Erkenntnisse der protestantischen Theologie angerufen. Mit *ihnen* werden die nötigen geistigen Kompromisse »ausgehandelt«. Diese Verteidigungsstellung (»apologetisch« im modernen Sinne, im Unterschied zur klassischen »Apologetik« der Kirche) ist ein entscheidendes Merkmal des »liberalen Jahrhunderts«, das auf Schleiermacher folgte. Man kann diese Theologie aber auch als großen Kuhhandel mit dem säkularisierten Denken empfinden: »Wir schenken euch die Wunder Jesu. Aber seine Ethik behalten wir. Da habt ihr die unbefleckte Empfängnis. Aber die Auferstehung lassen wir uns nicht nehmen« usw. Gestalten wie Kierkegaard, der nicht willens war, dies mitzumachen, blieben am Rande dieser Theologie und kamen erst nach der »Schleiermacher-Ära« zur Geltung.

Wir können hier unmöglich die Entwicklung der protestantischen liberalen Theologie in ihren (oft faszinierenden) historischen Einzelheiten nachzeichnen, sondern möchten nur auf das hinweisen, was ohne jeden Zweifel als das infrastrukturelle Fundament des protestantischen Liberalismus betrachtet werden kann – die Periode des kapitalistischen Triumphes in Wirtschaft und Technik, der westlichen Expansion und der Vorherrschaft bürgerlicher Kultur – kurzum das »goldene Zeitalter« des bürgerlichen Kapitalismus. Es war eine Periode des tiefen Vertrauens in die kulturellen, politischen und ökonomischen Werte der westlichen Zivilisation, eines Vertrauens, das sich in der optimistischen »Weltanschauung« des liberalen Protestantismus deutlich widerspiegelte. Seine Kompromisse wurden infolgedessen nicht unter Zwang ausgehandelt. Gemessen an einer säkularisierten Kultur waren sie jedoch ebenso wünschenswert wie »billig«, nicht nur materiell, sondern auch als neue

Wertsetzungen. Grob gesagt, der Ausverkauf gewisser Teile der Tradition machte sich bezahlt. Es sollte uns nicht überraschen, daß der liberale Protestantismus mit der Periode zusammenfiel, in der die bürgerliche Welt ihre Anziehungskraft und – tatsächlich – ihre Glaubwürdigkeit erlangte.

Der Erste Weltkrieg bildete den ersten Schock für diese Welt – und die erste große Herausforderung des liberalen Protestantismus folgte ihm – keineswegs überraschend – unmittelbar auf dem Fuße. Der Verlust der Vorherrschaft des liberalen Protestantismus in Europa, zunächst auf dem Kontinent und wenig später in Großbritannien, läßt sich synchronisieren mit der Reihe von Erschütterungen, die dem Ersten Weltkrieg folgten: dem Zerfall der alten bürgerlichen Lebensformen als unbezweifelter Kulturstil in den zwanziger Jahren, dem Aufkommen revolutionärer Bewegungen rechts und links vom bürgerlich-liberalen Lager, dem geradezu metaphysischen Schock bei der Heraufkunft des Nazismus (mit ersten theologischen Konsequenzen im Kirchenkampf der dreißiger Jahre) und schließlich den Schrecken des Zweiten Weltkrieges. In den Vereinigten Staaten bahnte sich trotz erheblicher Unterschiede im Charakter des Protestantismus eine ähnliche Entwicklung ungefähr eine Generation später an. Der Erste Weltkrieg war für die bürgerliche Welt jenseits des Atlantiks kein so großer Schock. Dort kam die tiefe Erschütterung mit der großen Depression, auf die der Zweite Weltkrieg folgte, und danach mit der Dauerkrise des kalten Krieges mit dem internationalen Kommunismus (die sich in den USA stärker zeigte als in Westeuropa). Die ersten ernstlichen Herausforderungen für den liberalen Protestantismus ergaben sich in den Vereinigten Staaten also nicht vor den vierziger Jahren und sind besonders mit dem Einfluß von Reinhold Niebuhr verbunden. Wir sind der Meinung, daß die Unterschiede der infrastrukturellen Prozesse in den Vereinigten Staaten und Europa für dieses Nachhinken der amerikanischen Theologie verantwortlich sind und nicht ein vermeintliches Gesetz kultureller Diffusion zwischen den beiden Kontinenten.

Überflüssig zu erwähnen, daß mit dem Wort »Vorherrschaft« in diesem Fall *nicht* behauptet werden soll, es habe neben dem liberalen Protestantismus nichts anderes gegeben. Während des Zeitabschnittes, in dem der liberale Protestantismus die Szene beherrschte, lebte die Orthodoxie in vielen Formen weiter, und ihre Anhänger wehrten sich entschieden gegen die Umklammerung durch das säkulare Denken und die pluralistische Toleranz. Die große Gegenbewegung gegen den Liberalismus entstand jedoch erst nach dem Zweiten Weltkrieg mit einer theologischen Bewegung, die sich »dialektisch« oder »neo-orthodox« nannte und verständlicherweise von den liberalen Opponenten als Nachkriegsneurose bezeichnet wurde.[3]

Ihre beherrschende Figur ist bis auf den heutigen Tag Karl Barth, der 1919 mit seinem Kommentar zum Römerbrief den ersten Schuß auf den Liberalismus abgegeben hatte. Barth selbst beschreibt die Entstehung und die Wirkung seiner Schrift in einem überzeugenden Bild: Ein Mann klettert im Dunkeln die Stufen zu einem Kirchturm hinauf, er gleitet aus, greift unwillkürlich nach einer Stütze, bekommt ein Seil zu fassen und entdeckt plötzlich, daß er unwissentlich eine gewaltige Glocke zu läuten begonnen hat. Dem Bild wäre allerdings hinzuzufügen, daß Leute, welche die Glocke hörten, dem Kirchturm nicht allzu fern gewesen sein müssen. In den deutschsprachigen Ländern, die noch im Taumel der zerschmetternden Kriegsfolgen standen, läutete Barths Glocke genau zur rechten Zeit.

Auch die Entwicklung der neo-orthodoxen Theologie (um sie bei ihrem in den Vereinigten Staaten gebräuchlichen Namen zu nennen, der ihren Charakter am besten beschreibt) können wir im einzelnen nicht verfolgen. Bei stetigem Anwachsen im deutschsprachigen protestantischen Milieu der zwanziger Jahre stieß sie zunächst auf scharfe Opposition und gewann dann in den dreißiger Jahren rapide an Einfluß. Ihre Zunahme an Einfluß stimmt zeitlich mit dem Kampf zwischen Nazismus und »Bekennender Kirche« überein.[4] In diesem Kampf wurde die Barthsche Neo-Orthodoxie zu einer Art Widerstandsideologie. Die wichtigste Proklamation der »Bekennenden Kirche« in ihren Bemühungen, die christliche Tradition vor der Weltanschauung des Nazismus zu schützen, die sogenannte Barmer Erklärung von 1934, stützt sich unmißverständlich auf die Barthsche Theologie. Selbstverständlich erhielt sie auch die Unterstützung von Gegnern des Nazismus, die theologisch nicht hinter Barth standen. Allgemein führte die Nazizeit und besonders der »Widerstand« (der, das sollte hinzugefügt werden, nur eine sehr schwache *politische* Komponente hatte) viele Menschen in den Umkreis der Kirche, die unter anderen Umständen kein großes Interesse an Religion und gewiß keine Neigung zu Barths scharf antimoderni-

---

[3] Ibid., S. 316 ff.
[4] Vgl. Hermelink (Hrsg.) (1950). Zu einer soziologischen Erörterung der Beziehung zwischen den verschiedenen Fraktionen des deutschen Protestantismus in diesem Kampf vgl. Berger (1960, S. 3 ff.).

stischer Theologie gehabt hätten. Wenn man den neo-orthodoxen Sieges-
zug im Europa der dreißiger Jahre überhaupt verstehen will, muß man
sich klarmachen, daß »modern« damals vor allem bedeutete, mit den
Nazis übereinzustimmen – nach jüngerer protestantischer Auffassung
sind die Protagonisten der Nazi-Ideologie innerhalb der Kirche und
nicht die »Bekennende Kirche« für ihre säkulare Situation »relevant«
gewesen.

Neo-Orthodoxie in allen ihren Formen und Gruppen (wozu auch die
orthodoxe Wiederbelebung in lutherischen und anglikanischen Gruppen
zu zählen ist) bedeutet eine energische Bestätigung der *Objektivität* der
Religion (bei allen Meinungsverschiedenheiten über das, was Tradition
sein soll, etwa zwischen Barth und den Neo-Lutheranern). Die subjek-
tivierende Kompromiß- und Vermittlungsbereitschaft der liberalen
Theologie wird leidenschaftlich abgelehnt – wie in Barths Erwiderung
an Emil Brunner, der sich zwar eindeutig mit der Neo-Orthodoxie
identifizierte, aber doch einige Konzessionen an die »natürliche« Theologie des Liberalismus zu machen bereit war, eine Erwiderung übrigens,
die den bezeichnenden Titel *Nein!* trug. Hier werden das Außen-
und Nicht-Subjektivsein der christlichen Botschaft hervorgehoben. In
Barths eigenen Worten ist die Gnade Gottes eine *iustitia aliena,* die den
Menschen von außen und ohne »Vermittlungen« in seinem Dasein
erreicht. Die christliche Botschaft ist *extra nos,* gänzlich unabhängig von
den Relativitäten menschlichen Denkens und menschlicher Geschichte.
Auf der Grundlage dieser (im Verhältnis zum Liberalismus) »Koperni-
kanischen Wende« in der Theologie kann die Neo-Orthodoxie sich eine
gleichgültige Haltung gegenüber den wechselnden Moden säkularer
Weltanschauungen leisten, sogar (das ist sehr wichtig) gegenüber den
relativierenden Entdeckungen einer mit der christlichen Überlieferung
befaßten Geschichtswissenschaft. Ein wenig kraß gesagt, kann dem Theologen »wirklich nichts geschehen«, wenn die Objektivität der Religion
als unabhängig von allen diesen Zufälligkeiten definiert wird. Daß eine
solche theologische Haltung als verläßlicher Fels erscheint, auf dem man
den Wogen eines aufgewühlten Zeitalters trotzen kann, ist leicht einzusehen. Wo immer diese Art von Objektivität plausibel gemacht werden kann, ist sie bis auf den heutigen Tag ein »Archimedischer Punkt«,
von dem aus sich, umgekehrt, alle widersprüchlichen Definitionen der
Wirklichkeit relativieren lassen.

Mit der Neo-Orthodoxie eng verbunden war die sogenannte »Wiederentdeckung der Kirche«, d. h. die theologische Aufwertung des korpo-

rativen Charakters des Christentums im Gegensatz zum liberalen Individualismus. Ein solches Bündnis ist keineswegs undurchsichtig, sofern man es unter einer wissenssoziologischen Perspektive betrachtet. Der neuerwachte ekklesiastische Geist hätte vom Standpunkt der Logik aus gesehen nicht unbedingt aus den theologischen Voraussetzungen der Neo-Orthodoxie entstehen müssen. Man braucht nur daran zu denken, daß Kierkegaard schließlich einer der Ahnherren dieser Bewegung war. Als die Bewegung jedoch Fortschritte machte, löste sie sich immer mehr von ihren »existentialistischen« Wurzeln (was sich an Barths eigener theologischer Entwicklung deutlich verfolgen läßt), und zwar in einem solchen Maße, daß »Existentialismus« heute hauptsächlich eine Waffe im Arsenal ihrer Gegner ist. Diese Tatsache wird unseres Erachtens erklärlicher, wenn man sich das zur Erhaltung kognitiver Abweichung unumgängliche Gebot zur »gesellschaftlichen Steuerung« vergegenwärtigt – das Gebot nämlich, angesichts der allgemeinen sozialen Ablehnung abweichender Definitionen der Wirklichkeit feste Plausibilitätsstrukturen zu konstruieren. Grob gesagt, wenn man heutzutage glauben soll, was die Neo-Orthodoxie einen glauben machen möchte, dann sollte man mit seinen Glaubensbrüdern tunlichst ständig eng zusammenhocken.

Die Neubestätigung der orthodoxen Objektivität in einer säkularisierten pluralistischen Situation hat also sektiererische sozioreligiöse Organisationsformen im Gefolge. Die Sekte in ihrer klassischen religionssoziologischen Konzeption ist das Organisationsmodell für den Selbstschutz kognitiver Minderheiten *gegen* eine feindliche, oder mindestens andersbzw. nichtgläubige Umwelt. Die Notwendigkeit zu dieser Organisationsform besteht ganz unabhängig von der jeweiligen religiösen Selbstauffassung der Minderheit. Sie besteht genauso für den Katholizismus (trotz seines universalistischen, tief antisektiererischen Charakters), wo immer er sich in einem ausgesprochen nichtkatholischen Milieu Bestand sichern will. Sie läßt sich auch bei protestantischen Gruppen mit freikirchlicher Tradition, bei denen es um Orthodoxie oder Nichtorthodoxie geht, nachweisen (die allerdings den Vorteil haben, das neue Sektierertum auf althergebrachte Weise legitimieren zu können). Das Gebot der »gesellschaftlichen Steuerung« führt jedoch zum Problem der Werbung – denn die Menschen müssen *motiviert* werden, Sektierer zu bleiben oder zu werden. Dies ist um so schwieriger, je attraktiver die »Außenwelt« ist. In Europa wurde die Gesamtgesellschaft wenige Jahre nach dem Zweiten Weltkrieg wieder attraktiv. In Deutschland (noch immer Kernland der meisten protestantischen Neuerungen) läßt sich der Wendepunkt mit peinlicher Präzision auf das Jahr 1948 datieren – das Jahr der Währungsreform und des Beginns der wirtschaftlichen Erholung.[5] An einem solchen Punkt wird es schwierig, die »Außenwelt« als »Feind«, als Verkörperung »dämonischer Kräfte« und dergleichen anzusehen. Plötzlich tauchten neue theologische Legitimationen der »Säkularität« auf, und die Vorherrschaft der Neo-Orthodoxie begann sich ziemlich rapide aufzulösen, besonders unter den jüngeren Theologen, die den Kirchenkampf nicht miterlebt hatten.

In Deutschland bildete sich die neue theologische Atmosphäre in der intensiven Diskussion über das von Rudolf Bultmann entwickelte Konzept der »Entmythologisierung«.[6] Den ersten Aufsatz über seine Vorstellung von »Entmythologisierung« schrieb Bultmann während des Krieges; er kursierte in vervielfältigter Form unter einer kleinen Gruppe interessierter Theologen. Die öffentliche Kontroverse brach jedoch erst aus, als der Aufsatz nach dem Kriege veröffentlicht wurde. Von dieser Kontroverse wurde die theologische Szene in Deutschland über Jahre hin beherrscht; sie hat sich bald auch außerhalb Deutschlands ausgebreitet. Dieses Mal gab es, interessant genug, nur einen geringen, wenn überhaupt einen zeitlichen Abstand zwischen den theologischen Entwicklungen auf beiden Seiten des Atlantiks. Ungefähr zur selben Zeit, als in Europa der Bultmann-Streit ausbrach, begann in Amerika Paul Tillich mit der Veröffentlichung seiner mehrbändigen *Systematischen Theologie*.[7] Um Tillichs Theologie scharten sich besonders jüngere, von der Neo-Orthodoxie enttäuschte Theologen, sowohl in den Vereinigten Staaten wie auch wenig später in Europa. Die neue Haltung zur säkularen Welt bekräftigte dann Friedrich Gogarten (der in den frühen zwanziger Jahren der Neo-Orthodoxie verbunden gewesen war, jedoch mit Barth gebrochen hatte, als dieser sich vom Existentialismus zu einer neuen dogmatischen Objektivität gewandt hatte) in einem 1953 veröffentlichten Buch.[8] Seither sind die etwas mißtönenden Ausdrücke »weltliche Theologie« und »weltliches Christentum« geläufig geworden. Dietrich Bonhoeffers spätere Arbeiten, besonders sein Gedanke eines »religionslosen« Christentums, wie er ihn in den Briefen aus der Haft entwickelt hatte, wurden überall zur Legitimierung des neuen Ansatzes benutzt, obwohl mehr als unsicher ist, ob Bonhoeffer, wenn er den Krieg

[5] Auf diesen Punkt hat Lübbe (1965, S. 117 ff.) hingewiesen.
[6] Als Kompendium dieser Diskussion über eine Reihe von Jahren hin vgl. Bartsch (1948–1955).
[7] Tillich (1951–1963).
[8] Gogarten (1953). Als nützliche Einführung in Gogartens Werk vgl. Shiner (1966).

überlebt hätte, in dieser Richtung weitergegangen wäre.[9] Die Attacke
gegen die Neo-Orthodoxie in Deutschland erreichte einen gewissen
Höhepunkt mit einem Manifest, das ein Kreis jüngerer Theologen 1963
verfaßte und in sozusagen Barthscher Schärfe *Offenbarung als Geschichte*
betitelte.[10]

Die neuen Entwicklungen innerhalb der akademischen Theologie, der
Nachkriegssituation ausgezeichnet »angepaßt«, wie wir anzudeuten versucht haben, schrien geradezu nach Popularisierung. Das Gebet ward
erhört (wenn die altmodische Redensart im Zusammenhang mit »Entmythologisierung« noch erlaubt ist), als im Jahre 1963 John Robinsons
Buch *Honest to God* erschien.[11] Sofort nach Erscheinen entfesselte
das Buch in England einen Sturm öffentlicher Kontroverse – dieses Mal
nicht in theologischen Zeitschriften, sondern in der Tagespresse und in
anderen Massenkommunikationsmitteln. Das gleiche geschah in den
Vereinigten Staaten und anderen Ländern, wo Übersetzungen des
Buches erschienen. In den Vereinigten Staaten trugen die Massenmedien
die Kontroverse um die »neue Theologie« weit in die Öffentlichkeit.
Robinson wurde schon bald abgelöst durch das noch »radikalere«
Phänomen der »Gott-ist-tot«-Bewegung einer Gruppe junger Theologen.[12] Der »neue Säkularismus« wurde nicht nur bei den Theologen
populär, sondern bezeichnenderweise auch in der kirchlichen Organisation bei ihrer Suche nach neuen »Programmen«. Ein anderer Best-
seller, *The Secular City* von Harvey Cox, wurde eine Art Manifest der
neuen Haltung zur säkularen Welt.[13]

Gerade wegen der beträchtlichen Qualitätsunterschiede zwischen den
älteren Theologen dieser Richtung und ihren heutigen »Pop«-Verbünde-
ten sollte man die Kontinuität zwischen ihnen nicht übersehen – eine
Kontinuität nicht nur auf der Ebene der Ideengeschichte und der Popu-
larität, sondern *auch* des Verhältnisses zu infrastrukturellen Erscheinungen. So gesehen, erscheint die Herrschaft der Neo-Orthodoxie als
eine mehr oder weniger »zufällige« Unterbrechung des großen Säkularisierungsprozesses der Neuzeit. Der »Zufall« oder besser »Unfall«
war natürlich die politische Sintflut, in der die erste liberale Ära endete.
Die modernen Verdränger der Neo-Orthodoxie, die man ohne weiteres
als »Neoliberale« bezeichnen kann, fangen genau da wieder an, wo die

9 Vgl. Bethge (1955–1956) und Marty (1962).
10 Pannenberg (1963).
11 Robinson (1963).
12 Als ein nützliches Kompendium vgl. Altizer und Hamilton (1966).
13 Cox (1965).

alten Liberalen steckengeblieben waren, allerdings gerade wegen des »Zwischenfalls« auf viel »radikalere« Weise. Ihre sogenannte »Radikalität« verdankt die neue Richtung vor allem der inzwischen gereiften Säkularisierung und deren größerer gesellschaftlicher Tiefenwirkung sowie der allmählich weltweit und stabil gewordenen pluralistischen Situation, die wir in den vorangegangenen Kapiteln besprochen haben.

Der neue Liberalismus »subjektiviert« die Religion in radikaler Weise und in zweierlei Bedeutung des Wortes. Einmal wird Religion mit dem zunehmenden Verlust an Objektivität oder Verlust an Wirklichkeit ihrer Weltdefinition immer mehr zum Gegenstand freier subjektiver Wahl und verliert ihren intersubjektiv verbindlichen Charakter. Sodann werden die religiösen »Wirklichkeiten« aus Faktenzusammenhängen außerhalb des Individuums in die »Binnenwelt« seines Bewußtseins »übersetzt«. Die Auferstehung Christi z. B. ist nicht länger ein konkretes Ereignis in der Welt, sondern wird »übersetzt« in existentielle oder psychologische Bewußtseinsphänomene des Gläubigen. Anders ausgedrückt, das *realissimum* der Religion wird aus Kosmos und Geschichte in das individuelle Bewußtsein verlegt. Aus Kosmologie wird Psychologie, aus Geschichte Biographie. Mit diesen »Übersetzungen« gleicht sich die Religion natürlich den Wirklichkeitsvorstellungen des modernen säkularisierten Denkens an – tatsächlich wird die angebliche Notwendigkeit, die religiösen Traditionen derart anzugleichen (um sie »relevant« zu machen), gemeinhin als *raison d'être* der jeweiligen theologischen Bewegung bezeichnet.

Die eifrigen »Übersetzer« haben Anleihen bei verschiedenen gedanklichen Systemen gemacht. Der Begriff »Symbol«, wie ihn der Neukantianismus versteht, hat sich z. B. als sehr hilfreich erwiesen. Die alten religiösen Wahrheiten werden als »Symbole« ausgegeben, und was sie angeblich »symbolisieren«, entpuppt sich gewöhnlich als vermeintliche Wirklichkeiten in den »Tiefen« des menschlichen Bewußtseins. Ein Bündnis mit Psychologismus und/oder Existentialismus bot sich in diesem Zusammenhang von selbst an und ist tatsächlich charakteristisch für fast alle heutigen neoliberalen Richtungen. Psychologismus Freudscher, Neo-Freudscher und Jungscher Provenienz gestattet die Interpretation der Religion als eines »Symbolsystems«, das sich »wirklich« auf psychologische Phänomene bezieht. Dieses Bündnis hat, wie sich in den USA zeigt, den großen Vorteil, religiöses Handeln als eine Art von Psychotherapie zu legitimieren.[14] Da den psychotherapeutischen Pro-

14 Vgl. Schneider und Dornbusch (1958) sowie Klausner (1964).

grammen in der amerikanischen Situation »unmittelbare Relevanz«
sicher ist, hat sich diese Legitimation vom Standpunkt der organisierten
Religionen aus als sehr nützlich erwiesen. Der Existentialismus liefert
einen weiteren Begriffsapparat zum Zwecke von »Übersetzungen«.
Wenn die existentialistischen Annahmen als Grundmerkmale der
menschlichen »Seinsweise« postuliert werden können, ist es möglich, die
Religion als deren »Symbolisierung« auszugeben. Die Unterscheidung
deutscher Theologen zwischen Historie und Geschichte (im Englischen
ist das nicht möglich) ist ein typisches Beispiel für die Art solcher »Übersetzungen«. Die Auferstehung z. B. ist kein »historisches« Ereignis mehr
(d. h. sie hat nicht in der äußeren, wissenschaftlich erforschbaren Geschichte stattgefunden), sondern vielmehr ein »geschichtliches« (d. h. ein
Ereignis der »Seinsgeschichte« des Menschen). Seit Paul Tillich werden,
vor allem in den USA, psychologistische und existentialistische Vorstellungen *gemeinsam* zur Übersetzung herangezogen. Sowohl für theologisch interessierte Intellektuelle wie auch auf der Ebene populären
»religiösen Interesses« haben sich diese Vorstellungen als höchst »relevant« im oben angedeuteten Sinne erwiesen.

Auch die Soziologie hat Einzug in das »Übersetzungs«-Unternehmen
gehalten; sie soll die »Notwendigkeit« dieses Unternehmens aufzeigen.
Wir haben gesehen, wie man soziologisch nachweisen kann, daß das
Bewußtsein sich säkularisiert hat, d. h. daß die Religion für immer mehr
Menschen »irrelevant« geworden ist. Die neoliberalen »Übersetzer«
verwenden jedoch die Soziologie auf besondere Weise – sie übertragen
soziologische Daten vom kognitiven in den normativen Bereich, d. h.
aus der empirischen Feststellung, daß in der modernen Gesellschaft gewisse Bewußtseinszustände vorherrschen, wird die erkenntnistheoretische
Behauptung, diese Bewußtseinszustände seien für die Theologie gültige
Kriterien. Die theoretische Möglichkeit, daß der kognitive »Defekt«
eher im modernen Bewußtsein als in der Religion zu suchen ist, wird
dabei meistens übersehen.

Es ist nicht sehr wahrscheinlich, daß die extremen Formen »radikaler«
Theologie, wie sie im Protestantismus Mode geworden sind, ihre Stellung auf die Dauer halten werden, aus dem einfachen Grunde, weil sie
die Existenzgrundlage der religiösen Institutionen unterminieren, die
sie legitimieren sollen. Als Legitimationen sind sie jedenfalls selbstzerstörerisch. Die gemäßigteren Versuche, das Christentum mit gewissen
Grundvorstellungen des säkularisierten Bewußtseins über Wirklichkeit
zu vereinbaren, haben dagegen bessere Überlebenschancen. Die »Sub-

jektivierung« der Religion, vor allem mit Hilfe des Psychologismus, ist sicher ein Weg, der in voraussehbarer Zeit nicht verlassen werden wird, es sei denn, der Gang der Ereignisse würde wieder einmal durch eine Sintflut »unterbrochen« wie die zwischen den beiden Kriegen, aus der die Neo-Orthodoxie hervorgegangen ist.

Wir haben den Fall des Protestantismus in einiger Ausführlichkeit behandelt, weil er aus den bereits erwähnten Gründen als prototypisch für die Situation der Religion in der modernen Welt angesehen werden kann. Der Protestantismus ist ein Exempel für das fundamentale Problem, eine religiöse Institution angesichts des Wirklichkeitsverlustes ihrer überkommenen Inhalte noch weiter zu legitimieren. Der Protestantismus hat sich schon früh und in aller Schärfe mit diesem Problem auseinandersetzen müssen, sei es nur, weil er selbst ein wichtiger historischer Faktor für die Entstehung dieses Wirklichkeitsverlustes gewesen ist. Alle anderen Religionen der westlichen Welt mußten sich früher oder später demselben Problem stellen. Der Katholizismus hat aus immanenten Gründen am hartnäckigsten versucht, Säkularisierung und Pluralismus zu widerstehen, und hat sogar bis tief in unser Jahrhundert hinein heftige Gegenangriffe unternommen, um zumindest innerhalb begrenzter Territorien so etwas wie *das* Christentum wiederherzustellen. Der Sieg des Faschismus in Spanien, dessen antikommunistische Truppen unter der Fahne des Christ-Königs in die Schlacht zogen, war seine bisher äußerste Anstrengung in dieser Richtung. Im allgemeinen hat sich der Katholizismus eher in Subkulturen zurückgezogen und katholische Festungen errichtet, die er gegen die säkulare Welt verteidigt, eine Welt, von der nicht mehr zu erwarten ist, daß er sie je zurückerobern kann. Damit wurden natürlich all die bereits erwähnten Probleme der »gesellschaftlichen Steuerung« heraufbeschworen – d. h. die »technischen« Probleme, die es bereitet, im Zeitalter der allgemeinen Schulpflicht, der Massenkommunikation und der Massenmobilität ein sektiererisches Getto zu unterhalten. Solange diese Verteidigungshaltung überwog, konnte der Katholizismus sich natürlich wenig Flexibilität im Sinne von Zugeständnissen an das säkulare Denken leisten. Noch 1864 wies der Syllabus der Irrtümer offen den Gedanken zurück, daß der »Bischof von Rom sich mit Fortschritt, Liberalismus und Zivilisation, wie jüngst eingeführt, versöhnen kann und soll«. 1870 rief das Erste Vatikanum das Dogma von der Unfehlbarkeit des Papstes aus, nur zwei Monate bevor die »Zivilisation«, wie sie »jüngst eingeführt wurde«, in Gestalt Viktor Emanuels in Rom einmarschierte. Die *poli-*

tische Intransigenz des Papsttums wurde in den folgenden Jahrzehnten zwar notgedrungen abgebaut, doch die *theologische* kam um so deutlicher in der Unterdrückung des sogenannten Modernismus zu Anfang des zwanzigsten Jahrhunderts zum Ausdruck. Seit dem Zweiten Vatikanum gibt es natürlich in verschiedenen Ländern starke Liberalisierungstendenzen in der katholischen Theologie, doch es ist zweifelhaft, ob sie sich je gegen den tiefverwurzelten Konservativismus der Institution durchsetzen werden. Wenn man die oben erwähnte protestantische Entwicklung betrachtet, muß man den konservativen Gegnern eines allzu »radikalen« *aggiornamento* allerdings einen gut Teil soziologischen Instinkts zubilligen.

Der jüdische Fall bietet wieder ein ganz anderes Bild, das der gesellschaftlichen Sonderstellung des Judentums in der westlichen Welt, aber auch seiner Eigenart als Religion entspricht. Objektivität war im Judentum immer mehr eine Frage der Praxis als der Theorie (genauer, des *halachah* als des Dogmas), so daß Entobjektivierung sich bezeichnenderweise mehr im Verblassen der religiösen Praxis als in Uminterpretation religiöser Inhalte manifestierte. Die Besonderheit des Judentums als Religion *und* ethnisches Gebilde zugleich bewirkte zudem, daß eine Problematisierung seiner Plausibilitätsstruktur *ipso facto* eine »Krise der jüdischen Identität« zur Folge hatte. Der zionistische Versuch einer Neudefinition des Judentums als *nationale* Identität war also insofern von vornherein ambivalent, als er einerseits eine neue objektive Plausibilitätsstruktur für die jüdische Existenz einführte, andererseits aber den Anspruch des religiösen Judentums in Frage stellte, *raison d'être* des jüdischen Daseins zu sein – eine Ambivalenz, die sich in dauernden Schwierigkeiten zwischen »Kirche« und Staat in Israel ausdrückt. Nichtsdestoweniger muß sich aber auch das Judentum der Entscheidung zwischen Widerstand und Anpassung stellen, vor allem in den USA, und dies in einer Weise, die sich von jener der christlichen Kirchen nicht sehr unterscheidet. Im besonderen geht es um die Entscheidung, ob eine jüdische Subkultur (die primär religiös oder primär national definiert sein kann) verteidigt oder ob das allgemeine pluralistische Spiel mitgemacht werden soll. Es ist sehr bezeichnend für dieses Dilemma, daß in dem Augenblick, als amerikanische jüdische Theologen ihrer Beunruhigung über die Mischehe als Gefahr für den Bestand des jüdischen Gemeinwesens Ausdruck gaben, ein prominenter Vertreter des Reformflügels jüdische »Missionsarbeit« unter Nichtjuden forderte. Selbst eine Religion, die dem Pluralismus ihrem Wesen nach so fern steht wie die jüdische, muß sich der Logik des Marktes beugen, sobald die »gesell-schaftliche Steuerung« der subkulturellen Verteidigungsposition zu schwierig wird.

Eine Beschäftigung mit den Problemen, welche die Säkularisierung den nichtwestlichen Religionen stellt, würde hier zu weit führen. Es genügt, nochmals zu betonen, daß Modernisierung heute ein weltweites Phäno-men darstellt und daß die Strukturen der modernen Industriegesell-schaft trotz großer Modifikationen in verschiedenen Gebieten und Nationen eine bemerkenswert ähnliche Situation für die Religion und die sie verkörpernden Institutionen mit sich bringen. Das Schicksal der abendländischen Religionen in der Moderne ist von großem Interesse für die Zukunft der Religion in nichtwestlichen Ländern, einerlei, ob sie unter sozialistischem oder nichtsozialistischem Zeichen stehen. Es wäre jedoch unsinnig, detaillierte Voraussagen hinsichtlich dieser Zukunft in irgendeinem bestimmten Lande machen zu wollen. Aber man kann mit Sicherheit erwarten, daß die Zukunft der Religion überall entscheidend durch die Kräfte geprägt werden wird, die wir in diesem und den vor-ausgegangenen Kapiteln untersucht haben – nämlich Säkularisierung, Pluralismus und »Subjektivierung« –, und durch die Art und Weise, in der die verschiedenen religiösen Institutionen auf diese Kräfte reagieren.

III. TEIL

Anhang

1. Soziologische Definitionen der Religion

Definitionen sind ihrem Wesen nach weder »richtig« noch »falsch«, sondern nur mehr oder weniger brauchbar. Deshalb hat es wenig Sinn, über sie zu streiten. Bei widersprüchlichen Definitionen ein und derselben Sache hat es jedoch durchaus Sinn, sie auf ihre Brauchbarkeit hin zu prüfen. Das soll hier in der bei Nebensächlichkeiten gebotenen Kürze geschehen.

Man kann sehr wohl behaupten, daß, zumindest auf dem Gebiet der Religion, sogar Definitionen, die auf irrtümlichen Voraussetzungen fußen, mehr oder weniger brauchbar sind. Max Müllers Auffassung von Religion als einer »Krankheit der Sprache« in *Essay on Comparative Mythology* (1856) stützt sich z. B. auf eine ganz unbefriedigende, rein rationalistische Sprachtheorie, hat aber trotzdem ihren Wert, weil sie auf die Sprache als das große Instrumentarium des Menschen zur Welterrichtung hinweist, ein Instrumentarium, das den Gipfel seiner Macht in der Konstruktion der Götter erlangt. Was die Religion auch sonst sein mag, sie ist eine von Menschen errichtete Sinnwelt, Weltkonstruktion mit sprachlichen Mitteln. Ein anderes Beispiel: Edward Tylers Theorie des Animismus und seine darauf gegründete Konzeption der Religion in *Primitive Culture* (1871) ruht auf der ganz unannehmbaren These, der primitive Mensch sei eine Art unfertiger Philosoph gewesen. Tyler legt außerdem zu viel Gewicht auf die Seele als religiöse Grundkategorie. Aber man tut doch gut daran, sich darauf zu besinnen, daß Religion auch die Suche des Menschen nach einer Welt ist, die ihm verwandt und in diesem weiteren Sinne »belebt« für ihn sein soll. Die beiden Beispiele zeigen, daß man in Definitionsfragen am besten Duldsamkeit walten läßt.

Max Weber vertritt zu Beginn seiner Erörterung der Religionssoziologie in *Wirtschaft und Gesellschaft* den Standpunkt, eine Definition der Religion könne, wenn überhaupt, nur am Ende einer Aufgabe stehen, wie er sie sich gestellt habe. Allerdings ist er – kaum überraschend – niemals zu einem solchen Ende gekommen, so daß die Leser des Weberschen Werkes auf den verheißenen Lohn einer Definition vergeblich warten. Ich bin gar nicht so überzeugt von der Richtigkeit seiner These über die korrekte Reihenfolge von Definition und substantialer Forschung, da letztere schließlich nur in einem Bezugsrahmen voranschreiten kann, der *definiert*, was in seinem Sinne relevant ist oder nicht. *De facto* hält sich Max Weber an die zu seiner Zeit in der *Religionswissenschaft* übliche Definition des Geltungsbereichs der Religion. Sonst hätte er z. B. »Nation« oder *oikos* unter dem Vorzeichen Religionssoziologie behandelt, statt unter gänzlich anderen Titeln wie in *Wirtschaft und Gesellschaft*. Die Hauptfolge des Vermeidens oder Hinausschiebens einer Definition bei einer wissenschaftlichen Arbeit scheint mir zu sein, daß *entweder* der Forschungsgegenstand verschwimmt (was bei Max Weber gewiß *nicht* der Fall ist) *oder* daß man mit impliziten statt mit expliziten Definitionen arbeitet (was, wie ich glaube, bei Weber der Fall ist). Die explizite Erklärung am Anfang scheint mir demgegenüber wünschenswerter zu sein.

Emile Durkheim beginnt *Les formes élémentaires de la vie religieuse* mit einer Beschreibung religiöser Phänomene, besonders im Hinblick auf die Dichotomie von heilig und profan, und schließt mit einer Definition der Religion im Sinne ihrer gesellschaftlichen Funktionalität. Damit geht er, im Unterschied zu Max Weber, *gegen* die Tendenz der *Religionswissenschaft* seiner Zeit an, die die Religion in der einen oder anderen Weise als substantiales Phänomen zu definieren versuchte. Seine Auffassung ist gewiß radikaler soziologisch als die Max Webers – d. h. Religion wird als »soziales Faktum« in dem präzisen Durkheimschen Sinne verstanden.

Die Alternative zwischen substantialer und funktionaler Definition besteht natürlich überall im Bereich soziologischer Analyse. Man kann für beide gute Gründe anführen. Eines der stärksten Argumente für die funktionale Definition besagt, daß sie eine eindeutig soziologische, also »unverfälschte« und »reine« Untersuchung ermöglicht. Ich möchte in keiner Weise eine doktrinäre Position zugunsten substantialer Definitionen zu jeder Zeit und an jeder Stelle einnehmen, sondern nur meine eigene Entscheidung für eine substantiale Definition verteidigen.

Die überzeugendste und entschiedenste Definition der Religion im gesellschaftlich funktionalen Sinne ist die von Thomas Luckmann (1963). Dieser Versuch steht deutlich in der Tradition Durkheims, wenngleich er durch allgemein anthropologische Überlegungen vertieft ist, die weit über Durkheim hinausgehen. Luckmann unterscheidet auch sorgfältig zwischen seiner Auffassung von Funktionalität und der des heutigen strukturalen Funktionalismus. Funktionalität beruht für ihn auf gewissen fundamentalen anthropologischen Bedingungen, *nicht* auf spezifischen institutionellen Konstellationen, die historisch relativ sind und *nicht* auf den Status universaler Gültigkeit hinaufgeschraubt werden können (wie z. B. bei Religionssoziologen, die auf die Kirche als eine für die westliche Kultur eigentümliche Institutionalisierung der Religion fixiert sind). Wir können uns leider nicht im einzelnen auf Luckmanns hochinteressante Gedankengänge einlassen. Das Wesentliche an seiner Definition der Religion ist die Fähigkeit des menschlichen Organismus, seine biologische Natur in der Konstruktion objektiver, moralisch zwingender, allumfassender Sinnwelten zu überschreiten. Deshalb ist Religion für Luckmann nicht nur *das* soziale Phänomen (wie für Durkheim), sondern tatsächlich *das* anthropologische Phänomen *par excellence*. Er setzt Religion gleich mit symbolischer Selbst-Transzendierung. Alles genuin Menschliche ist demnach *ipso facto* religiös. Nicht religiös am Menschen ist nur seine animalische Natur, d. h. genauer der Bestandteil seiner biologischen Konstitution, den er mit anderen Tieren *gemeinsam* hat.

Ich teile Luckmanns anthropologische Voraussetzungen ohne Einschränkung (siehe dazu unseren gemeinsamen theoretischen Versuch in *Die gesellschaftliche Konstruktion der Wirklichkeit*, bei dem wir aus begreiflichen Gründen unsere Meinungsverschiedenheit über die Definition der Religion außer acht gelassen haben). Ich stimme auch mit seiner Kritik an einer Religionssoziologie überein, die sich allein auf die Kirche, eine historisch relative Institutionsform von Religion, konzentriert. Dennoch halte ich die Brauchbarkeit einer Definition für fraglich, die Religion mit dem Menschlichen *schlechthin* gleichsetzt. Es ist eine Sache, die anthropologischen Grundlagen der Religion in der menschlichen »Exzentrizität« aufzudecken, eine ganz andere aber, Religion und Selbst-Transzendierung gleichzusetzen. Schließlich gibt es sehr verschiedene Formen der Selbst-Transzendierung mit den dazugehörigen symbolischen Sinnwelten, auch wenn die anthropologische Herkunft identisch ist. Meiner Meinung nach ist z. B. wenig damit gewonnen, wenn man die moderne Naturwissenschaft eine Form von Religion nennt. Tut man das nämlich, so muß man auch definieren, in welcher Weise Naturwissenschaft *verschieden* von dem ist, was alle anderen

Leute Religion nennen, einschließlich der *Religionswissenschaftler* – die ihrerseits Definitionsprobleme haben. Ich halte deshalb mehr von einer substantialen Definition der Religion gleich zu Anfang und glaube, man sollte die Fragen der anthropologischen Wurzeln und ihrer gesellschaftlichen Funktionalität getrennt behandeln.

Aus diesem Grunde habe ich versucht, mit einer substantialen Definition zu arbeiten, und habe einen *heiligen Kosmos* postuliert (siehe den 1. Teil dieses Buches). Das *tertium comparationis* dieser Definition ist natürlich die Kategorie des Heiligen. Ich habe sie im wesentlichen im Sinne der *Religionswissenschaft* seit Rudolf Otto verstanden (Luckmann hält sie übrigens für im Grunde austauschbar mit seinem Begriff des Religiösen, was es noch schwieriger gestaltet, verschiedene historische Formen der Symbolisation zu unterscheiden). Mein Weg ist sicherlich der gedanklich konservativere, aber er ermöglicht meiner Meinung nach weniger komplizierte Unterscheidungen zwischen empirisch zuhandenen Kosmoi. Ich möchte jedoch betonen, daß die Wahl von Definitionen keinerlei Differenzen in der Interpretation bestimmter soziohistorischer Zusammenhänge impliziert (das beweisen Abschnitte dieses Buches, wie z. B. das 6. Kapitel, wo ich Luckmann nicht nur beipflichte, sondern auch verpflichtet bin). Letzten Endes sind Definitionen Geschmacksache und *de gustibus non est disputandum*.

2. Soziologische und theologische Perspektiven

Die Gedanken dieses Buches halten sich in streng sozialtheoretischem Rahmen. Theologische und antitheologische Implikationen sucht man vergebens – wer dergleichen dennoch entdeckt haben will, dem sei versichert, daß er mich mißverstanden hat. Eine Sozialtheorie wie diese braucht sich nicht auf einen »Dialog« mit der Theologie einzulassen. Die bei manchen Theologen immer noch beliebte Vorstellung, der Soziologe werfe bestimmte Fragen auf, die sein theologischer »Gesprächspartner« dann zu beantworten habe, muß ich aus schlicht methodologischen Gründen zurückweisen. Bei Fragen, die sich im Rahmen einer empirischen Wissenschaft (und das ist die theoretische Soziologie) erheben, sind Antworten einer nichtempirischen, normativen Wissenschaft unangemessen, *genau wie* die umgekehrte Prozedur nicht zulässig ist. Fragen der theoretischen Soziologie müssen innerhalb ihrer eigenen Sinnwelt des Gesprächs beantwortet werden. Diese methodologischen Platitüden schließen jedoch eine mögliche *Relevanz* soziologischer Perspektiven für den Theologen nicht aus. Allerdings ist er gut beraten, wenn er die zuvor erwähnte Diskrepanz im Auge behält, sollte er diese Relevanz in *seiner* Sinnwelt des Gesprächs artikulieren. Der Gedankengang dieses Buches steht und fällt als ein Unternehmen soziologischer Theoriebildung und bedarf als solches weder theologischer Unterstützung noch theologischer Kritik.

Nach diesen Erklärungen möchte ich zum Schluß doch etwas zur Relevanz dieser Perspektive für die Theologie sagen. Dafür habe ich zwei Gründe. Erstens möchte ich einfach nicht mißverstanden werden, besonders nicht von theologisch interessierten Lesern (die mir übrigens besonders am Herzen liegen). Zweitens habe ich in früheren Schriften Behauptungen über das Verhältnis zwischen soziologischen und theologischen Perspektiven aufgestellt (besonders in meinem Buch *The Precarious Vision*, 1961), die ich nicht mehr für tragbar halte. Und ich habe

nun einmal das vielleicht altmodische Gefühl, daß man gedruckt be-
richtigen sollte, was man früher erklärt hat und heute nicht mehr vertreten kann.

Während der Niederschrift dieses Buches empfand ich mehrmals die
Notwendigkeit zu erklären, daß ich den letztlichen Status religiöser
Wirklichkeitsbestimmungen unbedingt ausspare. Das geschah besonders
dort, wo ich die Gefahr spürte, daß der »methodologische Atheismus«
dieser Art von Theoriebildung als Atheismus *schlechthin* mißverstanden
werden könnte. Dem möchte ich hier noch einmal mit allem Nachdruck
entgegentreten. Die entscheidende Perspektive der von mir vertretenen
soziologischen Theorie liegt in dem Gedanken, daß Religion als menschliche Projektion verstanden werden muß, die auf bestimmten historischen Infrastrukturen beruht. Im Sinne gewisser religiöser und ethischer
Werte hat diese Perspektive gewiß »gute« und »schlechte« Seiten. So
kann man es für »gut« halten, daß Religion die Menschen vor Anomie
schützt, und für »schlecht«, daß sie die Menschen einer Welt, die sie selbst
hervorgebracht haben, entfremdet. Solche Bewertungen müssen jedoch
streng ferngehalten werden von einer Analyse der Religion als Nomos
und als falsches Bewußtsein, von einer Analyse, die in diesem Bezugsrahmen hinsichtlich beider Aspekte wertfrei bleibt.

Anders ausgedrückt: Soziologische Theorie (und jede andere Theorie im
Rahmen empirischer Wissenschaften) betrachtet Religion *sub specie
temporis* und läßt infolgedessen die Frage notwendig offen, ob und wie
man sie auch *sub specie aeternitatis* betrachten kann. Soziologische
Theorie muß aufgrund ihrer eigenen Logik die Religion als menschliche
Projektion ansehen, und aufgrund derselben Logik hat sie nichts darüber
auszusagen, ob diese Projektion sich auf etwas richtet, das anders ist
als das Wesen des Projektors. Wenn man also sagt, daß Religion eine
menschliche Projektion sei, schließt man damit nicht aus, daß der pro-
jizierte Sinn letztlich einen vom Menschen unabhängigen Status haben
könnte. Wenn eine religiöse Weltansicht postuliert wird, könnten die
anthropologischen Grundlagen dieser Projektion selbst Spiegelungen
einer Wirklichkeit sein, die sowohl die Welt wie den Menschen *übergreift*. Die Sinnausschüttungen des Menschen in das Universum würden dann letzten Endes auf einen allumfassenden Sinn hindeuten, der
auch noch den Menschen selbst mit in sich einschließt. Eine solche Konzeption lag Hegels Dialektik zugrunde. Wenn man *als* Soziologe im
Interesse eines empirischen Verständnisses menschlicher Angelegenheiten
Marx dafür dankbar ist, daß er Hegels Dialektik auf den Kopf gestellt

hat, schließt das nicht aus, daß man *als* Theologe Marx noch einmal auf den Kopf stellt – allerdings nur, wenn man genau weiß, daß die beiden dialektischen Konstruktionen zu völlig verschiedenen Bezugsrahmen gehören. Einfach gesagt, dies würde implizieren, daß der Mensch einen letzten Sinn in die Wirklichkeit projiziert, weil diese selbst sinnhaft ist und weil sein Sein (die empirische Grundlage der Projektion) den nämlichen Sinn enthält und intendiert. Solch ein theologisches Verfahren wäre, sofern möglich, eine interessante Spielerei mit Feuerbach – die Reduktion der Theologie auf die Anthropologie liefe dann auf die Einsetzung der Anthropologie als Theologie hinaus. Leider kann ich einen solchen intellektuellen Purzelbaum nicht bieten, möchte ihn jedoch den Theologen als Möglichkeit ans Herz legen.

In diesem Zusammenhang ist das Beispiel der Mathematik instruktiv. Sie ist zweifellos eine Projektion menschlicher Bewußtseinsstrukturen in die Wirklichkeit. Eine der erstaunlichsten Entdeckungen der modernen Physik besagt, daß die Strukturen »dort draußen« (um den guten Bischof Robinson zu zitieren) tatsächlich Entsprechungen haben. Mathematiker, Physiker und Naturphilosophen zerbrechen sich immer noch den Kopf darüber, wie so etwas möglich ist. Zu allem Überfluß kann man auch noch soziologisch nachweisen, daß diese Projektionen in der Geschichte des modernen Denkens ganz spezifische Infrastrukturen voraussetzen, ohne die sie wohl niemals zustande gekommen wären. Einstweilen ist noch niemand auf die Idee gekommen, die moderne Naturwissenschaft *deshalb* als große Illusion zu entlarven. Die Parallelität zur Religion ist natürlich nicht vollkommen, doch sie ist des Nachdenkens wert.

Das alles verleitet zu der Allerweltsbetrachtung, die sich häufig auf den ersten Seiten religionssoziologischer Bücher findet, daß nämlich der Theologe sich *als* Theologe über das, was der Soziologe zur Religion zu sagen hat, nicht sonderlich aufzuregen brauche. Aber man soll auch nicht annehmen, *alle* theologischen Positionen seien gleich immun gegen das Gift der Soziologie. Logischerweise wird sich ein Theologe, der etwas behauptet, Sorgen machen müssen, wenn seine Position Annahmen enthält, die sich empirisch entkräften lassen. So wird z. B. die Annahme, Religion sei ein konstitutiver Faktor seelischen Wohlergehens, eine Menge Ärger mit sich bringen, wenn sie soziologischer und sozialpsychologischer Nachprüfung unterzogen wird. Das Verhältnis des Theologen zum Soziologen ist ganz ähnlich wie das zum Historiker. Historische und theologische Beweisführung finden gewiß in ganz verschiedenen, wechselseitig immunen Bezugsrahmen statt. Wenn der Theologe aber etwas als Tatsache hinstellt, von dem sich nachweisen läßt, daß es historisch nicht stattgefunden hat oder jedenfalls in einer ganz anderen Weise, als von ihm behauptet, und wenn die angebliche Tatsache wesentlich für die Position des Theologen ist, dann kann er sich nicht länger in der Gewißheit wiegen, die Geschichtswissenschaft könne ihm nichts anhaben. Die Geschichte der Bibelkunde kennt dafür viele Beispiele.

Die Soziologie gibt der Theologie also immer dann Nüsse zu knacken, wenn diese etwas aussagt, das an bestimmte soziohistorische Bedingungen geknüpft ist. Solche Aussagen sind für die jüdisch-christliche Theologie besonders charakteristisch, aus Gründen, die mit der radikal historischen Orientierung der biblischen Religionen zusammenhängen. Der christliche Theologe wäre also schlecht beraten, wenn er die Soziologie nur als Hilfswissenschaft gelten ließe, die ihm (oder noch wahrscheinlicher dem Kirchenpraktiker) »äußerliche« Probleme der gesellschaftlichen Umwelt zu verstehen hilft, in der seine Kirche liegt. Unter Soziologie laufen freilich auch solche für pragmatische kirchliche Zwecke wie gerufen kommende »Harmlosigkeiten« wie die quasisoziologischen »Analysen«, die sich in jüngster Zeit bei kirchlichen Organisationen so großer Beliebtheit erfreuen. Das Schlimmste, was der Gottesmann von seinem »Marktforscher« zu erwarten hat, ist die unerwünschte Neuigkeit, daß es eben doch nicht so viele Kirchgänger gibt, wie es nach seiner Überzeugung geben müßte. Sollten die Analysen sich aber doch noch zur Soziologie auswachsen, so bekommt er mehr zurück, als was er eingehandelt hat: vor allem eine weitere soziologische Perspektive, die ihm seine ganze Tätigkeit bald in einem völlig anderen Licht erscheinen lassen wird.

Um es zu wiederholen: Aus streng methodologischen Gründen kann der Theologe diese neue Perspektive als irrelevant für sein *opus proprium* ablehnen. Aber das wird schon schwieriger, wenn er bedenkt, daß er schließlich nicht als Theologe zur Welt gekommen ist und daß er als Person lange, ehe er Theologie betreiben konnte, in einer bestimmten soziohistorischen Situation gelebt hat – kurzum, daß er selbst, wenn nicht gar seine Theologie, unweigerlich im Scheinwerferlicht des Soziologen liegt. Auf einmal fühlt er sich dann aus dem methodologischen Heiligtum seiner Theologie vertrieben und wiederholt vielleicht, wenn auch in einem anderen Sinne, die Klage des Augustinus: »*Factum eram ipse mihi magna quaestio*«. Wenn er die neue Perspektive nicht innerlich irgendwie neutralisieren kann, wird er wahrscheinlich bald ihre Relevanz für sein Denken als Theologe entdecken. Einfach gesagt, die Soziologie läßt sich zwar *methodologisch* für die abstrakte Sinnwelt des Gesprächs in der Theologie als »harmlos« abtun – *existentiell* aber kann sie für den Theologen als lebendigen Menschen unter Umständen gefährlich werden.

Die *magna quaestio* der Soziologie gleicht formal der der Geschichte: Wie kann man in einer Welt der soziohistorischen Relativität den »Archimedischen Punkt« erreichen, von dem aus man kognitiv gültige Aussagen in religiöser Hinsicht machen kann? Für die soziologische Theorie stellen sich gewisse Varianten dieser Frage: Wenn alle religiösen Setzungen *auch* Projektionen sind, die auf spezifischen Infrastrukturen basieren, wie kann man dann Infrastrukturen, die Wahrheit, von solchen, die Irrtum hervorbringen, unterscheiden? Und wenn alle religiöse Plausibilität »gesellschaftlich gesteuert« werden kann, wie kann man dann sicher sein, daß jene religiösen Setzungen, die man selbst für plausibel hält, nicht nur ein Produkt »gesellschaftlicher Steuerung« sind? Ich gebe bereitwillig zu, daß solche Fragen lange, ehe die Soziologie auf der Bildfläche erschien, gestellt worden sind. Die Fragen offenbaren sich in der Sorge des Jeremias, wie echte und falsche Prophetie erkannt werden kann, in den schrecklichen Zweifeln, die offensichtlich Thomas von Aquin quälten, ob sein eigener Glaube an die Gottesbeweise nicht nur eine Sache der »Gewohnheit« sei, und in den quälenden Fragen zahlloser Christen (besonders nach dem protestantischen Schisma), welche die wahre Kirche sei. Unter der soziologischen Perspektive werden diese Fragen jedoch wieder brennend, weil die Soziologie auf ihrer Ebene eine Art Antwort auf diese Fragen anbietet. Das Schwindelgefühl der Relativität, das die Geschichtswissenschaft über die Theologie gebracht hat, kann sich in der soziologischen Perspektive noch verstärken. In dieser Situation vermag die methodologische Erklärung, die Religion habe schließlich ihren eigenen Bezugsrahmen, nur dann zu trösten, wenn man sich in dem Bezugsrahmen sicher eingerichtet und sozusagen schon seine Theologie hat. Die existentielle Frage ist jedoch, wie man überhaupt mit der Theologie anfangen kann.

Die orthodoxe theologische Position ignoriert diese Frage meistens – »unschuldig« oder, je nachdem, auch in *mauvaise foi*. Tatsächlich stellt sich die Frage auch gar nicht, sofern heute noch irgend jemand »unschuldig« orthodox sein kann (d. h. aus irgendwelchen Gründen vom Schwindelgefühl der Relativität verschont geblieben ist). Der extreme theologische Liberalismus andererseits, der sich heute »radikale Theologie« nennt, hat die Suche nach Antwort aufgegeben (siehe das 7. Kapitel dieses Buches). Zwischen den Extremen liegt der interessante Versuch der Neo-Orthodoxie, das Kind mit dem Bade auszuschütten und zu behalten, das heißt, sich dem Relativismus voll auszusetzen, aber am »Archimedischen Punkt« in einer Sphäre, die immun gegen ihn ist. Das ist die Sphäre des »Wortes«, wie es der Glaube erfaßt und das *kerygma* der Kirchen verkündet. Besonders interessant an diesem Versuch ist die Unterscheidung zwischen »Religion« und »Christentum« oder »Religion« und »Glaube«. Die »Religion« kann freudig dem Zerberus der relativierenden Analyse (des Historikers, des Soziologen usw.) zum Fraße vorgeworfen werden, während der Theologe mit dem »Christentum« befaßt ist, das nicht »Religion« ist, und deshalb in ungestörter »Objektivität« weiter arbeiten kann. Karl Barth hat sich dieser Übung mit bewundernswerter Konsequenz unterzogen (besonders in seiner *Kirchlichen Dogmatik*, Bd. 1 u. 2, und, äußerst instruktiv, in seinem Essay über Feuerbachs *Das Wesen des Christentums*). Auf diese Weise konnten sich auch eine ganze Reihe neo-orthodoxer Theologen mit Bultmanns »Entmythologisierung« anfreunden. Dietrich Bonhoeffers Fragmente über ein »religionsloses Christentum« zielten wahrscheinlich in dieselbe Richtung.

Interessanterweise besteht eine ganz ähnliche Möglichkeit, wo das Christentum fundamental mystisch verstanden wird. Bereits Meister Eckhart konnte zwischen »Gott« und »Gottheit« unterscheiden und so das Werden und das Entwerden »Gottes« schauen. Wo immer man, mit den Worten Eckharts, behauptet: »Alles, was man von Gott denken kann, ist Gott nicht«, postuliert man *ipso facto* eine immune Sphäre. Relativ und *per definitionem* für den mystischen Glauben zutiefst irrelevant ist dann nur, »was man von Gott denken kann«. Im modernen christlichen Denken vertritt Simone Weil diese Auffassung mit großer Klarheit.

Die Unterscheidung zwischen »Religion« und christlichem Glauben hat eine wichtige Rolle in meinem Buch *The Precarious Vision* gespielt, das zumindest in diesem Punkt der Neo-Orthodoxie nahesteht (was übrigens einige meiner Kritiker damals klarer erkannt haben als ich selbst). Heute halte ich diese Unterscheidung und ihre Konsequenzen für völlig unzulässig. Man kann mit *demselben* analytischen Rüstzeug (der Geschichtswissenschaft, der Soziologie usw.) an »Religion« und »Glaube« herangehen. In jeder empirischen Disziplin ist »Glaube« lediglich eine andere Seite des Phänomens »Religion«. Empirisch ist diese Unterscheidung sinnlos. Man kann sie nur als theologisches *a priori* postulieren. Wenn man dies kann, dann löst sich das Problem von selbst auf. Dann mag man wie Barth mit Feuerbach umgehen (was übrigens dem christlichen »Dialog« mit den Marxisten sehr zugute kommt – solange die Marxisten das theoretische Taschenspielerkunststück mitmachen). Ich für mein Teil kann mit theologischen *a prioris* nicht dienen und bin deshalb gezwungen, eine Unterscheidung aufzugeben, die sich als *a posteriori* sinnlos erweist.

Wem die Fähigkeit fehlt, sich selbst auf eine erkenntnistheoretisch sichere Plattform zu heben, kann weder dem Christentum noch irgendeiner anderen Religion einen privilegierten Status einräumen, der sie vor relativierender Analyse bewahrt. Die Inhalte des Christentums und jeder anderen Religion müssen als menschliche Projektionen analysiert werden, und der christliche Theologe wird sich auf die damit verbundenen Unbequemlichkeiten einstellen müssen. Das Christentum und seine verschiedenen historischen Formen müssen als religiöse Projektionen ähnlich anderen religiösen Projektionen verstanden werden, als Projektionen, die auf bestimmten Infrastrukturen gründen und subjektiv wirklich sind durch spezifische Prozesse der Plausibilitätserzeugung. Mir scheint, daß, sofern der Theologe dies wirklich akzeptiert, sowohl neoorthodoxe wie »radikale« oder neoliberale Kurzschlußreaktionen auf die Frage, was diese Projektionen *sonst* noch sein können, ausgeschlossen sind. Damit ist der Theologe allerdings der seelischen Entlastung radikaler Zustimmung oder Ablehnung beraubt. Meiner Meinung nach bleibt ihm nichts anderes übrig, als das Glaubensgut der Religion mit Hilfe eigener kognitiver Kriterien (die *nicht* unbedingt die eines angeblich »modernen Bewußtseins« sein müssen) Stück für Stück und Schritt für Schritt zu prüfen und neuzubewerten. Ist dieses oder jenes in der Religion wahr? Oder ist es falsch? Ich glaube nicht, daß es auf solche Fragen kurzschlüssige Antworten geben kann, weder durch »Glaubenssprünge« noch mittels der Methoden irgendeiner säkularen Disziplin.

Weiter glaube ich, daß man mit einer solchen Definition der theologischen Situation wenn nicht zu den Einzelheiten, so doch zum Geist des klassischen liberalen Protestantismus zurückfindet. Freilich kann man heute nur noch einige wenige Antworten, die er zu bieten hat, guten Gewissens wiederholen. Die liberalen Ideen von der religiösen Evolution, vom Verhältnis des Christentums zu den anderen Weltreligionen, von der moralischen Dimension der Religion und nicht zuletzt von der »Ethik Jesu« – sie alle beruhen auf unhaltbaren empirischen Voraussetzungen, die heute wohl kaum jemand mehr retten mag. Auch wird der liberale Kulturoptimismus in unserer Lage kaum eine Wiederbelebung erfahren. Aber der Geist dieser Theologie ist mehr als die Summe ihrer angerosteten Teile. Er ist vor allem ein Geist des intellektuellen Mutes, gleich weit entfernt von der kognitiven Selbstbeschränkung der Neo-Orthodoxie wie von der kognitiven Zaghaftigkeit dessen, was heute als Neoliberalismus bezeichnet wird. Man sollte hinzufügen, daß er auch der Mut zur kognitiven Minderheit sein muß – zu einer Minderheit nicht nur im Rahmen der Kirche (das tut heute niemandem mehr weh), sondern auch im Kreise jener säkularen Intellektuellen, die heute die wichtigste Referenzgruppe der meisten Theologen bilden.

Liberale Theologie verlangt im speziellen, daß man die Geschichtlichkeit der Religion sehr ernst nimmt, ohne Ausflüchte wie die Unterscheidung zwischen *Historie* und *Geschichte,* und daß man damit den Charakter der Religion als eines menschlichen Produkts ernst nimmt. Das muß meiner Meinung nach der Ausgangspunkt sein. Erst wenn der Theologe sich der geschichtlichen Relativität der Religion stellt, kann er genuin fragen, wo in dieser Geschichte es vielleicht möglich ist, von *Entdeckungen* zu sprechen – d. h. *Entdeckungen*, die die Relativität ihrer Infrastrukturen transzendieren. Und erst wenn er wirklich begriffen hat, was es bedeutet zu sagen, Religion sei ein menschliches Produkt oder eine Projektion, kann er *innerhalb* dieses Projektionsrahmens beginnen, nach Signalen von Transzendenz Ausschau zu halten. Ich habe den starken Verdacht, daß seine Suche sich zunehmend von den Projektionen dem Projektor zuwendet, d. h. Anthropologie wird. Eine »empirische Theologie« ist natürlich methodologisch unmöglich. Doch eine Theologie, die im Gleichschritt mit den empirisch gesicherten Aussagen über den Menschen vorgeht, wäre eines ernsthaften Versuchs wert.

Höchstwahrscheinlich wird eine solche Konversation von Soziologie und Theologie Früchte tragen. Freilich verlangt sie von beiden Partnern größte Offenheit. Wo die nicht gewährleistet ist, hülle man sich besser in Schweigen.

Literaturverzeichnis

Acquaviva, Sabino — *L'eclissi del sacro nella civiltà industriale*, Edizioni Communità, Mailand 1961.

Allport, Gordon — *The Individual and His Religion*, Macmillan, New York 1950.

Alt, Albrecht — *Der Gott der Väter*, Kohlhammer, Stuttgart 1929.

Altheim, Franz — *Zarathustra und Alexander. Eine west-östliche Begegnung*, Fischer Bücherei, Frankfurt/Main – Hamburg 1960.

Altizer, Thomas und William Hamilton — *Radical Theology and the Death of God*, Bobbs-Merrill, Indianapolis 1966.

Aulén, Gustav — *Christus Victor*, S. P. C. K., London 1931.

Barth, Karl — *Die protestantische Ethik im 19. Jahrhundert*, Evangelischer Verlag, Zürich 1947.
Kirchliche Dogmatik, Evangelischer Verlag, Zürich 1945–1970, Bd. 1–2.

Bartsch, Hans (Hrsg.) — *Kerygma und Mythos*, Reich, Hamburg 1948 bis 1955, Bd. 1–4.

Bayés, Ramôn — *Los ingenieros, la sociedad y la religion*, Fontanella, Barcelona 1965.

Becker, Howard — ›Säkularisierungsprozesse‹, in: *Kölner Vierteljahreshefte für Soziologie*, 1932, S. 283 ff. und 450 ff.

Bellah, Robert (Hrsg.) — *Religion and Progress in Modern Asia*, Free Press, New York 1965.

Berger, Peter L. — ›The Sociological Study of Sectarianism‹, in: *Social Research*, Winter 1954, S. 467 ff.
›Religious Liberalism and the Totalitarian Situation‹, in: *Hartford Seminary Foundation Bulletin*, März 1960.
The Precarious Vision, Doubleday, Garden City, New York 1961 a.

Berger, Peter L. *(Forts.)* *The Noise of Solemn Assemblies*, Doubleday, Garden City, New York 1961 b; dt. Ausg.: *Kirche ohne Auftrag*, Kreuz Verlag, Stuttgart 1962.
›Religious Establishment and Theological Education‹, in: *Theology Today*, Juli 1962, S. 178 ff.
›A Market Model for the Analysis of Ecumenicity‹, in: *Social Research*, Frühjahr 1963, S. 77 ff.
›Towards a Sociological Understanding of Psychoanalysis‹, in: *Social Research*, Frühjahr 1965, S. 26.

Berger, Peter L. ›Reification and the Sociological Critique of Consciousness‹, in: *History and Theory*, 1965, IV/2.
und Stanley Pullberg

Berger, Peter L. ›Secularization and Pluralism‹, in: *International Yearbook for the Study of Religion*, 1966, S. 73 ff.
und Thomas Luckmann
The Social Construction of Reality, Doubleday, Inc., Garden City, New York 1966; dt. Ausg.: *Die gesellschaftliche Konstruktion der Wirklichkeit*, S. Fischer, Frankfurt am Main 1969 (³1972).

Bernhart, J. (Hrsg.) *Der Frankfurter. Eine deutsche Theologie (Theologia deutsch)*, Insel, Leipzig 1922.

Bethge, Eberhard (Hrsg.) *Die mündige Welt*, Kaiser, München 1955–1956, Bd. 1–2.

Bultmann, Rudolf *Theologie des Neuen Testaments*, Mohr, Tübingen 1953.
Das Urchristentum, Artemis, Zürich 1949.

Buytendijk, F. J. J. *Mensch und Tier*, Rowohlt, Hamburg 1958.

Camus, Albert *L'homme révolté*, Paris 1951; dt. Ausg.: *Der Mensch in der Revolte*, Rowohlt, Hamburg 1953.

Carrier, Hervé *Psycho-sociologie de l'appartenance religieuse*, Presses de l'Université Grégorienne, Rom 1960.

Causse, Antonin *Du groupe ethnique à la communauté religieuse*, Alcan, Straßburg 1938.

Chanduri, A. K. R. *The Doctrine of Maya*, Das Gupta, Kalkutta 1950.

Chatterjee, S. *The Fundamentals of Hinduism*, Das Gupta, Kalkutta 1950.

Congar, Yves *Jalons pour une théologie du laïcat*, Cerf, Paris 1953.

Coulange, Fustel de *Der Antike Staat*, Akademische Druck- und Verlagsanstalt, Graz 1961.

Cox, Harvey   *The Secular City*, Macmillan, New York 1965.

Cullmann, Oscar   *Christ et le temps*, Delachaux & Niestlé, Neuchâtel 1947.

Dansette, Adrien   *Destin du catholicisme français*, Flammarion, Paris 1957.

Davids, T. W. Rhys   *Buddhism*, S. P. C. K., London 1912.
A Manual of Buddhism, Sheldon, London 1932.

Demerath, N. J.   *Social Class in American Protestantism*, Rand McNalley, Chicago 1965.

Deussen, Paul   *Das System der Vedanta*, Brockhaus, Leipzig 1921.

Durkheim, Emile   *Les règles de la méthode sociologique*, Paris 1894; dt. Ausg.: *Die Regeln der soziologischen Methode*, Neuwied ²1965.
Le Suicide, Paris 1897 (²1967); dt. Ausg.: *Der Selbstmord*, Luchterhand, Neuwied/Berlin 1972.
Les formes élémentaires de la vie religieuse, Paris 1912 (⁴1960).
Sociologie et philosophie, Paris 1924; dt. Ausg.: *Soziologie und Philosophie*, Suhrkamp, Frankfurt am Main 1967.

Eliade, Mircea   *Cosmos and History*, New York 1959; dt. Ausg.: *Kosmos und Geschichte*, Rowohlt, Hamburg 1966.
Das Heilige und das Profane, Rowohlt, Hamburg 1957.

Esnoul, Anne-Marie et al.   *La naissance du monde*, Editions du Seuil, Paris 1959.

Festinger, Leon   *A Theory of Cognitive Dissonance*, Peterson & Co., Evanston, Ill. 1967.
When Prophecy fails, Harper & Row, New York 1964.

Feuerbach, Ludwig   ›Zur Kritik der positiven Philosophie‹, in: *Hallesche Jahrbücher*, 1838.
Das Wesen des Christentums, Leipzig 1841.

Fichter, Joseph   *Southern Parish*, Chicago University Press, Chicago 1961.

Frankfort, Henri   *Kingship and the Gods*, University of Chicago Press, Chicago 1948.

Frankfort, Henri et al.   *The Intellectual Adventure of Ancient Man*, University of Chicago Press, Chicago 1946.

Fromm, Erich (Hrsg.)   *Socialist Humanism*, Doubleday, Garden City, New York 1965.

Gabel, Joseph   *La fausse conscience*, Editions de Minuit, Paris 1962.

Gard, Richard   *Buddhism*, Braziller, New York 1961.

Gehlen, Arnold   *Die Seele im technischen Zeitalter*, Rowohlt, Hamburg 1957.
Der Mensch. Seine Natur und seine Stellung in der Welt, Athenäum, Frankfurt/Main – Bonn [8]1966 ([1]1940).
›Über die Geburt der Freiheit aus Entfremdung‹, in: *Studien zur Anthropologie und Soziologie*, Luchterhand, Neuwied/Rhein 1963.

Gerth, Hans und C. Wright Mills   *Character and Social Structure*, Harcourt, Brace, New York 1953.

Godin, H. und Y. Daniel   *France, pays de mission?*, Cerf, Paris 1943.

Gogarten, Friedrich   *Verhängnis und Hoffnung der Neuzeit*, Vorwerk, Stuttgart 1953.

Goldmann, Lucien   *Le Dieu caché*, Gallimard, Paris 1956.

Goldsen, Rose et al.   *What College Students Think*, Van Nostrand, Princeton 1960.

Granet, Marcel   *La Pensée chinoise*, Albin Michel, Paris 1934.

Greene, William   *Moira, Fate, Good and Evil in Greek Thought*, Harvard University Press, Cambridge/Mass. 1944.

Grunebaum, Gustave von   *Medieval Islam*, University of Chicago Press, Chicago 1961; dt. Ausg.: *Der Islam im Mittelalter*, Artemis, Zürich und Stuttgart 1963.

Gunkel, Herrmann   *Genesis*, Vandenhoeck & Ruprecht, Göttingen 1921.

Habermas, Jürgen   *Strukturwandel der Öffentlichkeit*, Luchterhand, Neuwied/Rhein 1962.

Halbwachs, Kurt   *Les cadrès sociaux de la mémoire*, Presses Universitaires de France, Paris 1952.

Harnack, Adolf von   *Marcion: Das Evangelium vom fremden Gott*, Hinrichs, Leipzig 1924.
Dogmengeschichte, Mohr, Tübingen 1922.

Harrison, Paul   *Authority and Power in the Free Church Tradition*, Princeton University Press, Princeton 1959.

Heidegger, Martin   *Sein und Zeit*, Niemeyer, Halle a. d. S. 1929.

Herberg, Will   *Protestant – Catholic – Jew,* Doubleday, Garden City, New York 1955.

Hermelink, Heinrich (Hrsg.) *Kirche im Kampf,* Wunderlich, Tübingen 1950.

Hick, John   *Evil and the God of Love,* Harper & Row, New York 1966.

Hinz, W.   *Zarathustra,* Kohlhammer, Stuttgart 1961.

Holl, Karl   ›Die Kulturbedeutung der Reformation‹, in: *Gesammelte Aufsätze zur Kirchengeschichte,* Mohr, Tübingen 1932, Bd. 1.

Isambert, F. A.   *Christianisme et classe ouvrière,* Casterman, Tournai 1961.

Jacob, Edmond   *Théologie de l'Ancien Testament,* Delachaux & Niestlé, Neuchâtel 1955.

James, William   *The Varieties of Religious Experience,* 1902; dt. Ausg.: *Die religiöse Erfahrung in ihrer Mannigfaltigkeit,* Hinrichs, Leipzig ⁴1925.

Jaspers, Karl   *Philosophie,* Springer, Berlin 1932.

Johnson, F. Ernest und J. Emory Ackerman   *The Church as Employer, Money Raiser and Investor,* Harper, New York 1959.

Jonas, Hans   *The Gnostic Religion,* Beacon, Boston 1963.

Kaiser, Ernst und Eithne Wilkins   *Robert Musil,* Kohlhammer, Stuttgart 1962.

Kane, P. V.   *History of Dharmasastra,* Bhandarkar Oriental Research Institute, Poona 1930–1962.

Klausner, Samuel   *Psychiatry and Religion,* Free Press, New York 1964.

Klohr, Olof (Hrsg.)   *Religion und Atheismus heute,* Deutscher Verlag der Wissenschaften, Berlin 1966.

Koester, Reinhard   *Die Kirchentreuen,* Enke, Stuttgart 1959.

Kraus, H. J.   *Gottesdienst in Israel,* Kaiser, München 1954.

Lapassade, Georges   *L'entrée dans la vie,* Editions de Minuit, Paris 1963.

LeBras, Gabriel   *Etudes de sociologie religieuse,* Presses Universitaires de France, Paris 1955.

Lee, Robert   *The Social Source of Church Unity,* Abingdon, New York 1960.

Leeuw, Gerardus van der   *Religion in Essence and Manifestation,* George Allen & Unwin, London 1939.

Lenski, Gerhard   *The Religious Factor,* Doubleday, Garden City, New York 1961.

Lerner, Daniel   *The Passing of Traditional Society,* Free Press, Glencoe/Ill. 1958.

Lévi-Strauss, Claude   *Les structures élémentaires de la parenté,* Presses Universitaires de France, Paris 1949.
La Pensée Sauvage, Plon, Paris 1962; dt. Ausg.: *Das wilde Denken,* Frankfurt am Main 1968.

Levy, Reuben   *The Social Structure of Islam,* Cambridge University Press, Cambridge 1962.

Lods, Adolphe   *Les prophètes d'Israël et les débuts du judaisme,* Michel, Paris 1969.

Loen, Arnold   *Säkularisation,* Kaiser, München 1965.

Luckmann, Thomas   *Das Problem der Religion in der modernen Gesellschaft: Institution, Person und Weltanschauung,* Rombach, Freiburg 1963 (revidierte und erweiterte amerikanische Ausgabe: *The Invisible Religion,* Macmillan, New York 1967).

Lübbe, Hermann   *Säkularisierung – Geschichte eines ideenpolitischen Begriffs,* Alber, Freiburg 1965.

Mackintosh, H. R.   *Types of Modern Theology. Schleiermacher to Barth,* Scribner, New York 1937.

Malinowski, Bronislaw   *Magic, Science and Religion,* Doubleday-Anchor, Garden City, New York 1954 (die deutsche Ausgabe des Buches wird in der Reihe ›Conditio humana‹ erscheinen).

Martin, David   ›Some Utopian Aspects of the Concept of Secularisation‹, in: *Internationales Jahrbuch für Religionssoziologie,* Bd. II, 1966.

Marty, Martin (Hrsg.)   *The Place of Bonhoeffer,* Association Press, New York 1962.

Matthes, Joachim   *Die Emigration der Kirche aus der Gesellschaft,* Furche, Hamburg 1964.

Mead, George Herbert   *Mind, Self and Society,* University of Chicago Press, Chicago 1934; dt. Ausg.: *Geist, Identität und Gesellschaft,* Suhrkamp, Frankfurt am Main 1968.

Meillet, A.   *Linguistique historique et linguistique générale,* Champion, Paris 1958.

Mowinckel, S.   *Religion und Kultus,* Vandenhoeck & Ruprecht, Göttingen 1953.

Mueller, Max   ›Essay on Comparative Mythology‹, in: *Oxford Essays,* London 1855–1858.

Mühlmann, W. E. (Hrsg.)	*Chiliasmus und Nativismus*, Reimer, Berlin 1961.
Musil, Robert	*Der Mann ohne Eigenschaften*, Rowohlt, Hamburg 1952.
Nash, Dennison und Peter L. Berger	›The Child, the Family and the Religious Revival in Suburbia‹, in: *Journal for the Scientific Study of Religion*, Herbst 1962, S. 85 ff.
Nicholson, Reynold	*The Mystics of Islam*, Bell, London 1914.
Nicholson, Reynold (Hrsg.)	*Rumi – Poet and Mystic*, George & Allen, London 1950.
Niebuhr, Richard	*The Social Sources of Denominationalism*, Holt, New York 1929.
Nietzsche, Friedrich	*Nietzsches Werke*, Kröner-Verlag, Leipzig 1923, Bd. 7.
North, C. R.	*The Old Testament Interpretation of History*, Epworth, London 1946.
Nystroem, Samuel	*Beduinentum und Jahwismus*, Gleerup, Lund 1946.
Oppen, Dietrich von	*Das personale Zeitalter*, Kreuz, Stuttgart 1960.
Otto, Rudolf	*Das Heilige*, Beck, München 1963. *West-Östliche Mystik*, Leopold Klotz, Gotha 1926 (^{2}1929).
Pannenberg, Wolfhart (Hrsg.)	*Offenbarung als Geschichte*, Vandenhoeck & Ruprecht, Göttingen 1963.
Pedersen, Johannes	*Israel*, Branner og Korch, Kopenhagen 1926.
Piaget, Jean	*Etudes sociologiques*, Droz, Genf 1965.
Pin, Emile	*Pratique religieuse et classes sociales*, Spes, Paris 1956.
Plessner, Helmuth	*Die Stufen des Organischen und der Mensch. Einleitung in die philosophische Anthropologie*, Berlin ^{2}1965 (^{1}1928).
Portmann, Adolf	*Zoologie und das neue Bild des Menschen*, Rowohlt, Hamburg 1956.
Pritchard, James (Hrsg.)	*Ancient Near Eastern Texts*, Princeton University Press, Princeton 1955.
Rad, Gerhard von	*Theologie des Alten Testaments*, Kaiser, München 1957, 1960, Bd. 1–2. ›Das erste Buch Mose‹, in: *Das Alte Testament deutsch*, Neues Göttinger Bibelwerk, Bd. 2–4, Vandenhoeck & Ruprecht, Göttingen ^{7}1964.
Reitzenstein, R.	*Das iranische Erlösungsmysterium*, Marcus & Weber, Bonn 1921.

Renou, Louis

L'hindouisme, Albin Michel, Paris 1951.
Religions of Ancient India, Oxford University Press, New York 1953.

Rendtorff, Trutz

›Zur Säkularisierungsproblematik‹, in: *Internationales Jahrbuch für Religionssoziologie*, Bd. II, 1966.

Robinson, John A. T.

Honest to God, SCM Press, London 1963; dt. Ausg.: *Gott ist anders*, Kaiser, München [11]1969.

Rohde, E.

Psyche, Wissenschaftliche Buchgemeinschaft, Darmstadt 1961.

Rokeach, Milton

The Open und the Closed Mind, Basic Books, New York 1960.

Runciman, S.

The Medieval Manichee, Cambridge 1947.

Sarvepalli Radhakrishnan und Charles Moore (Hrsg.)

A Source Book in Indian Philosophy, Princeton University Press, Princeton 1957.

Sartre, Jean-Paul

Critique de la raison dialectique, Gallimard, Paris 1960; dt. Ausg.: *Kritik der dialektischen Vernunft*, Rowohlt, Hamburg 1967.

Scheler, Max

Die Stellung des Menschen im Kosmos, Nymphenburger Verlagsanstalt, München 1947.
Die Wissensformen und die Gesellschaft, Francke, Bern 1960.

Schelsky, Helmut

›Ist die Dauerreflexion institutionalisierbar?‹, in: *Zeitschrift für evangelische Ethik*, 1957/4.

Schneider, Louis und Sanford Dornbusch

Popular Religion, University of Chicago Press, Chicago 1958.

Scholem, Gershom

Major Trends in Jewish Mysticism, Schocken, New York 1961.

Schütz, Alfred

Der sinnhafte Aufbau der sozialen Welt, Springer, Wien 1960.
Collected Papers, Nijhoff, Den Haag, 1962–1964, Bd. 1-2.

Shinner, Larry

The Secularization of History, Abingdon, Nashville 1966.

Smith, Donald (Hrsg.)

South Asian Politics and Religion, Princeton University Press, Princeton 1966.

Stammler, Eberhard

Protestanten ohne Kirche, Kreuz, Stuttgart 1960.

Stephan, Horst und Martin Schmidt

Geschichte der deutschen evangelischen Theologie, Töpelmann, Berlin 1960.

Strauss, Anselm (Hrsg.)

George Herbert Mead on Social Psychology, University of Chicago Press, Chicago 1956.

Swami Nikhilananda (Übers.)	*The Bhagavad Gita*, Ramakrishna-Vivekananda Center, New York 1944.
Thrupp, Sylvia (Hrsg.)	*Millennial Dreams in Action*, Mouton & Co., Den Haag 1962.
Tillich, Paul	*Systematic Theology*, University of Chicago Press, Chicago 1951–1963, Bd. 1–3; dt. Ausg.: *Systematische Theologie*, Evangelische Verlagsanstalt, Stuttgart 1955–1966.
Toch, Hans	*The Social Psychology of Social Movements*, Bobbs-Merrill, Indianapolis 1965.
Troeltsch, Ernst	*Die Bedeutung des Protestantismus für die Entstehung der modernen Welt*, Oldenbourg, München–Berlin 1911.
	Die Soziallehren der christlichen Kirchen, Scientia, Aalen 1961.
Tyler, Edward	*Primitive Culture*, Murray, London 1913.
Vaux, R. de	*Les institutions de l'Ancien Testament*, Editions du Cerf, Paris 1961.
Vermaseren, Maarten	*Mithras*, Kohlhammer, Stuttgart 1965.
Voegelin, Eric	*Israel and Revelation*, Louisiana State University Press, Baton Rouge 1956 a.
	Order and History, Louisiana State University Press, Baton Rouge 1956 b, 3 Bde.
Watt, Montgomery	*Islam and the Integration of Society*, Northwestern University Press, Evanston 1961.
Weber, Max	*Die protestantische Ethik und der Geist des Kapitalismus*, Mohr, Tübingen 1934.
	Wirtschaft und Gesellschaft, Mohr, Tübingen 1947.
	Gesammelte Aufsätze zur Religionssoziologie, 3 Bde., Mohr, Tübingen ⁵1963 (¹1920).
	›Das antike Judentum‹, Bd. 3 in: *Gesammelte Aufsätze zur Religionssoziologie*, op. cit.
Weiser, Artur	*Glaube und Geschichte im Alten Testament*, Kohlhammer, Stuttgart 1931.
Will, Robert	*Le Culte. Etude d'histoire et de philosophie religieuse*, Strasbourg–Paris 1925–1935.
Wilson, John	*The Burden of Egypt*, University of Chicago Press, Chicago 1951.
Wölber, Hans-Otto	*Religion ohne Entscheidung*, Vandenhoeck & Ruprecht, Göttingen 1959.

Namen- und Sachregister

Zusammengestellt von Iris Schmitz

Vorbemerkung: Zitierte Begriffe anderer Autoren sind in Anführungszeichen gesetzt.

Religionen

Fischer Taschenbuch Verlag